Abitur

Original-Prüfungsaufgaben
mit Lösungen

Niedersachsen

Politik-Wirtschaft

STARK

Inhaltsverzeichnis

Vorwort

Hinweise und Tipps zum Zentralabitur

Abiturähnliche Übungsaufgaben

Mündliche Prüfung

Schriftliche Prüfung

Auswahl an Originalprüfungen GA/EA

Abiturprüfungsaufgaben 2023 .... **www.stark-verlag.de/mystark**
Sobald die Original-Prüfungsaufgaben 2023 freigegeben sind, können Sie sie als PDF auf der MyStark herunterladen (Zugangscode vgl. Umschlaginnenseite).

Autoren

Jan-Patrick Bauer: 17 / GA I, II; 21 / EA III; 22 / GA II; 22 / EA III
Klaus Eberhard: 17 / EA I; 19 / EA II; 21 / EA II; 22 / EA II
Jennifer Hauser: 21 / GA III, 22 / GA I
Harry Kokot: Hinweise und Tipps; ÜA 1, 3; 21 / GA I
Oliver Thiedig: ÜA 2

Vorwort

Liebe Schülerin, lieber Schüler,

Sie haben Politik-Wirtschaft auf grundlegendem oder erhöhtem Anforderungsniveau als Prüfungsfach gewählt. Dieses Buch bietet Ihnen die Möglichkeit, sich optimal auf das Zentralabitur 2024 vorzubereiten.

Das einführende Kapitel **Hinweise und Tipps** gibt Ihnen wertvolle Informationen zum Ablauf des Zentralabiturs sowie konkrete, leicht umsetzbare Tipps, die Ihnen bei der Vorbereitung und bei der Bearbeitung der Abiturprüfung helfen. Dieses Kapitel beschäftigt sich zudem ausführlich mit den **Operatoren**, die zur Lösung aller Abituraufgaben von entscheidender Bedeutung sind. Zu allen drei Anforderungsbereichen finden Sie inhaltlich passende Fragestellungen inklusive Lösungsskizze. Ebenso erfahren Sie Wichtiges zum **mündlichen Abitur** sowie zur **Präsentationsprüfung**.

Weiter enthält das Buch die offiziellen Prüfungsaufgaben der Jahre 2021 und 2022 sowie eine **Auswahl an Originalprüfungsaufgaben** älterer Jahrgänge, die thematisch zu den aktuellen Schwerpunktthemen passen. Die zusätzlichen **Übungsaufgaben** sind entsprechend den Vorgaben für das zentrale Abitur in Politik-Wirtschaft konzipiert und beziehen sich auf die **Themen und Inhalte** des Zentralabiturs 2024. Zu jeder Aufgabe finden Sie **konkrete Tipps** zum Vorgehen und zur Bearbeitungsweise. Zudem wurden von unseren Autoren zu allen Aufgaben ausführliche Lösungen ausgearbeitet. Diese **detaillierten Lösungsvorschläge** bieten Ihnen Beispiele dafür, wie Ihre Antworten im Abitur aussehen könnten.

Sollten nach Erscheinen des Bandes noch wichtige Änderungen in der Abitur-Prüfung 2024 vom Kultusministerium bekannt gegeben werden, finden Sie aktuelle Informationen dazu im Internet unter:
www.stark-verlag.de/mystark.

Die Autoren und der Verlag wünschen Ihnen schon jetzt viel Erfolg bei der Abiturprüfung!

Hinweise zu den digitalen Zusätzen

Auf alle digitalen Zusätze können Sie online über die Plattform **MyStark** zugreifen. Ihren persönlichen Zugangscode finden Sie auf der Umschlaginnenseite.

PDF der Original-Prüfungsaufgaben 2023

Sobald die Original-Prüfungsaufgaben 2023 freigegeben sind, können Sie sie als PDF auf der Plattform MyStark herunterladen.

Lernvideos

Methodenkompetenz:
Die **Auswertung von Infografiken und Karikaturen** ist häufig Bestandteil von Klausuren. Anhand von **Lernvideos mit einer Schritt-für-Schritt-Anleitung** zur Material-Analyse können Sie sich optimal auf das Lösen derartiger Aufgaben vorbereiten.

Sachkompetzenz:
Weitere Lernvideos informieren zu den folgenden Themengebieten:

- Europäische Integration
- Wirtschaftspolitische Konzeptionen
- UNO
- Verfassungsorgane der BRD
- Globalisierung der Wirtschaft

Interaktives Grundlagentraining

Das Online-Training ermöglicht die **Wiederholung wichtiger Inhalte**. Alle Aufgaben können direkt am PC oder Tablet bearbeitet werden, Sie erhalten dann sofort eine Rückmeldung zu Ihren Antworten.

Folgende Themengebiete sind enthalten:

- EU/Eurosystem
- Wirtschaftspolitik
- Internationale Konflikte und Organisationen
- Politisches System der BRD
- Globalisierung

Hinweise und Tipps zum Zentralabitur

1 Die schriftliche Abiturprüfung in Politik-Wirtschaft

1.1 Rahmenbedingungen der Prüfung

Die zentrale Aufgabenstellung im Abitur gilt nur für die schriftlichen Abiturprüfungen, die mündliche Abiturprüfung oder – alternativ – die Präsentationsprüfung werden weiterhin dezentral gestellt.

In der sog. **Qualifikationsphase** sind laut **Oberstufenverordnung** aus dem Angebot der Schule fünf Prüfungsfächer (P1–P5) zu wählen, und zwar drei fünfstündige Fächer (P1–P3) mit erhöhtem Anforderungsniveau (EA) und zwei dreistündige Fächer (P4, P5) mit grundlegendem Anforderungsniveau (GA). In den ersten vier Prüfungsfächern wird jeweils eine schriftliche Abiturprüfung, im 5. Prüfungsfach die mündliche Abiturprüfung oder auf Verlangen des Prüflings eine Präsentationsprüfung abgelegt.

Politik-Wirtschaft kann **im gesellschaftswissenschaftlichen Schwerpunkt**, wo es als **2. Schwerpunktfach** (EA) vorgesehen ist, als drittes Prüfungsfach (P3) – abhängig vom Konzept der Schule – entweder von Ihnen gewählt oder von der Schule festgelegt werden. In allen anderen Schwerpunkten kann es – je nach Schulkonzept ebenfalls als P3-Fach (EA) gewählt/festgelegt oder als P4-Fach (GA) gewählt werden.

Die Aufgabenvorschläge der Abiturprüfung orientieren sich an zwei Vorgaben: den **Einheitlichen Prüfungsanforderungen in der Abiturprüfung** (**EPA**) und dem niedersächsischen **Kerncurriculum**, das die EPA konkretisiert, indem es fachspezifische Kompetenzen ausweist und notwendige Kenntnisse, Fähigkeiten und Fertigkeiten (vgl. Übersichten im Kerncurriculum) benennt.

Im Unterricht der Qualifikationsstufe werden diese Kompetenzen über die im **Kerncurriculum** genannten Gegenstandsbereiche/Themen vermittelt. Problemstellungen aus diesen Gegenstandsbereichen bilden die Grundlage für die zentralen schriftlichen Abituraufgaben.

Bei der Abiturprüfung ist als **Hilfsmittel** das Grundgesetz (inkl. Niedersächsische Verfassung ohne ergänzende Kommentare) zugelassen.

I

1.2 Gegenstandsbereiche und Themen der Prüfung

Die folgende Übersicht enthält die **schwerpunktmäßig zu behandelnden Themen und Inhalte** für die **Abiturprüfung 2024** in Politik-Wirtschaft. Weitere im Kerncurriculum genannte Themen und Inhalte (*kursiv*) sind **überblicksartig**, d. h. zusammenfassend zu behandeln. Die Gegenstandsbereiche der Schulhalbjahre 12/2 bis 13/2 sind durch Unterpunkte konkretisiert.

Die Abiturprüfungsaufgaben sind so konzipiert, dass sie ihren Ausgangspunkt in den schwerpunktmäßig zu behandelnden Themen und Inhalten eines Gegenstandsbereichs haben. Gesichtspunkte aus den Themen/Inhalten der weiteren zu behandelnden Gegenstandsbereichen können berücksichtigt werden.

Semester 12/1 Politische Partizipation zwischen Anspruch und Wirklichkeit		
	GA (grundlegendes Anforderungsniveau)	**Zusätzlich EA (erhöhtes Anforderungsniveau)**
Themen/Inhalte (Schwerpunkte)	• **Formen und Funktionen von Partizipation in der Demokratie:** Formen politischer Partizipation; Funktionen von Partizipation für die Demokratie (Artikulation, Integration, Repräsentation, Kontrolle); Legitimität, Effizienz, Wirksamkeit, Gerechtigkeit von Formen der Partizipation • **Medien in der Demokratie:** Formen medialer Politikvermittlung und Möglichkeiten der politischen Partizipation über Medien; Funktionen der Medien für das politische Setting (Urteils- und Meinungsbildung, Kritik und Kontrolle, Artikulation, Information, Agenda Setting); Einflüsse medialer Kommunikation auf politische Prozesse und Entscheidungen • **Politische Akteure (Bürger, Parteien, Verbände, Initiativen, Bewegungen) im politischen Entscheidungsprozess:** Aufgaben und Einflussmöglichkeiten der politischen Akteure im Willensbildungs- und Entscheidungsprozess	• **Entwicklung politischer Teilhabe:** Statistiken zur Entwicklung politischer Teilhabe (quantitativ und qualitativ); Auswirkungen unterschiedlicher Partizipationsformen auf die repräsentative Demokratie • **Medienmärkte und Medienökonomie:** Aktuelle Entwicklungen auf Medienmärkten; Aspekte der Medienökonomie (Angebot und Nachfrage, Konzentration und Diversifikation); Chancen und Risiken digitaler Mediennutzung für Partizipation
	vgl. z. B. ÜA 1 **GA:** 2021 I, 2022 I / **EA:** 2017 I, 2021 II, 2022 II	
Themen/Inhalte (überblicksartig)	• *Verfassungsorgane*	• *Demokratietheorien*
Basiskonzept(e)	Interaktionen und Entscheidungen	Ordnungen und Systeme

II

zentrale Fachkonzepte	Partizipation – Effektivität – Macht	Repräsentation – Markt – Interesse

Fragestellungen (Beispiele)	• Gefährdet die Krise der Volksparteien unsere Demokratie? • Demokratischer Protest: eine notwendige Form der Partizipation? • Lobbyismus: Primat der Politik oder Primat der Ökonomie? • „Wahlen allein machen noch keine Demokratie." (B. Obama, US-Präsident 2009 – 2017). Setzen Sie sich mit dieser Aussage begründet auseinander.

Semester 12/2 Soziale Marktwirtschaft zwischen Anspruch und Wirklichkeit

	GA	**Zusätzlich EA**
Themen / Inhalte (Schwerpunkte)	• **Soziale Ungleichheit und Verteilungsgerechtigkeit:** Soziale Ungleichheit am Beispiel der Einkommens- und Vermögensverteilung in Deutschland; Entwicklung der Einkommens- und Vermögensverteilung; Prinzipien der Verteilungsgerechtigkeit (Egalität, Bedarf, Leistung) als Herausforderung für die Soziale Marktwirtschaft • **Prinzipien der Sozialen Marktwirtschaft:** Sozial-, Wettbewerbs-, Marktkonformitäts-, Eigentums-, Haftungsprinzip • **Markt und Staat in der Sozialen Marktwirtschaft:** Aufgaben des Staates in der Sozialen Marktwirtschaft (u. a. Ordnungsrahmen, Bereitstellung öffentlicher Güter, Wettbewerbssicherung, soziale Sicherung); Verhältnis von Markt und Staat • **Umweltprobleme:** Umweltprobleme als Markversagen (öffentliche Güter und negative externe Effekte); Konflikte zwischen Eigeninteresse und Gemeinwohlorientierung; Möglichkeiten und Grenzen umweltpolitischer Instrumente (Wirksamkeit, Effizienz, Anreizwirkungen, politische Durchsetzbarkeit)	• **Wirtschaftswachstum und Schutz natürlicher Lebensbedingungen:** Spannungsverhältnis von Wirtschaft und Umwelt in Bezug auf Produktion und Konsum; Bruttoinlandsprodukt als Methode zur Messung von Wirtschaftswachstum; Zielkonflikte zwischen Wirtschaftswachstum und Schutz natürlicher Lebensgrundlagen • **Umweltpolitische Instrumente:** nationale und europäische umweltpolitische Instrumente (Steuern, Zertifikate, Ge- und Verbote, Abgaben, Anreizsysteme)
	vgl. z. B. **GA:** ÜA 2, 2017 I, 2022 II / **EA:** ÜA 3, 2021 II, 2022 II	
Themen / Inhalte (überblicksartig)	• *wirtschaftspolitische Ziele, Maßnahmen und Zielkonflikte*	• *Einkommens- und Vermögensverteilung*
Basiskonzept(e)	Ordnungen und Systeme	Motive und Anreize

zentrale Fachkonzepte	Verteilung – Werte – Soziales Dilemma	Wirtschaftsordnung – Grundwerte: Freiheit, Gerechtigkeit, Sicherheit – Ambiguität
Fragestellungen (Beispiele)	<ul><li>Gerechtigkeit durch Sozialpolitik?</li><li>Brauchen wir einen starken Staat?</li><li>Ist das Modell der Sozialen Marktwirtschaft gefährdet?</li><li>Lassen sich Klima-, Energie- und Wirtschaftspolitik in Einklang bringen?</li></ul>	

Semester 13/1
Friedenssicherung als nationale und internationale Herausforderung

	GA	Zusätzlich EA
Themen/Inhalte (Schwerpunkte)	<ul><li>**Internationale Konflikte und Kriege:** Erscheinungsformen sowie politische und ökonomische Ursachen; Merkmale alter und neuer Kriege (u. a. Ökonomisierung, Privatisierung und Entrechtlichung); Herausforderungen der Konfliktbewältigung</li><li>**Internationaler Terrorismus:** Erscheinungsformen und Ziele; Ursachen und Strategien des Terrorismus; innen- und außenpolitische Maßnahmen gegen den Terrorismus</li><li>**UN-Friedenssicherung und Konfliktbewältigung:** Handlungsmöglichkeiten der UNO hinsichtlich internationaler Friedenssicherung; Möglichkeiten des UN-Sicherheitsrats zur Friedenssicherung und Konfliktbewältigung; Möglichkeiten und Grenzen des UN-Sicherheitsrats zur Friedenssicherung, auch im Hinblick auf veränderte Konfliktstrukturen</li></ul>	<ul><li>**Konfliktanalyse und Konfliktlösungsansätze:** Analyse eines aktuellen Konflikts; soziale, politische und ökonomische Ansätze zur Konfliktlösung unter Berücksichtigung des zivilisatorischen Hexagons</li></ul>
	vgl. z. B. **GA:** 2017 II, 2021 III, 2022 III / **EA:** 2017 I, 2021 III	
Themen/Inhalte (überblicksartig)	*Außen-/Sicherheitspolitik Deutschlands – Rolle der Bundeswehr*	*deutsche Entwicklungspolitik*
Basiskonzept(e)	Interaktionen und Entscheidungen	Ordnungen und Systeme
zentrale Fachkonzepte	Frieden – Knappheit – Konflikt	Macht – Sanktionen – Sicherheit
Fragestellungen (Beispiele)	<ul><li>Sind internationale Konflikte militärisch zu lösen?</li><li>Lässt sich der internationale Terrorismus mithilfe von Entwicklungspolitik eindämmen?</li><li>Soll die seit 2011 ausgesetzte Wehrpflicht wieder eingeführt werden?</li><li>Die Vereinten Nationen – eine Fehlkonstruktion?</li></ul>	

IV

	GA	Zusätzlich EA
Themen/Inhalte (Schwerpunkte)	• **Ökonomische Globalisierung:** Merkmale der ökonomischen Globalisierung (u. a. Welthandelsvolumen und -ströme, Direktinvestitionen); ökonomische Erklärungsansätze für internationalen Handel (u. a. absolute und komparative Kostenvorteile, intraindustrieller Handel) • **Außenhandelspolitik und Handelsregime:** Leitbilder der europäischen Außenhandelspolitik (Freihandel und Protektionismus); nationale und europäische Handelspolitik im Hinblick auf tarifäre und nichttarifäre Handelshemmnisse; Möglichkeiten und Grenzen von Handelsregimen (u. a. WTO, internationale Handelsabkommen) *vgl. z. B.* **GA:** 2017 I, 2022 II	• **Schwellen- und Entwicklungsländer im ökonomischen Globalisierungsprozess:** Integration von Schwellen- und Entwicklungsländern in ökonomische Globalisierungsprozesse; Wohlstandsindikatoren bei Schwellen- und Entwicklungsländern; Zukunftsperspektiven von Schwellen- und Entwicklungsländern in ökonomischen Globalisierungsprozessen
Basiskonzept(e)	Ordnungen und Systeme	Interaktionen und Entscheidungen
zentrale Fachkonzepte	Markt – Internationale Regime – Kooperation	Effizienz – Gerechtigkeit – Interesse
Fragestellungen (Beispiele)	• Unternehmensstandort Deutschland – Modell mit Zukunft? • Exportland Deutschland – ein Opfer protektionistischer Politik? • Ist die Globalisierung gescheitert? • Weltmacht China – eine Gefahr für den Westen?	

1.3 Semesterübergriff

Sowohl im P3-Kurs als auch im P4-Kurs beziehen sich die Aufgaben des Zentralabiturs schwerpunktmäßig auf die Lernbereiche eines Kurshalbjahres. Laut Oberstufenverordnung muss darüber hinaus ein **semesterübergreifender Bezug** hergestellt und zumindest in einer Teilaufgabe inhaltlich erkennbar gemacht werden. Die **Verknüpfung mit Inhalten eines anderen Kurshalbjahres** kann über die Materialauswahl erfolgen, die die Bezugnahme zu einem der anderen thematischen Schwerpunkte schon erkennen lässt. Sie kann aber auch über die Arbeitsanweisungen vorgenommen werden. Ihre Aufgabe besteht darin, die relevanten inhaltlichen Zusammenhänge herzustellen und die in der unterrichtlichen Bearbeitung erworbenen Kompetenzen sachlich und sprachlich angemessen einzubringen.

1.4 Anforderungsniveaus der Kurse

Im P3- wie im P4-Kurs können Sie **zwischen zwei Aufgabenvorschlägen wählen**. Dafür steht Ihnen eine **Auswahlzeit** von 30 Minuten zur Verfügung.

Im **P4-Kurs** (grundlegendes Anforderungsniveau) enthält jeder Klausurvorschlag in der Regel **drei Aufgaben** und verschiedene Materialien (z. B. Texte, Karikaturen, Statistiken, Schaubilder). Für die Bearbeitung haben Sie nach der Auswahlzeit **220 Minuten** zur Verfügung.

Im **P3-Kurs** (erhöhtes Anforderungsniveau) werden Ihnen bei jedem Klausurvorschlag ebenfalls verschiedene Materialien sowie in der Regel **vier Aufgaben** vorgelegt, die Sie nach der Auswahlzeit in **270 Minuten** bearbeiten sollen.

Neben der Aufgabenzahl und der Bearbeitungszeit unterscheiden sich die Abiturklausuren im P3- und P4-Kurs hinsichtlich der Anlage und Problemorientierung der Aufgabenstellung. Da im Kursunterricht auf erhöhtem Anforderungsniveau tiefergehende und umfassendere Inhalte erarbeitet werden, sind deshalb auch die Anforderungen in der Abiturklausur höher. Das zeigt sich „nicht nur in der Ausdifferenzierung der Gegenstandsbereiche, sondern auch in dem Grad der Vertiefung, Intensivierung wissenschaftspropädeutischen Arbeitens und in der Reflexion des eigenen fachspezifischen Vorgehens" (Kerncurriculum, S. 15); zum Beispiel
- in der Komplexität des behandelten Stoffs und im Umfang der zu interpretierenden Materialien,
- im Grad der Differenzierung und der Abstraktion von Inhalten und Begriffen (in Theorien und Modellen),
- in dem methodischen Anspruch (z. B. selbstständige Erarbeitung) und
- in der Anforderung, fachspezifische Erkenntnisprobleme selbstständig zu erörtern.

1.5 Bildungsauftrag und Kompetenzbereiche

Entsprechend des Bildungsauftrags des Kerncurriculums sollten Sie sich sowohl im P3- als auch im P4-Kurs des Politik-Wirtschaft-Unterrichts folgende **Kompetenzen** angeeignet haben:
- **Sachkompetenz** im Sinne der geforderten **inhaltsbezogenen Fähigkeiten** und **fachlichen Kenntnisse** (Themen und Inhalte). Die unterschiedlichen politischen und ökonomischen Lernbereiche sind Ihnen ebenso vertraut wie die jeweiligen politik- und wirtschaftswissenschaftlichen Erkenntnisweisen als Instrumente zur Analyse/Strukturierung des politischen sowie ökonomischen Grundwissens und Denkens. Damit ist nicht nur reines Fachwissen gemeint, sondern auch eine Ordnung des Wissens, welche das Erkennen von politischen, ökonomischen und gesellschaftlichen Motiven, Prozessen und Strukturen ermöglicht. Hierbei handelt es sich – vor dem Hintergrund der drei Basiskonzepte (Erläuterung siehe unten) – um die Verfügbarkeit von **anwendungsbezogenem Fachwissen** im Hinblick auf die Ihnen vertrauten Politikdimensionen (inhaltlich-normativ, prozessual, institutionell-formal) und ökonomischen Ebenen (Verhaltenstheorie, Interdependenzen und Prozesse, institutionell-rechtliche Rahmensetzungen).

VI

- **Methodenkompetenz** im Sinne der angeführten Fähigkeiten und Kenntnisse (Methoden und Arbeitstechniken) zur **selbstständigen Erschließung** politischer, ökonomischer und gesellschaftlicher Phänomene und zum **Aufbau eines Orientierungs- und Ordnungswissens.** Politische und ökonomische Phänomene werden mithilfe fachspezifischer Modelle und Theorien analysiert (z. B. Politikzyklus, Kreislaufmodell oder Demokratietheorien). Fachspezifische Arbeitstechniken werden zur methodischen Erschließung von Problemstellungen genutzt (z. B. Analyse von Karikaturen oder Statistiken). Die Methodenkompetenz beinhaltet sowohl eine adäquate Verwendung der **Fachsprache** als auch eine **Reflexionsfähigkeit** hinsichtlich der Potenziale und Grenzen fachspezifischer Methoden.

- **Urteilskompetenz** im Sinne einer fachlich fundierten, kriterienorientierten Darlegung eines Urteils. Urteilskompetenz weisen Sie nach, indem Sie Ihre **Sach- und Werturteile** durch angemessene Argumente sach-, kriterienorientiert und stimmig begründen und Ihre eigenen Denk- und Beurteilungsprozesse reflektieren.
  Die Unterscheidung erfolgt zwischen zwei Formen des Urteilens:

Sachurteile beruhen auf der Auswahl und Deutung verschiedener politischer, gesellschaftlicher und ökonomischer Sachverhalte innerhalb eines bestimmten Bezugsrahmens. Gelungene Sachurteile zeichnen sich durch sachliche Angemessenheit, Stichhaltigkeit und inhaltliche Richtigkeit aus.

> **Erläuterung (Sachurteil):** Das Kriterium „**Effizienz**" (bzw. Nutzen bzw. Problemlösung) kann angewandt werden, wenn eine **Beurteilung** im Hinblick auf die verschiedenen betroffenen Akteure, die unterschiedlichen Bereiche (z. B. wirtschaftlicher, politischer, sozialer, kultureller, etc. Bereich) und die betroffenen Ebenen (Individuum, Gruppen, Gesellschaft, globale Ebene) vorgenommen werden soll.
>
> **Fragen:** Ist etwas (eine politische Maßnahme) effizient? Ist ein Verfahren wirkungsvoll? Welchen Nutzen (wem?) bringt es? Löst es das Problem (kurz-, mittel-, langfristig)?

Bei **Werturteilen** werden u. a. ethische, moralische und normative **Wertmaßstäbe**/Kategorien auf die zu betrachtenden Sachverhalte und Problemstellungen angewandt und eigene Wertmaßstäbe reflektiert. Bei einem (individuellen) Werturteil kommt es besonders auf eine stringente Argumentation an. Werturteile gewinnen an Überzeugungskraft, wenn man die eigene Meinung nicht nur kriterienorientiert begründet, sondern mehrere Kriterien/Werte gegeneinander abwägt.

> **Erläuterung (Werturteil):** Das Kriterium „**Legitimität**" kann angewandt werden, wenn eine **Bewertung** im Hinblick auf die verschiedenen betroffenen Akteure, die unterschiedlichen Bereiche (z. B. wirtschaftlicher, politischer, sozialer, kultureller etc. Bereich) und die betroffenen Ebenen (Indivi-duum, Gruppen, Gesellschaft, globale Ebene) vorgenommen werden soll. Die Wertmaßstäbe (z. B. Macht, Freiheit, Gerechtigkeit, Gemeinwohl), die man zur Bewertung der Legitimität heranzieht, müssen offengelegt und durch eine Güterabwägung gewichtet werden. Auch Widersprüche sind möglich, dann ist eine (individuelle) Abwägung nötig.
> Beispiele:
> - Obwohl eine Maßnahme des Staates gerecht ist, ist sie abzulehnen, weil sie die individuelle Freiheit einschränkt.
> - Eine Maßnahme, die das Gemeinwohl fördert, ist zu befürworten, obwohl eine gesellschaftliche Gruppe besonders unter ihr leidet.

Die Kompetenzen der genannten drei Bereiche umfassen neben den geforderten Fähigkeiten, Kenntnissen und Fertigkeiten auch Haltungen und Einstellungen, um eine neue Anwendungs- und Entscheidungssituation in der schriftlichen oder mündlichen Abiturprüfung bewältigen zu können.

Das Unterrichtsfach Politik-Wirtschaft wird mithilfe sogenannter **Basis- und Fachkonzepte** strukturiert.

Von ausgewählten Problemstellungen ausgehend bilden **drei Basiskonzepte (Anreize und Motive, Interaktionen und Entscheidungen, Ordnungen und Systeme)** die jeweilige/bevorzugte Perspektive, die durch die obligatorischen **Fachkonzepte (politische, ökonomische und integrative Kriterien)** konkretisiert wird. Diese Konzepte, insbesondere die Fachkonzepte, helfen Ihnen dabei, Ihr Wissen **einzuordnen** und bei Problemstellungen **unterschiedliche Perspektiven** einzunehmen, etwa einen Sachverhalt unter dem Blickwinkel verschiedener Interessen und der Machtverhältnisse zu untersuchen.

Für die Konkretisierung der im Abitur ausgewählten Aufgabenstellungen sollten Sie sich im Unterricht mit den Fachkonzepten vertraut gemacht haben. D. h., Sie sollten mit Begriffen wie „Demokratie", „Macht" und „Interessen" inhaltlich umgehen und sie voneinander abgrenzen können. In den Semesterübersichten (vgl. 1.2) sind die jeweils vorrangig anzuwendenden Kriterien in der Rubrik „Fachkonzepte" aufgeführt.

1.6 Die Abiturklausur: Anforderungsbereiche und Arbeitsaufträge

In der Abiturklausur wird erwartet, dass Sie sich mit möglichen individuellen, kollektiven und institutionellen Problemlösungen auseinandersetzen, diese erörtern, beurteilen, überprüfen und begründet Stellung nehmen. Dabei entwickeln Sie ggf. eigene Problemlösungsansätze, wenden Sach- und Methodenkompetenzen an und reflektieren die eigenen Sach- und Werturteile. Die Erkenntniswege des politischen und ökonomischen Problemlösens und Urteilens werden dabei reflektiert (z. B. Unterscheidung zwischen Sach- und Werturteil, Theorie- und Modellreflexion). Sie sollten prinzipiell in der Lage sein, die bestehenden Verbindungen zwischen Politik, Wirtschaft und anderen Bereichen einzubeziehen.

Die Abiturklausur besteht aus einem Material- und einem Aufgabenteil mit Arbeitsaufträgen. Die Teilaufgaben lassen nicht nur die Perspektive erkennen, unter der die Materialien zu bearbeiten sind, sondern geben zugleich einen **Hinweis auf die Anforderungsebene** und damit auch auf ihr Gewicht im Rahmen der gesamten Prüfungsleistung. Der Schwerpunkt liegt im Anforderungsbereich (= AFB) II (Reorganisation und Transfer), Anteile aus dem AFB I (Reproduktion) und dem AFB III (Reflexion und Problemlösung) müssen angemessen berücksichtigt sein.

Die Nummerierung der drei Anforderungsbereiche entspricht dem zunehmenden Schwierigkeitsgrad und Anspruch der geforderten Leistung. Die nach inhalts-, prozess- und methodenbezogenen Fähigkeiten und Kenntnissen aufgegliederten Anforderungsbereiche haben wichtige Funktionen für die Aufgabenstellung sowie für die Erfassung und Bewertung von Prüfungsleistungen. Es wird vorausgesetzt, dass die Prüflinge die

Operatoren aller drei Anforderungsbereiche kompetent auf jeden Gegenstandsbereich anwenden können.

Die **erste Ebene** beschäftigt sich mit der Wiedergabe von Wissen (AFB I: Reproduktion). Im **zweiten Anforderungsbereich** sollen Sie zeigen, dass Sie das Gelernte selbstständig erklären und anwenden können. Dabei müssen Sie fach- und sachadäquate Methoden und Arbeitstechniken anwenden (AFB II: Reorganisation und Transfer). Im **dritten Anforderungsbereich** sollen Sie sowohl problembezogenes Denken und Urteilen als auch die kritische Reflexion von Methoden (AFB III: Reflexion und Problemlösung) unter Beweis stellen. Die Anforderungsbereiche lassen sich wegen zahlreicher Überschneidungen nicht immer scharf voneinander trennen. Vielfach bezieht sich die geforderte Leistung in einer Teilaufgabe jedoch **überwiegend auf einen Anforderungsbereich**.

Prinzipiell gilt: In Abhängigkeit von der Aufgabenstellung können einzelne im Unterricht erarbeitete Sachverhalte/Aspekte in entsprechender Form (als Darstellung eines Sachverhalts oder Argumentation) bei Aufgaben sowohl des AFB II als auch des AFB III einbezogen werden.

Beispiel:
1. Erläutern Sie die Hintergründe für die Notwendigkeit einer Reform des Bundeswahlrechts. (AFB II)
2. Erörtern Sie, inwieweit eine Reform des Bundeswahlrechts für die repräsentative Demokratie sinnvoll ist. (AFB III)

Die Teilaufgaben werden als Arbeitsanweisungen mit Aufforderungscharakter formuliert. Die Verben, die signalisieren, welche Überlegungen und Tätigkeiten beim Lösen der Prüfungsaufgaben erwartet werden, bezeichnet man als **Operatoren**. Um Ihnen Anhaltspunkte dafür zu geben, was von Ihnen erwartet wird, finden Sie in jeder Teilaufgabe der Übungsaufgaben und vor den Lösungen der zentral gestellten Abituraufgaben eine Erläuterung der Aufgabenstellung bzw. des jeweiligen Operators. Diese Hinweise sind durch einen grauen Kasten von den eigentlichen Lösungen abgesetzt.

Für das **Abitur ab 2021** gilt die gemeinsame **Operatorenliste** für Geschichte, Erdkunde und Politik-Wirtschaft (siehe nibis.de). Im Folgenden werden Ihnen die den einzelnen Anforderungsbereichen zugeordneten Operatoren für das Fach Politik-Wirtschaft vorgestellt und an Beispielen erläutert.

Zu allen Anforderungsbereichen lassen sich bei der individuellen Vorbereitung oder der Vorbereitung in einer Lerngruppe entsprechende Übungen einplanen.

Folgende **Operatoren** signalisieren Ihnen, dass Leistungen im **Anforderungsbereich I (Reproduktion)** verlangt werden:

Operatoren	
beschreiben	strukturiert und fachsprachlich angemessen Materialien vorstellen und/oder Sachverhalte darlegen
darstellen	Sachverhalte detailliert und fachsprachlich angemessen aufzeigen

gliedern	einen Raum, eine Zeit oder einen Sachverhalt nach selbst gewählten oder vorgegebenen Kriterien systematisierend ordnen
wiedergeben	Kenntnisse (Sachverhalte, Fachbegriffe, Daten, Fakten, Modelle) und/oder (Teil-)Aussagen mit eigenen Worten sprachlich distanziert, strukturiert u. damit unkommentiert darstellen
zusammenfassen	Sachverhalte auf wesentliche Aspekte reduzieren und sprachlich distanziert strukturiert und unkommentiert wiedergeben

Nachfolgend ein (fiktives) Beispiel (mit Kennzeichnung von indirekter Rede und umschreibenden Formen) anhand eines konkreten Arbeitsauftrages:

Beispiel: Fassen Sie die Aussagen zu Problemen der Gewaltenteilung in Deutschland in eigenen Worten zusammen.

Die zentralen Textaussagen sollen ohne Kommentierung sach- und sinngemäß geordnet und sprachlich distanziert (mit Verwendung von indirekter Rede und umschreibenden Formen) zusammengefasst werden; wörtliche Textübernahmen (in erster Linie relevante Begriffe) müssen durch Anführungszeichen und Zeilenangaben gekennzeichnet werden; ein einleitender Satz mit Grundinformationen (Verfasser*in, Textsorte/Quelle mit Titel, Erscheinungsdatum, Kernaussage) ist notwendig.

Der Verfasser (*Name*) konstatiert in seinem am (*Datum*) in (*Quelle*) veröffentlichten Kommentar (*Textsorte/Titel*) vor dem Hintergrund (*Situation/Ereignis/Prozess*) einen stetigen Bedeutungsverlust der Legislative bei gleichzeitiger Stärkung der Exekutive. Gründe sieht der Verfasser zum einen in den Forderungen nach mehr direkter Beteiligung des Volkes, zum anderen in der Umgehung des Bundestags durch die Regierung. In den vergangenen Krisenjahren seien – besonders in der letzten Großen Koalition – politische Entscheidungen weitgehend ohne aktive Beteiligung des inzwischen „aufgeblähten" (*Z. xx*) Parlaments getroffen worden. Corona-Pandemie und Ukraine-Krieg hätten diese Entwicklung noch verstärkt. Die zahlreichen europäischen Vorgaben schränkten den politischen Gestaltungs- und Entscheidungsspielraum zusätzlich ein. Deshalb sei angesichts dieses Demokratiedefizits die Neigung der Volksvertreter, ihre Positionen eher über Twitter oder in Talkshows als in der parlamentarischen Debatte mitzuteilen, inzwischen weit verbreitet. Da Entscheidungen im Bundesrat bereits vor der eigentlichen Gesetzgebung in den Länderparlamenten durch die Länderregierungen ausgehandelt würden, betreffe die Schwächung der Legislative aus Sicht des Verfassers als problematischer politischer Trend die Länderebene noch weit mehr (hier ca. 160 Wörter).

> **TIPP** **Tipp zur Vorbereitung:**
> Versuchen Sie an verschiedenen Beispielen den inhaltlichen Kern von (auch längeren) Texten in einer kurzen/sachlichen schriftlichen(!) Darstellung herauszuarbeiten!

An diesen **Operatoren** erkennen Sie, dass Leistungen im **Anforderungsbereich II (Reorganisation und Transfer)** von Ihnen verlangt werden:

Operatoren	
analysieren	Materialien oder Sachverhalte kriterienorientiert oder aspektgeleitet erschließen und strukturiert darstellen
charakterisieren	Sachverhalte in ihren Eigenarten beschreiben, typische Merkmale kennzeichnen und diese dann <u>gegebenenfalls</u> unter einem oder mehreren bestimmten Gesichtspunkten zusammenführen
einordnen	begründet eine Position/Material zuordnen oder einen Sachverhalt begründet in einen Zusammenhang stellen
erklären	Sachverhalte so darstellen – gegebenenfalls mit Theorien und Modellen –, dass Bedingungen, Ursachen, Gesetzmäßigkeiten und/oder Funktionszusammenhänge verständlich werden
erläutern	Sachverhalte in ihren komplexen Beziehungen an Beispielen und/oder Theorien verdeutlichen (auf Grundlage von Kenntnissen bzw. Materialanalyse)
herausarbeiten	Materialien auf bestimmte, explizit nicht unbedingt genannte Sachverhalte hin untersuchen und Zusammenhänge zwischen den Sachverhalten herstellen
vergleichen	Gemeinsamkeiten, Ähnlichkeiten und Unterschiede von Sachverhalten kriterienorientiert darlegen

Konkret könnten Aufgaben aus dem Anforderungsbereich II so aussehen:

Beispiel 1: Erklären Sie, welche Probleme mit der Neuausrichtung der deutschen Sicherheits- und Verteidigungspolitik seit Beginn des Ukraine-Kriegs (Februar 2022) einhergehen.

Bei einer Erklärung sollen im Unterricht thematisierte oder sich aus dem Material ergebende Sachverhalte/Funktionszusammenhänge geordnet dargestellt werden. Arbeiten Sie relevante Informationen zu bisherigen Entwicklungen heraus und verknüpfen Sie diese miteinander. Formulieren Sie zunächst eine kurze Einleitung.

Der völkerrechtswidrige Krieg Russlands gegen die Ukraine seit Ende Februar 2022 hat die Sicherheitspolitik in Europa und Deutschland grundlegend verändert und zur Entschlossenheit und Geschlossenheit innerhalb der Nato beigetragen. Der Bundeswehr soll ein im Grundgesetz verankertes „Sondervermögen" in Höhe von 100 Milliarden für Ausrüstung und Modernisierung zur Verfügung gestellt werden. Außerdem soll der Verteidigungshaushalt gemäß Nato-Vorgabe zukünftig regelmäßig 2 Prozent des Bruttoinlandsprodukts ausmachen.

In den letzten Jahren beklagten zahlreiche Verbündete Deutschlands in der EU und der Nato, besonders die USA unter Präsident Trump, aber auch einzelne deutsche Politiker die auf die Erfahrungen des Nationalsozialismus gründende militärische Zurückhaltung Deutschlands und den damit verbundenen „strukturellen Pazifismus" (Militärhistoriker Sönke Neitzel). Die Forderung lautet, dass Deutschland mit seinen geostrategischen und ökonomischen Interessen eine entschlossenere und aktivere außenpolitische Rolle einnehmen und ein stärkeres militärisches Engagement zeigen müsse.

Für die sich daran anschließende strukturierte Erklärung sind z. B. die nachfolgend skizzierten, nicht vollständig ausgeführten Überlegungen möglich. Um die Gründe für die Probleme zu thematisieren, sind die Bedingungen und Möglichkeiten sowie die Grenzen einer sicherheitspolitischen Neuorientierung darzustellen. Die Bearbeitung in der Prüfung muss auf der Grundlage der Materialien, des erteilten Unterrichts und der Akzentuierung der Aufgabenstellung auf einzelne Aspekte bezogen und ggf. noch spezifischer bzw. differenzierter erfolgen.

Bedingungen und Zusammenhänge:

- **Äußere Sicherheit in einer (neuen) bipolaren Welt:** Die desaströsen Folgen der militärischen Interventionen einzelner Staaten in Syrien, Libyen, Afghanistan und in der Ukraine zeigen, dass die (Krisen-)Diplomatie an Grenzen stößt. Vor dem Hintergrund des Ukraine-Kriegs wird inzwischen auch in der Ampelkoalition eine stärkere militärische **Ausrichtung der äußeren Sicherheit** auf **Abschreckung und Bündnis- und Landesverteidigung** befürwortet. Sie reagiert damit auf veränderte geopolitische Konstellationen. Wie am Anfang des Ost-West-Konflikts beginnt sich die Welt nach einer Phase der Multipolarität (seit 1989) wieder in zwei Sphären zu teilen: den (autoritaristischen/autoritären) russisch-chinesischen und den (regelbasierten/demokratischen) westlichen Bereich. Aus einer bisher eher kooperativen wird eine tendenziell **konfrontative (Welt-)Ordnung.** Die damit verbundenen jeweiligen (macht)politischen, wirtschaftlichen und technologischen Ansprüche/Interessen beinhalten trotz der komplexen, global zu lösenden Aufgaben zahlreiche Konflikt- bzw. Gefahrenpotenziale (z. B. imperiale Gebietsansprüche, Aufrüstung, Protektionismus/Sanktionen, Krieg, atomare Bedrohung). Nach Beginn des Ukraine-Kriegs, der laut Bundeskanzler Scholz eine „Zeitenwende" einläutete, beteiligte sich Deutschland an der westlichen Sanktionspolitik gegenüber Russland und lieferte wie zahlreiche andere Länder in großem Umfang Hilfsgüter, Hilfsgelder und Waffen in die Ukraine. Dadurch ergab sich auch in Deutschland eine oft kontroverse, teilweise sogar erregte innen- und außenpolitische Debatte zu Art (Waffensysteme), Ausmaß und Zeitpunkt der militärischen Unterstützung. Dabei wurde von Regierungsseite stets gefordert, als Nato geschlossen zu handeln, eine Eskalation des Krieges zu vermeiden bzw. nicht zur Kriegspartei zu werden.

- **Krise der transatlantischen Beziehungen/Nato:** Die „America First"-Politik des früheren US-Präsidenten Trump hatte zunächst die Krise der transatlantischen Partnerschaft vertieft und die Beziehung zwischen den USA und Europa nachhaltig belastet. Durch den Ukraine-Krieg und die dadurch entstandene **Bedrohungslage in (Ost-)Europa** ist der **Zusammenhalt** innerhalb der Nato allerdings erneuert und gefestigt worden. Bisher „neutrale" Staaten wie Schweden und Finnland haben inzwischen einen – zunächst von der Türkei blockierten – Nato-Beitritt (sog. Norderweiterung) beschlossen. Aktuell steht Deutschland neben den weiteren europäischen Nato-Staaten vor der Herausforderung, eine außenpolitische Strategie zu entwickeln, um die transatlantische Partnerschaft nach dem Regierungswechsel in den USA (2021) und vor dem Hintergrund des Ukraine-Kriegs neu zu gestalten und als **westliche Wertegemeinschaft** u. a. dem Schutz der Menschenrechte Geltung zu verschaffen. Um die (neue) Rolle der Nato in einer zukünftigen Nachkriegsordnung zu definieren, müssen die europäischen Nato-Partner und die USA zahlreiche strategische Fragen klären: u. a. das Verhältnis zu Russland, China und zu den an das Natogebiet angrenzenden Staaten.

- **Strategische Mängel und europäische Spannungen:** Eine „neue" deutsche Außen- und Sicherheitspolitik ist nicht im Alleingang zu realisieren, sondern nur im **Zusammenwirken der europäischen Partner.** Neben der eingeschränkten militärischen Leistungsfähigkeit zeigen sich im europäischen Rahmen **strategische Defizite** bei der Abstimmung der Ziele und konkreter Maßnahmen als Reaktion auf Krisen und Kriege. Trotz verschiedener Vorbehalte und zahlreicher offener Fragen gibt es Bestrebungen, mittel- und langfristig eine von den USA unabhängige europäische Sicherheits- und Verteidigungspolitik zu etablieren. Damit soll u. a. die Möglichkeit geschaffen werden, auf zu erwartende geopolitische Spannungen in Osteuropa zu reagieren und einer Destabilisierung Europas und der Balkan-Region entgegenzuwirken.

- **Mangelnde Einsatzfähigkeit:** Die Forderung, dass Deutschland im Nato-Bündnis (z. B. als Eingreiftruppe zur Sicherung der Nato-Ostflanke) und global mehr Verantwortung übernehmen müsse, steht im Widerspruch zur begrenzten Einsatzfähigkeit des militärischen Materials und zu den beschränkten personellen Ressourcen der Bundeswehr. Dieser Widerspruch lässt sich trotz der zugesagten Finanzmittel nicht kurzfristig auflösen. Dazu müssen die Strukturen und Prozesse in der Zusammenarbeit von politischer, militärischer Führung (Verteidigungsministerium, Bundeswehr) und (Rüstungs-)Industrie verändert und optimiert werden. Außerdem ist eine zügige Erhöhung der **Verteidigungsausgaben auf zwei Prozent** des nationalen BIP sicherzustellen. Angesichts der finanziellen Herausforderungen durch die Corona-Pandemie und den Ukraine-Krieg (zusätzliche ökonomische Belastungen für Unternehmen, Verbraucher und Staat) ist diese Zielmarke wegen ihrer **gesellschaftspolitischen Brisanz** nur mittel- bis langfristig umzusetzen.

- **Infragestellung militärischer Lösungen:** Der 2021 durchgeführte Abzug der US-geführten Militärkoalition (mit Beteiligung der Bundeswehr) aus Afghanistan und die dortige Machtübernahme durch die islamistischen Taliban bestätigten die seit Jahren gewachsenen Zweifel am Erfolg militärischer Lösungen bei der Durchsetzung der ursprünglichen Ziele (Demokratisierung, Stabilisierung, Ertüchtigung zur Selbsthilfe). Kritiker militärischer Interventionen betonen neben der Gefahr der **Militarisierung der gesellschaftlichen Debatte** u. a. die durch das **Völkerrecht** und den **Parlamentsvorbehalt des Bundestags** gesetzten Grenzen militärischer Einsätze. Auch humanitär begründete Interventionen könnten durch die Auflösung staatlicher Strukturen ins Chaos führen und ein Land zusätzlich destabilisieren. Überdies zeigte die Beteiligung der Bundeswehr in Afghanistan, dass militärische Auslands-einsätze Hass gegenüber Deutschland schüren und so – mit negativen Folgen für die **innere Sicherheit** – als Gründe für terroristische Aktivitäten im Inland gesehen werden können. Im Zusammenhang mit den westlichen **Waffenlieferungen** für die Ukraine wurde/wird nicht nur auf die **Möglichkeit der Selbstverteidigung**, son-dern auch auf das Problem einer **Verlängerung des Krieges** und der **Vernachläs-sigung von Friedensbemühungen** hingewiesen. **Kritiker** eines nur auf das Mili-tärische **verengten Sicherheitsbegriffs** plädieren dafür, in Deutschland die **Ab-hängigkeit von autokratischen Regimen** (Energieversorgung/Russland, Export-abhängigkeit/China) durch gezielte Maßnahmen (z. B. forcierte Investitionen in er-neuerbare Energien) zu beenden und Cyberschutz sowie Krisenprävention/Zivil-schutz sicherzustellen.

- **Perspektive einer vernetzten Sicherheit:** Die multiplen, sich überlagernden Kri-sen und Kriege des 21. Jahrhunderts zeigen, dass in einer sich fragmentierenden Welt ein militärischer Einsatz nur Teil einer Gesamtstrategie sein kann. Im Modell des **zivilisatorischen Hexagons** vom Friedensforscher D. Senghaas wird deutlich, dass die Friedfertigkeit einer Gesellschaft nicht nur von der Herstellung eines staat-lichen Gewaltmonopols, sondern auch vom Grad **sozialer Gerechtigkeit** und **Rechtsstaatlichkeit** abhängt. Eine Gesamtstrategie aus militärischen, politisch-di-plomatischen und humanitären Elementen erscheint vor diesem Hintergrund als wirksamere Alternative zu rein militärischen Lösungen. Zwingend erforderlich ist es, die Länder des globalen Südens wegen ihrer Bedeutung für die globale Sicher-heitsarchitektur angemessen einzubeziehen. Dazu soll die (neue) Außen- und Ent-wicklungshilfepolitik „feministisch" (im Sinne einer Berücksichtigung der Rechte benachteiligter Gruppen, z. B. Frauen) ausgerichtet werden. Zahlreiche Beispiele zeigen jedoch, dass auch mit einem **„vernetzten Ansatz"** nur bedingt Frieden zu erzielen ist.

Ein Fazit dient dazu, die dargestellten Probleme/Zusammenhänge zusammenzufassen und durch den Verweis auf aktuelle Entwicklungen/Hintergründe auf die Aufgaben-stellung Bezug zu nehmen (z. B. Abzug der USA aus Afghanistan und Machtübernahme der Taliban, Flüchtlingsproblematik, Krise der EU, neuer „Kalter Krieg" zwischen Nato und Russland, Eskalation von Gewalt/Krieg in der Ukraine, Kriege im Nahen und Mittleren Osten, Auswirkungen auf äußere und innere Sicherheit in der Bundes-republik, Sanktionspolitik und weltwirtschaftliche Krisen).

Beispiel 2: Erläutern Sie, ausgehend von den Funktionen und der Rolle der Medien in der Demokratie, die für politische Akteure relevanten Aspekte der heutigen Medien-wirkung.

Mithilfe erworbener Kenntnisse sollen Sie zunächst die Funktionen und die Rolle der Medien benennen, um auf dieser Grundlage neben den positiven Faktoren die negati-ven Begleiterscheinungen, die Wechselwirkungen und gegenseitige Einflüsse zwischen Politik- und Medienbereich in relevanten Zusammenhängen differenziert auszuführen.

Mögliche Beispiele (vgl. Operator) sind aus verschiedenen – aktuellen/medial beglei-
teten – politischen Entwicklungen/Konflikten/Debatten/Kampagnen etc. (z. B. Wil-
lensbildungs- und Entscheidungsprozesse) abzuleiten. Die Ausarbeitung der Aufgabe
könnte wie folgt aussehen:

Medien sind ein öffentliches Forum einer demokratisch verfassten, pluralistischen Gesellschaft und haben in der Demokratie folgende Aufgaben: im engeren politischen
Sinne eine **Informations- und Meinungsbildungs-** sowie eine **Kritik- und Kontrollfunktion** und im weiteren Sinne eine Bildungsfunktion. Diese Funktionen zur Sicherstellung einer für den demokratischen Prozess **relevanten Öffentlichkeit** lassen sich
nicht klar voneinander trennen. Medien sind dabei vielfach keine neutralen Berichter-
statter, sondern beeinflussen die Akteure im politischen Prozess auf verschiedene Weise. Zudem haben sie eine – oft kritisch beleuchtete – Unterhaltungsfunktion.

Indem die Vermittlungsfunktion der Medien grundlegende Bedeutung für die Politik
und Politikgestaltung gewinnt (Mediatisierung), wird in der **Mediengesellschaft** der
Schwerpunkt der politischen Kommunikation von der **parlamentarisch-repräsenta-
tiven zur medial-präsentativen Demokratie** verschoben. Medien wählen gemäß
ihrer Informationsfunktion täglich aus der Vielzahl der Informationen aus und strukturieren das Geschehen für den Rezipienten. Dieses **Agenda-Setting**, d. h. die Auswahl und mediale Präsentation bestimmter Themen, kann im Wettbewerb um höhere
Auflagen bzw. Hörer- und Zuschauerquoten zu einer Vereinfachung der Inhalte sowie
zu einer Personalisierung von Politik führen. Neben der Meinungsbildungsfunktion
durch Vermittlung verschiedener Meinungen unterschiedlicher Gruppen in der pluralistischen Gesellschaft treten Medien vereinzelt selbst als Meinungsbildner auf. Angesichts der Funktion der Medien, die demokratische Vielfalt widerzuspiegeln, muss das
Interesse der Mediennutzer auf die **Unabhängigkeit der Berichterstattung** (von politischen und wirtschaftlichen Interessen) gerichtet sein.

Wenn sich Medien ihrer Kritik- und Kontrollfunktion bedienen, geben sie als Vermittler die kritischen Positionen zu verschiedenen politischen Themen weiter und sind darüber hinaus politischer Akteur und Vierte Gewalt, wenn Missstände, Skandale und
Affären (z. B. Korruptionsvorwürfe) investigativ aufgedeckt werden. Mit der Unterhaltungsfunktion kann eine **Entpolitisierung der Politik** verbunden sein, wenn z. B.
auch Informationssendungen als Unterhaltungssendungen (Infotainment) angelegt
sind. Die Anforderungen der **Mediengesellschaft** (Personen, Bilder, Spannung, Ab-
wechslung) stehen im Widerspruch zum politischen Diskurs (Partei-, Programmar-
beit). So werden etwa im Fernsehen Inhalte auf das Zeigbare (Visualisierung/Persona-
lisierung/ritualisierte Abläufe) und auf Kurzbotschaften reduziert. Die inhaltliche Auseinandersetzung gerät in den Hintergrund. Die Parteien wiederum versuchen, durch
medienwirksame Veranstaltungen unter Anleitung von Medienberatern ein möglichst
positives Bild ihrer Aktivitäten zu vermitteln. **Personalisierung und Emotionalisie-
rung** treten dabei in den Vordergrund. Um mediale Kontrolle und Kritik zu vermeiden
oder zu verringern und um ihr Image zu verbessern, kopieren einzelne Parteien journalistische Arbeitsweisen, indem sie z. B. sogenannte **Newsrooms und Podcasts** ein-
richten. Auch Inszenierungen, z. B. über Interviews, dienen diesen Zwecken und
schwächen die traditionellen Medien als vierte Säule des Staates. **Symbolische Politik**

verdrängt so vielfach politische Inhalte und vermittelt ein unrealistisches Bild der komplexen politischen Entscheidungsprozesse, wodurch die Legitimationskrise der repräsentativen Demokratie verschärft wird.

Um öffentliche Aufmerksamkeit zu erzielen und durch entsprechende Informationspolitik eigene Sichtweisen und Deutungen zu vermitteln, ist es für politische Institutionen und Amtsinhaber inzwischen unverzichtbar, sich an die Nutzungsgewohnheiten der **neuen Medien** anzupassen: Twitter, Facebook usw. gehören zum Kommunikationswerkzeug **moderner politischer Kommunikation und Politikgestaltung**, beinhalten allerdings die Gefahr von anonymer Beleidigung und Verunglimpfung.

Besonders in Wahlkampfzeiten werden die Websites und Social-Media-Kanäle von Politikern und Parteien als Informationsquelle intensiv(er) genutzt. Die **politische Kommunikation** über das **Internet und soziale Medien/Netzwerke** wird heute – im Sinne einer interaktiven Kommunikation und eines neuen politischen „Diskurses" – auch als **partizipatorische Chance** gesehen. Inzwischen ergibt sich jedoch ein weiteres grundsätzliches politisches und gesellschaftliches Problem durch die mögliche Meinungsmanipulation über „Social Bots", die sich in sozialen Netzwerken als Menschen „ausgeben". Sie „machen" Stimmung für bestimmte Parteien oder gegen Minderheiten. Durch konstruierte Konflikte und problematische bzw. falsche Aussagen/ Meldungen (Verschwörungstheorien/Fake-Narrative) können öffentliche Meinung und politischer Diskurs beeinflusst bzw. verzerrt werden. Wie einzelne nachgewiesene **Desinformationskampagnen** bereits gezeigt haben, ist auch **Einflussnahme und Propaganda** sowie Wahlmanipulation aus dem Ausland denkbar.

An diesen **Operatoren** erkennen Sie, dass Leistungen im **Anforderungsbereich III (Reflexion und Problemlösung)** verlangt werden:

Operatoren	
begründen	komplexe Grundgedanken durch Argumente stützen und nachvollziehbare Zusammenhänge herstellen
beurteilen	den Stellenwert von Sachverhalten oder Prozessen in einem Zusammenhang überprüfen, um kriterienorientiert zu einem begründeten Sachurteil zu gelangen
entwickeln	zu einem Sachverhalt oder zu einer Problemstellung eine Einschätzung, ein Lösungsmodell, eine Gegenposition oder ein begründetes Lösungskonzept darlegen
erörtern	zu einer vorgegebenen Problemstellung eine reflektierte, abwägende Auseinandersetzung führen und zu einem begründeten Sach- und/oder Werturteil kommen
sich auseinandersetzen	zu einem Sachverhalt, einem Konzept, einer Problemstellung oder einer These usw. eine Argumentation entwickeln, die zu einem begründeten Sach- und/oder Werturteil führt
Stellung nehmen	Beurteilung mit zusätzlicher Reflexion individueller, sachbezogener und/oder politischer Wertmaßstäbe, die Pluralität gewährleisten und zu einem begründeten eigenen Werturteil führen

Die folgenden Beispiele zeigen, wie diese Arbeitsaufträge konkret (konzeptionell/argumentativ) in der Klausur aussehen könnten:

Beispiel 1: Setzen Sie sich mit der These auseinander, dass eine Minderheitsregierung eine sinnvolle Alternative zu einer Mehrheitsregierung darstellt.

Wenn Sie eine Aufgabe dieser Art im Abitur vorliegen haben, ist die Bearbeitung in mehreren Schritten zu empfehlen. Dabei ist es hilfreich, wenn Sie sich zu den einzelnen Bearbeitungsschritten vorab Stichworte notieren. Der folgende Vorschlag ist in diesem Sinn als Konzept für die Bearbeitung der komplexen Aufgabe zu verstehen.

a) *Klärung des Sachverhalts:*
Das traditionelle Regierungsmodell der Bundesrepublik, eine große Partei bildet eine Koalition mit einer kleinen Partei, die ihr als Mehrheitsbeschafferin dient, hat sich angesichts der parteipolitischen Verschiebungen in Deutschland bereits seit Längerem überlebt. Die Volksparteien CDU/CSU und SPD verlieren stetig an Bindekraft, der Abstand zwischen den Parteien wird signifikant geringer. Obwohl nach der Bundestagswahl 2021 trotz verschiedener inhaltlicher/ programmatischer Differenzen der drei Regierungsparteien mit der Ampelkoalition eine (stabile) Mehrheitsregierung gebildet werden konnte, stellt sich in einer Demokratie die grundsätzliche Frage, ob auch Minderheitsregierungen eine sinnvolle Alternative des Regierens bieten können.
Minderheitsregierungen sind Regierungen ohne eine verlässliche Mehrheit im Parlament. Sie entstehen, wenn weder eine Partei die Mehrheit der Mandate errungen hat noch eine Koalition mit Parlamentsmehrheit gebildet werden kann. Zu Minderheitsregierungen kommt es am ehesten in Vielparteiensystemen bzw. dann, wenn es aus programmatischen oder personellen Gründen nicht möglich ist, eine Mehrheit für ein Regierungsbündnis zu gewinnen. Bei einer Minderheitsregierung muss sich eine Regierung ihre Mehrheiten bei jedem Haushaltsentwurf und bei jedem Gesetzesvorhaben neu beschaffen. Dieses Regierungsmodell/Instrument gilt bei einem sich auffächernden Parteiensystem als Variante, um schwer handhabbare Wahlergebnisse in politisches Handeln umzusetzen. Seit 1949 gab es in der Bundesrepublik 31 Minderheitsregierungen, vor allem auf Länderebene. Die meisten entstanden nach einer Koalitionskrise und ermöglichten das Weiterregieren bis zur nächsten Wahl. Kurzzeitig gab es auf Bundesebene viermal Minderheitsregierungen (1962, 1966, 1972 und 1982).

b) *Anschließend sollten Sie Pro- und Kontra-Argumente nicht nur nennen, sondern auch auf übersichtliche Weise darlegen. Folgende Pro- und Kontra-Argumente sollten Sie berücksichtigen, weitere sind – auch vor dem Hintergrund aktueller Entwicklungen (etwa Konfliktlinien zwischen einzelnen Parteien) – denkbar.*

Pro:
- offensichtlich die unter gegebenen Bedingungen einzige Möglichkeit der Regierungsbildung;

- Einbeziehung einer demokratisch notwendigen parlamentarischen Opposition und damit bessere Möglichkeiten zur Darstellung von politischen Gegenentwürfen durch die Oppositionsparteien in Parlament und Medien;
- hilfreicher Zwang zum politischen Kompromiss als demokratisches Grundelement: Möglichkeit der Entwicklung einer neuen politischen (kooperativen) Kommunikation zwischen den Parteien;
- Herstellung der Gestaltungs- und Handlungsfähigkeit der staatlichen Institutionen angesichts eines wachsenden politischen Problemdrucks;
- Respektierung des Wählerwillens durch den Regierungsauftrag für die größte Fraktion;
- Chance, angesichts besonderer aktueller Herausforderungen (Klima, Populismus etc.) über neue Wege der politischen Zusammenarbeit auch neue, zeitgemäße politische Ideen zu entwickeln.
- Bisherige Erfahrungen zeigen, dass Minderheitsregierungen anteilig genauso viele Wahlversprechen wie Mehrheitskoalitionen umsetzen, allerdings auf der Grundlage von weniger Versprechen als bei Mehrheitskoalitionen.
- Wechselnde Mehrheiten können bewirken, dass die Präferenzen der Wähler besser widergespiegelt werden. Das gilt z. B. für Projekte, die für eine Mehrheitsregierung wegen des Widerstands eines Koalitionspartners nicht umzusetzen sind.

Kontra:
- hohes Risiko der Instabilität infolge eines größeren Machtpotenzials der Oppositionsparteien zur Verhinderung einzelner politischer Projekte;
- „Verwässerung" der politischen Positionen durch projektbezogene Ad-hoc-Bündnisse;
- Qualitätseinbußen bei den politischen Konzepten wegen der inhärenten Konsenszwänge und inner- bzw. zwischenparteilicher Konflikte;
- höhere Wahrscheinlichkeit einer Verschleppung wichtiger bzw. notwendiger Entscheidungen wegen latenter Konflikte oder aufgrund von medial inszenierten Profilierungsversuchen;
- Problematik möglicher innerparteilicher Konflikte wegen programmatischer Differenzen und/oder fehlender Abgrenzung gegenüber anderen Parteien zur Aufrechterhaltung/Tolerierung der Minderheitsregierung;
- Herausforderungen/Risiken besonders bei Aufstellung eines Haushalts, bei dem die Opposition viele eigene Forderungen einzubringen versucht; Regierung muss sich für einzelne Haushaltsprojekte die Zustimmung der Opposition „erkaufen"; weil aber offen ist, für wen Neuwahlen politisch profitabel wären, ist zu erwarten, dass es nicht zu besonders ausgeprägten Konfrontationen käme.

c) *Eigene Bewertung:*
Hier sollten Sie zunächst Ihre Überlegungen zur gegenüberstellenden Gewichtung der oben dargestellten Pro- und Kontra-Argumente ausführen. Das kann in der dialektischen Form eines „einerseits" und „andererseits" erfolgen. Sinnvoll kann auch eine polarisierende Zuspitzung sein, wie z. B. die wertende Aussage mit einer abschließenden Begründung.

Politische Stabilität und Verantwortung allein daran zu messen, ob eine Regierung über eine dauerhafte Mehrheit im Parlament verfügt, wäre problematisch. Das für eine Demokratie relevante Gemeinwohl würde gerade dadurch zur Geltung gebracht werden, dass Gesetzesvorlagen, die nur die Interessen einer Klientel bedienen, unter einer Minderheitsregierung voraussichtlich gar nicht ins Parlament kämen. Abgeordnete und Fraktionen wären insofern tendenziell eher an gesamtgesellschaftlichen Lösungen orientiert. Parteipolitische Programmatik und Interessenlage verlören wegen des Risikos von Neuwahlen an Bedeutung.

Überdies könnte angesichts der (partei-)politischen Entwicklungen vor dem Hintergrund aktueller gesellschaftspolitischer Fragen und Konflikte sowie kontroverser politischer Positionen auf Alternativen für Koalitionen (Rot-Rot-Grün, Schwarz-Grün, Schwarz-Grün-Gelb, Rot-Grün-Gelb) hingewiesen werden. Die aktuelle Bundesregierung ist mit einer sog. Ampelkoalition (Rot–Grün–Gelb) eine der aufgezeigten Möglichkeiten.

Entsprechende Entwicklungen sind etwa die weitere Zersplitterung der Parteienlandschaft (u. a. durch den „Aufstieg" der AfD) und die veränderten Machtperspektiven der an Wählerzustimmung verlierenden Volksparteien CDU/CSU und SPD. Ein Hinweis auf eine eingeschränkte Relevanz des politischen Instruments der Minderheitsregierung könnte die eigene Bewertung noch relativieren. Denn trotz größerer Wahrscheinlichkeit, dass auf Länderebene Minderheitsregierungen eine realistische Perspektive bieten, scheint dieses Instrument gerade auf Bundesebene kein praktikables Modell für eine Bundesregierung zu sein. Die Gesetzgebung im Bund benötigt bei zustimmungspflichtigen Gesetzen nicht nur eine Mehrheit im Bundestag, sondern auch im Bundesrat. Dessen Möglichkeiten, über die jeweiligen Länderregierungen politischen Druck auszuüben und/oder Gesetze zu blockieren, wären bei einer Minderheitsregierung vermutlich noch größer, als es bisher der Fall ist. Das könnte innerhalb der föderalen Ordnung wegen einer möglichen Mehrheitskonkurrenz von Bundestag und Bundesrat entweder zum politischen Stillstand führen oder zu große Zugeständnisse für die Bundesländer bedeuten.

Beispiel 2: Erörtern Sie die im Jahr 2020 aufgestellte Forderung des französischen Ökonomen Thomas Piketty („Kapital und Ideologie"), jedem 25-jährigen Bürger als „Erbe für alle" aus Steuermitteln einmalig 120.000 Euro zur Verfügung zu stellen.

Voraussetzung für eine solche Aufgabenbearbeitung ist eine entsprechende inhaltliche Akzentuierung der Materialien zum Thema „soziale Ungleichheit".

Die zu diskutierende Behauptung/Forderung wird in einem Dreischritt überprüft und beurteilt.

a) *Zunächst müssen die Aspekte, die eine solche Forderung vom Ansatz her stützen, geordnet dargestellt werden. Klärung und argumentativer Hintergrund der Behauptung/Forderung:*
Die Idee eines Grunderbes wird unter Ökonomen seit Längerem diskutiert. Pikettys Vorstellung impliziert, dass jeder Erwachsene zum 25. Geburtstag eine staatliche Zuwendung von 60 Prozent des Durchschnittsvermögens erhält, auf Deutschland

bezogen etwa 120.000 Euro. Reichtum bzw. Vermögen solle nicht mehr nur in den Händen weniger sein, das Kapital müsse besser verteilt werden. Die finanziellen Mittel dafür sollen aus den Einnahmen einer Vermögensteuer von bis zu 90 Prozent erbracht werden.

Piketty stellt den Eigentumsbegriff in den Vordergrund. Die Schaffung, Festigung und zunehmende Verabsolutierung des kapitalistischen Konzepts des Privateigentums, die er historisch nachzeichnet, sieht er als wichtige Triebfeder der zum Teil extremen ökonomischen Ungleichheit. Das Aufstiegsversprechen westlicher Gesellschaften sei auf dieser Grundlage nicht länger tragfähig. In der seit den 1980er Jahren weltweit wachsenden Ungleichheit sieht Piketty vor allem für westliche Demokratien eine große Gefahr.

b) *Argumentation:*

- In Deutschland sind die Einkommen im internationalen Vergleich nicht signifikant ungleich verteilt. Bei den Vermögen ergeben sich aber gravierende Unterschiede, weil die obersten zehn Prozent rund 60 Prozent der Vermögen besitzen. Durch die weltweite Pandemie und den Ukraine-Krieg haben extremer Reichtum und extreme Armut zugenommen. In Deutschland ist inzwischen jeder vierte junge Erwachsene von Armut betroffen.
- Eine einmalige Erbschaft bietet verschiedene Möglichkeiten der sinnvollen Verwendung. Dadurch entsteht eine neue, von der jungen Generation ausgehende gesellschaftliche Dynamik. Mit dem Geld kann Nachfrage erzeugt werden, z. B. Erwerb einer Immobilie, Firmengründung, Finanzierung einer Ausbildung.
- Das „Erbe" ist als Anrecht zu verstehen. Es ermöglicht die partielle Angleichung der Startbedingungen für sozial Benachteiligte (z. B. junge Erwachsene aus bildungsfernen Elternhäusern) und einen partiellen Abbau von gesellschaftlicher Polarisierung.
- Schaffung von Kaufkraft/Nachfrage für diejenigen, die in der „Startphase" einer Unterstützung bedürfen (Familiengründung, Kinder etc.) und damit Entlastung der jüngeren Generation;
- finanzielle Kompensation für diejenige Gruppe der 25-Jährigen, die im Niedrig- oder Mindestlohnbereich arbeiten oder Bürgergeld beziehen;
- Förderung der politischen Akzeptanz/Wertschätzung, Steigerung des Selbstwertgefühls und der Bereitschaft zur politischen Partizipation;
- Stärkung der Demokratie, weil die einmalige Erbschaft Ungleichheit reduziert und möglicherweise nationalistische und populistische Tendenzen eingedämmt werden können. Der inzwischen zu beobachtende Zerfallsprozess der Demokratie könnte zumindest gebremst werden.

c) *Gegenargumentation:*

Den gefundenen Aspekten sind die Punkte, die die Gegenargumente zum Ausdruck bringen, gegenüberzustellen – aspektorientiert oder in einer Gesamtdarstellung. Zu den denkbaren Gegenargumenten zählen Faktoren wie die mögliche Problematik, dass ein Teil der 25-Jährigen mit einem solchen „Geldsegen" gegebenenfalls überfordert wäre.

Weitere Aspekte (hier als ggf. zu thematisierende Fragen/Probleme formuliert):

- Wird durch diese „Erbschaft" die Einstellung zur Arbeit verändert? Hat ein solches „Erbe" Auswirkungen auf die Leistungsorientierung der Empfänger?
- Ist es trotz unterschiedlicher sozialer Ausgangslagen für jeden möglich, das „Erbe" sinnvoll, d. h. effektiv und zukunftssicher einzusetzen?
- Schafft dieses Erbschaftssystem neue Ungerechtigkeiten und Spannungen? Ist es gerecht, nur die 25-Jährigen zu bedenken? Müssen ältere Bürger ebenfalls einen Ausgleich erhalten? In welcher Art/Größenordnung?
- Welche Auswirkungen hat dieses „Erbe" auf den (zukünftigen) Sozialstaat und sozialstaatliche Leistungen?
- Lässt sich die (hohe) Besteuerung von Vermögen zur Finanzierung des „Erbes" politisch durchsetzen?
- Welche Reaktionen der Vermögenden (u. a. Kapitalflucht) sind zu erwarten?
- Wirken sich Steuererhöhungen negativ auf die Wirtschaft aus, indem sie die ökonomische Leistungsfähigkeit der Unternehmen beeinträchtigen, zum Arbeitsplatzabbau führen, dadurch die gesellschaftliche Wohlstandsentwicklung hemmen und letztlich den Sozialstaat schwächen?
- Bieten intensivere gesamtstaatliche Anstrengungen und kollektive Investitionen in Infrastruktur, Bildung und Gesundheitswesen eine sinnvollere Möglichkeit, soziale Ungleichheit nicht nur punktuell, sondern langfristig zu bekämpfen?

d) *Eigene Bewertung:*
Abschließend erfolgt die Gewichtung und Bewertung beider Argumentationslinien. Dazu ist es nötig, vom eigenen Bild der gesellschaftlichen und politischen Situation ausgehend die verschiedenen Argumente zu gewichten. Die abschließende Stellungnahme beinhaltet eine Erläuterung der eigenen Wertentscheidung (Worauf stützt sich mein Urteil?). Die Forderung entspricht ebenso wie die alternativen Konzepte zum bedingungslosen Grundeinkommen einem politischen und ökonomischen Paradigmenwechsel. Ökonomie hängt nicht nur mit ökonomischen Faktoren zusammen, sondern auch mit gesellschaftlichen Wertvorstellungen und damit verbundenen Fragen zur sozialen Ungleichheit, z. B. was Reichtum/Vermögen bedeutet und wozu er/es verpflichtet. Das eigene Urteil kann von einer völligen Ablehnung (u. a. gesellschaftliche Utopie) über eine differenzierte Haltung (u. a. Grenzen der politischen Umsetzung: Problematik der Leistungsgerechtigkeit) bis zur deutlichen Zustimmung (u. a. moralischer Anspruch/gesellschaftlicher Wert: Verteilungsgerechtigkeit, Veränderung des kapitalistischen Wirtschaftssystems) reichen.

TIPP **Tipp zur Vorbereitung:**
Wenden Sie anhand verschiedener Materialien einzelne Operatoren an! Berücksichtigen Sie dabei ggf. auch semesterübergreifende Aspekte.

1.7 Materialien und ihre Auswertung

In der Abiturprüfung werden in erster Linie sogenannte lineare Texte (Quellentexte, journalistische Texte, wissenschaftliche Darstellungen), aber auch – in Kombination damit – pointierte bildliche Darstellungen (Karikaturen) und „nichtlineare" Texte (Schaubilder/Grafiken und Tabellen) vorgelegt. Neben dem Verstehen der Arbeitsaufträge ist die Auswertung der Materialien und die angemessene schriftliche Darstellung eine wichtige Aufgabe in der Abiturklausur. Die Materialien dürfen Sie **nicht nur als Impuls** für eigene Darstellungen zu den Arbeitsaufträgen im Sinne einer Wiedergabe Ihrer in der Vorbereitung erworbenen Kenntnisse verstehen; sie stehen vielmehr **im Mittelpunkt der Be- und Erarbeitung**. Die Grundsätze einer systematischen Bearbeitung, d. h. der Analyse und Einordnung des Materials, kennen Sie bereits aus dem Unterricht. Folgende Tipps sollen Ihnen bei der Bearbeitung helfen.

Erschließung von Karikaturen

Die Analyse/Interpretation von Karikaturen erfolgt in der Regel auf **vier Ebenen**, die sich zum Teil auch überschneiden:

- auf der **Inhaltsebene**, d. h. Beschreibung der dargestellten Details, Personen usw.:
  - Was ist das Thema?
  - Welche inhaltlichen Details sind erkennbar?
  - Von wem stammt die Karikatur?

- auf der **methodisch-künstlerischen Ebene**, d. h. als Ergänzung der Beschreibung die Betrachtung der Stilelemente:
  - Was ist der bildliche Kern der Karikatur?
  - Welche künstlerischen Gestaltungsmittel verwendet der Zeichner?
  - Welche Grundhaltung nimmt der Karikaturist ein?

- auf der **Bedeutungsebene**, d. h. Erklärung und Erläuterung des Inhalts und möglicher Zusammenhänge durch Einordnung in den historisch-politischen Kontext:
  - Auf welchen politischen Hintergrund beziehen sich die Details?
  - Wie ist der Standpunkt der Karikatur in Bezug auf die politische Situation?

- auf der **Urteils- bzw. Wertungsebene**, d. h. Fällen eines begründeten Sach- bzw. Werturteils, das über den unmittelbaren Zusammenhang der Karikatur hinausgeht und die persönliche Meinung beinhaltet:
  - Welche Bedeutung hat die Karikatur für das Verstehen der politischen Situation?
  - Welche Bedeutung hat die Karikatur über ihren Situationskontext hinaus?
  - Teile ich die Sichtweise/Kritik des Karikaturisten?

Im Internet stehen zahlreiche kostenlose Angebote zur Verfügung, die Ihnen – u. a. über Stichwortsuche – viele Anschauungs- und Übungsmöglichkeiten bieten. Mögliche Adressen sind:
http://www.stuttmann-karikaturen.de und http://www.koufogiorgos.de/

Auswertung von Tabellen und Schaubildern/Grafiken

In den Abituraufgaben kann statistisches Material als Tabelle oder Schaubild/Grafik vorkommen. Dabei ist zu bedenken, dass diese diskontinuierlichen Texte ausgewählte Informationen enthalten, die erst über einen Vergleich mit anderen Daten relevante

Aussagen zulassen. Wichtig ist, Korrelationen zu erkennen und daraus kausale Zusammenhänge abzuleiten. Damit Sie die Aufgaben erfolgreich lösen können und nichts Wesentliches außer Acht lassen, empfehlen wir ein Vorgehen in **drei Schritten**, das allerdings nicht bei allen Operatoren so ausführlich angewandt werden muss.

- **Formale Analyse:**
    - Welches sind Thema/Erhebungsgegenstand und Zweck (Überschrift, Begleittext) der Tabelle/Grafik?
    - Wie und durch wen wurden die Werte ermittelt?
    - Was ist der Erhebungs(zeit)raum (Momentaufnahme, Entwicklung, Prognose)?
    - Wer hat die Statistik verfasst (verfassen lassen)?
    - Auf welchen Informationen beruht die Tabelle/Grafik?
    - Welche Darstellungsform wurde gewählt (Tabelle, Kurven- bzw. Linien-, Säulen- bzw. Balken-, Kreis-, Flächen- oder Blockdiagramm)?
    - Was sind die Bezugsgrößen: Zahlenarten (absolute Zahlen, Prozent-, Indexzahlen), Zahlenwerte (gerundet, geschätzt, vorläufig), Maßeinheiten, Intervalle?
    - Welche Kategorien werden miteinander in Beziehung gesetzt (z. B. bei Tabellen in Kopfzeile, Spalten und Vorspalten)?
    - Wie ist die grafische Gestaltung: Symbole, Farben, (Hintergrund-)Bilder?

- **Inhaltliche Analyse:**
    - Welche Besonderheiten und Auffälligkeiten weist das Material auf?
    - Welche Hauptaussagen lassen sich formulieren (Trends, Tendenzen)?
    - Welche Teilaussagen in Bezug auf Einzelaspekte sind möglich (Minima, Maxima, Zunahme, Abnahme, Stagnation, Zahlensprünge, Anomalien, Gleichmäßigkeiten und regelhafte Verläufe, unterschiedliche Phasen, Wechselbeziehungen zwischen verschiedenen Variablen/Merkmalen usw.)?

- **Aussageabsicht, Interpretation und Kritik:**
    - Welche Antwort gibt die Tabelle/Grafik auf die Fragestellung? Zu welchen Teilbereichen lassen sich keine Aussagen formulieren?
    - Welche Aussagen, Empfehlungen oder Handlungen werden durch die Statistik/Grafik nahegelegt?
    - Welche Fragen ergeben sich durch die Informationen der Tabelle/Grafik?
    - Welche Ursachen gibt es für die der Tabelle/Grafik entnommenen Sachverhalte?
    - Beurteilung der Aussagekraft der Tabelle/Grafik (Sind die Daten repräsentativ und korrekt? Ist die Darstellungsform angemessen? Gibt es Unklarheiten in Bezug auf die Daten, Bezugsgrößen, Quellen …? Fehlen Informationen?)
    - Besteht Verdacht auf Interessengebundenheit/Manipulation? (Datenauswahl, Auftraggeber, grafische Darstellung …)

1.8 Hinweise zur Bearbeitung: Aufbau und sprachliche Gestaltung

Ihre Ausführungen zu den das Material erfassenden Arbeitsaufträgen (in der Regel die erste Aufgabe, ggf. eine weitere Aufgabe) sollten – auch wenn es nicht ausdrücklich gefordert wird – mit einer knappen Darstellung der **formalen Merkmale** beginnen (u. a. Hinweise zur Materialart, Darstellungsform, Ort und Zeit der Entstehung, Autor

und Adressat). Dann sollten Sie unter Verwendung von Formen der sprachlichen Distanzierung (z. B. „Der Verfasser weist darauf hin/stellt zusammenfassend fest ...";
„... es sei davon auszugehen/habe sich daher ergeben") die wesentlichen Aussagen in selbstständigen Formulierungen, die Ihr Materialverständnis zeigen, zusammenfassen. Ihr Text muss auch demjenigen, der die Vorlage nicht kennt, die gedankliche Struktur und die wesentlichen Aussagen des bearbeiteten Materials vermitteln.

Ihren Text zu den Teilaufgaben sollten Sie im Stil eines schlüssig gegliederten **Fachaufsatzes** in vollständigen Sätzen auf einem angemessenen Sprachniveau (**Fachsprache**) formulieren. Einzelne Stichworte (selbst wenn es Kernbegriffe sind) hinter Pfeilen, unverbundene Auflistungen hinter Spiegelstrichen sowie nicht mit dem Kontext verknüpfte Skizzen und Tabellen sollten vermieden werden. Es sei denn, diese Darstellungsform wird ausdrücklich in der Aufgabenstellung gefordert. Empfehlenswert ist für jede Teilantwort der **Aufbau** mit einleitender Wendung (evtl. einem sog. Themensatz), in Absätzen gegliedertem Hauptteil und Schlusssatz. Jede Teilaufgabe sollte auf einem neuen Blatt begonnen werden, um eventuell notwendige Ergänzungen unmittelbar an den von Ihnen bereits formulierten Text anfügen zu können. **Zusätze**, die im Anschluss an Ihren Lösungsvorschlag keinen Platz mehr haben, sollten Sie **genau kenntlich machen** und am Ende der Klausur bzw. auf einem separaten Blatt **anfügen**.

Die aus den Materialien entnommenen Passagen und andere **Zitate** sind – mit Anführungszeichen und Zeilenverweis bzw. Herkunftsangabe – durch Wiedergabe des korrekten Wortlauts in den von Ihnen formulierten Satz bzw. Absatz einzufügen.

1.9 Zeiteinteilung während der Klausur

Auch wenn Sie nur begrenzt Zeit haben, sollten Sie nicht zu schnell mit der **Reinschrift** der Klausur beginnen. Wichtig ist, dass Sie vorher alle Aufgaben und Materialien gründlich lesen. Nur so können Sie Gesamtzusammenhänge erfassen und Querbezüge zwischen den Aufgaben herstellen.

Beim **Sichten des Materials** empfiehlt es sich, mit Textmarkern zu arbeiten und damit in Texten und Tabellen wichtige Aussagen, zentrale Begriffe und Zahlen zu **unterstreichen**. Markieren Sie, welche Inhalte der Materialien zu welchen Teilaufgaben passen. Machen Sie sich **strukturierte Notizen mit Schlüsselbegriffen**. Schreiben Sie auf keinen Fall einfach „drauflos", sondern überlegen Sie sich zunächst ein **Grundkonzept**. Insgesamt sollte die Erstellung dieses Grundkonzepts nicht länger als ein Fünftel der gesamten Arbeitszeit in Anspruch nehmen. Für die weitere Bearbeitung setzen Sie sich einen festen **Zeitplan**, damit Sie auf jeden Fall für jede Aufgabe genügend Zeit verwenden und abschließend noch Gelegenheit zum Korrekturlesen haben.

Erst zum Schluss Ihrer Ausarbeitungen sollten Sie die **Seiten vollständig durchnummerieren**, nachdem Sie die Blätter mit Ihren Ausführungen aufgabenweise geordnet haben. Sinnvoll wäre es, am Ende noch mindestens 15 bis 20 Minuten einzuplanen, um Ihren Text **Korrektur** zu **lesen** und formale Fehler (Grammatik, Zeichensetzung, Rechtschreibung) zu berichtigen. Sie können auch noch Zwischenüberschriften ergänzen oder hervorheben.

1.10 Die Bewertung der Abiturklausur

Grundlage für die Bewertung der Prüfungsleistung ist neben den in der Aufgabenstellung enthaltenen inhaltlichen und methodischen Anforderungen Ihre Bearbeitung in den verschiedenen Anforderungsbereichen, wobei Aspekte der Qualität, Quantität und Kommunikations- sowie Darstellungsfähigkeit berücksichtigt werden. Zur **Qualität** gehören unter anderem: Erfassen der Aufgabe, Genauigkeit der Kenntnisse und Einsichten, Sicherheit in der Beherrschung der Methoden und der Fachsprache, Stimmigkeit und Differenziertheit der Aussagen, Herausarbeitung des Wesentlichen, Anspruchsniveau der Problemerfassung, Fähigkeit zur kritischen Würdigung der Bedingtheit und Problematik eigener und fremder Auffassungen, Differenziertheit und Adäquatheit des Urteils. Zur **Quantität** gehören u. a. Umfang der Kenntnisse und Einsichten, Breite der Argumentation, Vielfalt der Aspekte und Bezüge. Die **Kommunikations- und Darstellungsfähigkeit** in der Prüfung erweist sich in der richtigen Erfassung der Aufgabenstellung und in der Fähigkeit, sich in einer angemessenen Weise (u. a. durch Klarheit und Eindeutigkeit der Aussage, durch Übersichtlichkeit der Gliederung und der inhaltlichen Ordnung) verständlich zu machen.

Das Bewertungsverfahren ist Ihnen bereits aus den Oberstufen-Klausuren bekannt: Ihre **Ausführungen** zu den einzelnen Aufgaben **werden mit Punkten zwischen 15 und 0 bewertet**. Entsprechend der vorgesehenen Gewichtung wird aus dieser Bewertung die Gesamtpunktzahl ermittelt. Die Gewichtung der einzelnen Aufgaben ergibt sich aus dem Umfang und Anspruch der geforderten Leistung sowie der entsprechenden Zuordnung zu den Anforderungsbereichen; sie erfolgt in Prozentangaben (z. B. 25 %: 30 %: 20 %: 25 %). Der Schwerpunkt der gesamten Aufgabenstellung liegt im Anforderungsbereich II, der etwa 50 % der Aufgabenstellung abdeckt. Gute und sehr gute Bewertungen setzen Leistungen voraus, die deutlich über den Anforderungsbereich II hinausgehen.

Nach den in Niedersachsen üblichen Notendefinitionen können Sie mit einem als **ausreichend** beurteilten Prüfungsergebnis (5 Punkte) rechnen, wenn Sie mit Ihren Ausführungen die Kenntnis wesentlicher Sachverhalte nachgewiesen haben und zentrale Aussagen und bestimmende Merkmale des Materials in Grundzügen erfasst sind, die Aussagen auf die Aufgabe bezogen und dabei grundlegende fachspezifische Verfahren und Begriffe angewendet wurden, Ihre Darstellung im Wesentlichen verständlich ausgeführt und erkennbar geordnet ist. Ein mit **sehr gut** beurteiltes Prüfungsergebnis erreichen Sie nur mit Leistungen im AFB III, also mit einer entsprechenden Bearbeitung der abschließenden, eine Bewertung fordernden Teilaufgabe. Auch ein **gut** beurteiltes Prüfungsergebnis verlangt mindestens ansatzweise Leistungen im AFB III.

Bei allem Bemühen um korrekte Inhalte dürfen Sie die äußere Form und die sprachliche Richtigkeit nicht vernachlässigen, denn schwerwiegende und gehäufte Verstöße gegen die Regeln der Grammatik, Rechtschreibung und Zeichensetzung oder gegen die äußere Form führen zu einem **Abzug von ein bis zwei Punkten der einfachen Wertung**. Eine gut lesbare Schrift und eine übersichtliche Gestaltung sind deshalb besonders wichtig. Unübersichtliche Textstellen werden nicht bewertet. Textentwürfe können ergänzend zur Bewertung herangezogen werden.

1.11 Tipps zur Abiturklausur

1. Lesen Sie sich die Aufgabenstellung mehrmals gründlich durch.

2. Fangen Sie nicht sofort an zu schreiben, sondern fertigen Sie ein Konzept für Ihre Ausarbeitung an. Notieren Sie dazu Ideen und Aspekte in Stichworten. Ein solches Konzept kann den Charakter einer Gliederung für Ihre Klausur haben.

3. Damit Sie eine Klausur schnell und flüssig, ohne Wiederholungen schreiben können, lohnt es sich, vorab einige Verben zu überlegen, mit deren Hilfe ein Sachverhalt beschrieben oder eine Tatsache ausgesagt, ein Urteil abgegeben oder eine Forderung erhoben, ein Standpunkt betont, eine Meinung befürwortet oder abgelehnt werden soll. Möglich sind: ablehnen, einschränken, einwenden, entgegnen, ausschließen, betonen, darlegen, einräumen, feststellen, folgern, infrage stellen, kritisieren, problematisieren, urteilen, zur Diskussion stellen, zusammenfassen usw.

4. Fragen Sie sich immer, ob ein „fremder" Leser Ihrem Gedankengang folgen kann. Achten Sie besonders auf Übergänge, Verknüpfungen und sprachliche Gestaltung.

5. Fügen Sie Ergänzungen so ein, dass eine zweifelsfreie Zuordnung gewährleistet ist. Nutzen Sie dafür den Platz auf der jeweiligen Seite Ihrer Klausur oder am unteren Rand, setzen Sie längere Ergänzungen ans Ende der Aufgabe oder der Klausur.

6. Lassen Sie am Ende eines Lösungsteils den Rest der Seite frei, um hier ggf. später Ergänzungen einzufügen.

7. Streichungen einzelner Textpassagen sind in sauberer Form vorzunehmen (Lineal benutzen!). Die Verwendung von Korrekturstiften/Tipp-Ex ist unzulässig.

8. Nutzen Sie den Zeitrahmen aus. Lesen Sie Ihre Klausur abschließend durch.

2.1 Voraussetzungen

Die mündliche Prüfung findet unter folgenden Voraussetzungen statt:

- Politik-Wirtschaft ist Ihr **fünftes Prüfungsfach** (auf grundlegendem Anforderungsniveau): In diesem Fall ist im Abitur zwingend eine mündliche Prüfung oder, wenn Sie es wünschen, eine Präsentationsprüfung vorgesehen. Die mündliche Prüfung findet unmittelbar im Anschluss an alle in der Schule durchgeführten schriftlichen Prüfungen (P1–P4) statt.

- Politik-Wirtschaft ist Ihr **drittes oder viertes Prüfungsfach:** Die Prüfungskommission *kann* nach den Ergebnissen der schriftlichen Prüfung, v. a. bei größeren Abweichungen (ca. 5 Punkte) zu den Semesterbeurteilungen, beschließen, dass Sie in einem oder mehreren dieser Fächer zusätzlich mündlich geprüft werden. Eine entsprechende Mitteilung erfolgt mit der Bekanntgabe der schriftlichen Prüfungsleistungen des Zentralabiturs. Diese zusätzliche mündliche Prüfung darf frühestens vier Werktage nach dieser Bekanntgabe stattfinden.

- Politik-Wirtschaft ist Ihr **drittes oder viertes Prüfungsfach:** Wenn Sie nach Bekanntgabe des Prüfungsergebnisses überzeugt sind, dass eine zusätzliche mündliche Prüfung sinnvoll ist, haben Sie bis zu einem von der Schule gesetzten Termin den Antrag schriftlich zu stellen. Die Frist beträgt mindestens zwei Werktage.

Sollte eine zusätzliche mündliche Prüfung durch die Prüfungskommission oder auf Ihren Wunsch hin angesetzt werden, ist von der Schule sicherzustellen, dass Sie vor der mündlichen Prüfung durch die Fachlehrkraft unter Wahrung der Geheimhaltung beraten werden. Bedenken Sie, dass bei einer zusätzlichen mündlichen Prüfung der schnelle Rückgriff auf die wesentlichen Materialien und Ergebnisse Ihrer Vorbereitung sichergestellt sein muss.

2.2 Allgemeine Grundsätze

Die mündliche Abiturprüfung ist eine Einzelprüfung, die mindestens 20 und höchstens 30 Minuten dauern soll. Die Prüfung darf sich nicht nur auf Sachgebiete eines Kurshalbjahres beziehen und bei denjenigen, die Politik als schriftliches Prüfungsfach gewählt haben (und eine Nachprüfung absolvieren), keine Wiederholung der schriftlichen Prüfung sein. Die Ihnen gestellte Aufgabe wird also bei einer Nachprüfung – trotz aller erforderlichen Schwerpunktbildung – auf (noch nicht abgeprüfte) Inhalte und Lernbereiche aus mindestens zwei Semestern zurückgreifen.

Die Prüfung findet vor dem zuständigen **Fachprüfungsausschuss** statt, der im Regelfall aus drei stimmberechtigten Mitgliedern besteht: Fachprüfungsleitung mit Vorsitz, prüfende Lehrkraft (in der Regel Ihre Politiklehrkraft) und Protokollführer.

Sie erhalten eine **Vorbereitungszeit von in der Regel 20 Minuten**. Die Vorbereitung findet unter Aufsicht von Lehrkräften der Schule statt. Währenddessen dürfen Sie als Grundlage für Ihre Ausführungen Notizen anfertigen.

2.3 Aufgabenstellung

Die mündliche Prüfung richtet sich nach den Zielen, Inhalten und Methoden der EPA. Als **dezentraler Prüfungsteil** liegt die inhaltliche Ausgestaltung und Schwerpunktbildung **in der Verantwortung der prüfenden Lehrkraft**, die bei der Aufgabenstellung sehr wahrscheinlich auf Kenntnisse und Fähigkeiten zurückgreifen wird, die Ihnen im Unterricht zu den für das jeweilige Abiturjahr festgelegten schwerpunktmäßig bzw. überblicksartig zu behandelnden Themen und Inhalten vermittelt worden sind. Diese Beschränkung ist allerdings, im Gegensatz zur zentralen schriftlichen Abiturprüfung, nicht zwingend. Ihre Kurslehrkraft kann eine mündliche Prüfung auch zu weiteren, über die vorgegebenen thematischen Schwerpunkte hinausgehenden Unterrichtsinhalten konzipieren.

Als Ausgangspunkt für die mündliche Prüfung dient eine begrenzte, gegliederte, schriftlich formulierte **Aufgabenstellung mit Materialbezug**, die sich in der Konzeption nicht wesentlich von einer schriftlichen Aufgabenstellung unterscheidet. Umfang und Abstraktionsgrad des zu bearbeitenden Materials sowie die Aufgabenstellung (drei bis vier Arbeitsaufträge) sollen Ihnen eine angemessene Erarbeitung während der Vorbereitungszeit ermöglichen.

Die Aufgabenstellung wird so gestaltet sein, dass Sie schon im ersten Teil der Prüfung, also in Ihrem selbstständigen Vortrag (siehe 2.4), **Leistungen in allen drei Anforderungsbereichen** erbringen können. Der **Schwerpunkt** wird dabei – wie bei der schriftlichen Abiturprüfung – im **Anforderungsbereich II** liegen.

2.4 Ablauf der Prüfung

Die mündliche Prüfung besteht aus zwei etwa gleich langen **Teilen:** dem selbstständigen Prüfungsvortrag und dem Prüfungsgespräch.

- Im **Prüfungsvortrag** äußern Sie sich zu der in der Vorbereitungszeit bearbeiteten Aufgabe und stellen Ihre Ergebnisse dar. Die prüfende Lehrkraft hält sich in diesem Teil der Prüfung weitgehend zurück. Auf Ihre in der Vorbereitungszeit angefertigten Aufzeichnungen dürfen Sie selbstverständlich zurückgreifen. Der Charakter eines Vortrags wird jedoch verfehlt, wenn Sie sich überwiegend auf das Vorlesen Ihrer Notizen beschränken. Benutzen Sie diese als gegliederten Stichwortkatalog und haben Sie Mut zur freien Darstellung.

- Das **Prüfungsgespräch** geht – an den Vortrag anknüpfend – über die bisher behandelte Thematik hinaus und bezieht größere fachliche Zusammenhänge mit ein. Es erschließt verschiedene Sachgebiete und Lernbereiche, damit der sog. Semesterübergriff gewährleistet ist. Der geforderte Gesprächscharakter verbietet das zusammenhanglose Abfragen von Kenntnissen bzw. den kleinschrittigen Dialog.

Zur Klärung der Prüfungsleistung *kann* auch die Fachprüfungsleitung Fragen an den Prüfling stellen. Ebenso *kann* der*die Vorsitzende der Prüfungskommission (sofern anwesend) in die Prüfung mit Fragen zum Thema eingreifen. Erfahrungsgemäß wird das allerdings erst am Ende der Prüfung geschehen.

2.5 Tipps für die Vorbereitungszeit

Ausgangspunkt für Ihr Vorgehen ist die Überlegung, dass die Ihnen vorgelegte Aufgabe zu einem **Themenkomplex** gehört, den Sie aus dem Unterricht kennen. Sie müssen sich darüber im Klaren sein, dass eine Vorbereitungszeit von 20 Minuten keine ausführlichen schriftlichen Aufzeichnungen erlaubt; **Stichpunkte** *müssen* (!) genügen.

1. *Einordnung des Themas (ca. 2 Minuten):*
   Sie „überfliegen" einmal den Text und notieren nach kurzer Einordnung des vorgelegten Materials sofort **Stichpunkte**, die Ihnen einfallen und auf die Sie – weil es sich um wichtige Aspekte handelt – auf jeden Fall in Ihrer Präsentation eingehen wollen. Eventuell lässt sich ein tagespolitischer Bezug herleiten (Relevanz des Themas). Eine solche erste Einordnung des Themas führt dazu, verschiedene in der Vorbereitung erarbeitete Sinnzusammenhänge in der Erinnerung zu reaktivieren.

2. *Strukturierung des Materials (ca. 10 Minuten):*
   Aufgabenstellung und Materialien werden nun sorgfältig gelesen, Schlüsselbegriffe markiert, unterstrichen und ggf. am Rand notiert oder strukturiert auf dem Konzeptpapier aufgeschrieben (Möglichkeit: Mindmapping-Verfahren). Achten Sie neben dem **Informationsgehalt** auch auf die **Struktur/Argumentation** im Vorlagetext, weil sich daraus ein möglicher Ansatz bei der Beurteilung ergeben könnte.

3. *Organisation/Strukturierung des Vortrags I (ca. 4 Minuten):*
   Stichpunkte für den Prüfungsvortrag/die Präsentation werden zu allen Aufgaben übersichtlich notiert. Zur besseren Orientierung in der Prüfungssituation bietet es sich auch – ggf. in Ergänzung dazu – an, eine grobe **Skizze** anzufertigen. **Zentrale Textstellen** müssen Sie noch einmal genau lesen und besonders hervorheben/markieren. Eine relevante Textaussage könnte ein möglicher „Rettungsanker" sein, wenn danach gefragt wird, was als besonders wichtig angesehen wird. Sie selbst könnten in Ihrem Vortrag, ggf. auch im Gespräch, die Bedeutung dieser Textaussage thematisieren.

4. *Organisation/Strukturierung des Vortrags II (ca. 4 Minuten)·*
   Überlegen Sie sich für Ihren Vortrag einen eröffnenden und einen sinnvoll abschließenden Satz. Diese beiden Sätze werden formuliert. Einen „letzten" Satz können Sie eigentlich immer einbringen, z. B. als kurze Zusammenfassung oder These, auf die die prüfende Lehrkraft eingehen wird. Im Prinzip eignet sich dieses Vorgehen (Einleitung/Schluss) bei jeder einzelnen Aufgabe. Die stichwortartigen Aufzeichnungen werden noch einmal „im Geiste" durchgegangen. Eine Strukturierung mit Nummern oder Pfeilen empfiehlt sich als optische Unterstützung.

Das Beispiel im Übungsteil (vgl. S. 1 ff.) verdeutlicht den möglichen Ablauf der mündlichen Prüfung und bietet eine Übungsmöglichkeit auf der Grundlage einer Aufgabenstellung zum Thema „Medien in der Demokratie".

2.6 Tipps für den Vortrag und das Prüfungsgespräch

1. Bei Ihrem Prüfungsvortrag müssen Sie darauf achten, **laut und deutlich** zu sprechen. Bemühen Sie sich auch, **frei zu sprechen**!

2. Halten Sie **Blickkontakt** zur prüfenden Lehrkraft und achten Sie auf deren Gesprächsführung, Fragestellung und Impulsgebung, die Hinweise darauf geben, welche Art von Antwort erwartet wird. Vermeiden Sie auf jeden Fall den Satz: „Das weiß ich nicht!" Sie sollten zumindest versuchen, sich über einen „Umweg" an ein Ergebnis anzunähern. Eventuell wird in einem solchen Fall ein weiterer Impuls folgen. Wenn Sie im Vorfeld der mündlichen Prüfung – mit Bezug zum erteilten Unterricht – überlegen, welche Problemsicht die prüfende Lehrkraft ggf. zu einzelnen Themen haben könnte, erhalten Sie Anhaltspunkte für von Ihnen zu thematisierende Aspekte.

3. **Gliedern Sie Ihren Vortrag** (1., 2., 3., …; einerseits – andererseits; zunächst, weiterhin, darüber hinaus, schließlich …)! So lassen Sie erkennen, dass Ihr Vortrag einem „roten Faden" folgt, und Sie vermitteln den Eindruck eines kontrollierten Vorgehens. Denken Sie an Ihre **Zeiteinteilung**.

2.7 Bewertung

Für die Bewertung Ihrer Prüfungsleistung gelten im Prinzip dieselben Grundsätze wie für die schriftliche Prüfung, allerdings ergänzt um die besondere **kommunikative Komponente** der Prüfungssituation. Die Prüfungsleistung ist grundsätzlich als Ganzes zu beurteilen.

In der mündlichen Prüfung wird der Fachprüfungsausschuss – auf **Prüfungsvortrag und -gespräch** bezogen – darauf achten, in welchem Maße Sie über die folgenden **Kompetenzen** verfügen:

- die Fähigkeit, das Arbeitsergebnis **klar, differenziert, strukturiert und verständlich** unter angemessener **Verwendung der Fachsprache** und auf der Basis sicherer **aufgabenbezogener Kenntnisse** wiederzugeben („darstellen");

- die Fähigkeit, das behandelte Thema oder Problem zu erläutern, es in übergeordnete Zusammenhänge einzuordnen und in einem Gespräch ggf. eigene **themen- und problemangemessene Beiträge** einzubringen („verstehen");

- die Fähigkeit, sich mit Sachverhalten und Problemen anhand des vorliegenden Materials auseinanderzusetzen und ggf. eine eigene **begründete Stellungnahme, Beurteilung oder Wertung** abzugeben („argumentieren").

Die beiden Prüfungsteile (Vortrag/Gespräch) werden etwa **gleich gewichtet**. Wie bei der Bewertung einer Klausurleistung gilt auch für die mündliche Prüfung, dass nicht ausschließlich mit der Wiedergabe von Kenntnissen (Anforderungsbereich I) eine ausreichende Leistung erbracht werden kann. Gute und sehr gute Bewertungen setzen Leistungen voraus, die deutlich über den Anforderungsbereich II hinausgehen, d. h. mit einem wesentlichen Anteil dem Anforderungsbereich III zuzuordnen sind.

XXX

3.1 Voraussetzungen

Die Präsentationsprüfung stellt eine Variante der mündlichen Abiturprüfung im fünften Prüfungsfach dar und kann **stattdessen** gewählt werden. Das Anforderungsniveau ist mit dem einer mündlichen Prüfung vergleichbar, verlangt jedoch durch den Grad der Offenheit der Aufgabenstellung ein höheres Maß an Eigenständigkeit beim Lösen der Aufgabe. Die Prüfungsaufgabe ist vom Prüfling selbstständig zu bearbeiten und durch Unterschrift als eigenständig erbrachte Leistung zu bestätigen.

3.2 Allgemeine Grundsätze

Die Präsentationsprüfung wird wie beim mündlichen Abitur als Einzelprüfung vor dem zuständigen Fachprüfungsausschuss durchgeführt. Sie soll **mindestens 30 und höchstens 45 Minuten** dauern, wobei die Zeiten für die Präsentation und das Prüfungsgespräch in etwa gleich verteilt sein sollen. Die Präsentationsprüfung besteht aus einem Präsentationsteil und einem Prüfungsgespräch. Im Präsentationsteil besteht die Prüfungsleistung aus einem **mediengestützten Vortrag** und dessen **schriftlicher Vorbereitung/Dokumentation**.

3.3 Aufgabenstellung

Die Festlegung des Themas und der Aufgabenstellung der Präsentationsprüfung erfolgt durch die unterrichtende Lehrkraft. Die Fachlehrkraft stellt **zwei Wochen vor dem Prüfungstermin** eine Prüfungsaufgabe. Der Prüfling kann auch selbst einen thematischen Vorschlag unterbreiten. Die Lehrkraft entscheidet, inwieweit dieser berücksichtigt wird.

Der Umfang der gestellten Prüfungsaufgabe, die in Teilaufgaben gegliedert sein kann, muss so konzipiert sein, dass sie der Prüfling im Zeitraum von der Ausgabe bis zum Prüfungstermin bearbeiten und lösen kann. Dies beinhaltet auch die Vorbereitung des mediengestützten Vortrages. Dabei sind sowohl materialfreie als auch materialgestützte Prüfungsaufgaben denkbar, jedoch kann die Materialsuche oder die Erhebung von Daten angesichts des Zeitrahmens nur in sehr begrenztem Maße Voraussetzung für die Bearbeitung der Aufgabenstellung sein. Die Präsentation der bearbeiteten Prüfungsaufgabe soll mithilfe analoger und/oder digitaler Medien erfolgen, die Prüflingen im Allgemeinen zugänglich sind. Die Wahl einer für die Aufgabenstellung **geeigneten Präsentationsform** (z. B. Power-Point-Präsentation) hat durch den Prüfling zu erfolgen.

3.4 Ablauf der Prüfung

- Die Präsentationsprüfung besteht aus drei Elementen: schriftliche Dokumentation, mediengestützter Vortrag (beide sind Bestandteile des **Präsentationsteils**) und anschließendes **Prüfungsgespräch**.

- Eine Woche nach Erhalt der Prüfungsaufgabe gibt der Prüfling eine **schriftliche Dokumentation** in der Schule ab. Diese verdeutlicht die inhaltliche Struktur des geplanten Vortrages sowie in Grundzügen die Lösungen der Aufgabenstellung. In der Dokumentation sind die verwendeten Quellen anzugeben und auf Verlangen der unterrichtenden Lehrkraft vorzulegen. Darüber hinaus ist die gewählte Präsentationsform anzugeben.

- Der Prüfling präsentiert seine Ergebnisse in einem zusammenhängenden, **mediengestützten Vortrag**. Der Vortrag erfolgt ohne die Verwendung von Hilfen (z. B. Moderationskarten) in **freier Rede**.

- Das **Prüfungsgespräch** geht wie bei der mündlichen Prüfung – an den Vortrag anknüpfend – über die in der Präsentation zu lösende Aufgabe hinaus und bezieht semesterübergreifend größere fachliche Zusammenhänge mit ein (vgl. 2.4).

3.5 Bewertung der Prüfungsleistung

Die Prüfung ist so durchzuführen, dass wie bei der mündlichen Prüfung alle drei Anforderungsbereiche und die damit verbundenen Kompetenzen (vgl. 2.7) abgedeckt werden. Der Schwerpunkt der zu erbringenden Prüfungsleistung liegt im Anforderungsbereich II. Darüber hinaus sind die Anforderungsbereiche I und III zu berücksichtigen. Die beiden vor dem Fachprüfungsausschuss zu erbringenden Prüfungsteile, der **mediengestützte Vortrag** (und dessen vorherige schriftliche Vorbereitung bzw. Dokumentation) sowie das **Prüfungsgespräch**, werden etwa **gleich gewichtet**. Zur Klärung der Prüfungsleistung kann außer der Fachlehrkraft auch die Fachprüfungsleitung Fragen an den Prüfling stellen. Die Bewertung der Präsentationsprüfung wird wie bei einer mündlichen Prüfung von der prüfenden Lehrkraft vorgeschlagen und vom Fachprüfungsausschuss festgesetzt.

3.6 Präsentationsprüfung (Beispiel)

Das niedersächsische Kultusministerium stellt auf seiner Internetseite eine Beispielprüfung zum Thema „**Der Konflikt um Nordkoreas Atomwaffenprogramm**" zur Verfügung (www.nibis.de), anhand der Sie die Strukturierung einer Präsentationsprüfung nachvollziehen können. Das Beispiel enthält Materialien (Aufgabenstellung) für die Schüler*innen sowie Material für die Lehrkräfte. Des Weiteren sind die zu erbringenden Leistungen (sog. Erwartungshorizont) aufgeführt. Die Beispielaufgabe beinhaltet auch Angaben zum unterrichtlichen Zusammenhang und Hinweise zum Inhalt der Dokumentation.

1. Bilden Sie eine **Lerngruppe**. So können Sie durch Prüfungssimulationen gemeinsam üben oder sich gegenseitig testen, wenn Sie sich zum Beispiel zu Begriffen wie Globalisierung, Soziale Marktwirtschaft oder Ähnlichem abfragen. Die „Übersetzung" und Erläuterung eines vorbereiteten Themas für andere Prüflinge mittels einer **Mindmap oder Skizze** ist eine weitere Möglichkeit, gelernte Inhalte zu verankern.

2. „Reden lernt man nur durch Reden": Diese (banale) „Weisheit" sollte Sie ermutigen, möglichst in vielen (Unterrichts-)Situationen eine gegliederte mündliche Darstellung (Zusammenfassung, Referat, Diskussionsbeitrag etc.) einzuüben und ggf. vorhandene **Sprechhemmungen** zu **minimieren**. Bitten Sie Ihren Kursleiter eine **Prüfungssimulation im Unterricht** einzuplanen.

3. **Lesen Sie Zeitung!** Dadurch sind Sie zum einen über das Tagesgeschehen informiert (Aktualitäts- und Anwendungsbezug), zum anderen können bei einer kontinuierlichen Lektüre vor allem der überregionalen Presse aktuelle Ereignisse durch die Hintergrundberichterstattung in ihren zeitlichen Abläufen und systematischen Zusammenhängen transparenter werden. Auf einzelne Internetangebote (Zeit, Spiegel, Süddeutsche Zeitung etc.) kann ergänzend zurückgegriffen werden.

4. Ebenso bieten einige **Polittalkshows** die Möglichkeit, politische Positionen und deren Begründungen zu aktuellen Fragen genauer kennenzulernen (z. B. der „Presseclub" in der ARD oder auf Phoenix). Bei der Rezeption dieser Sendungen kommt es darauf an, wesentliche Informationen in Stichworten schriftlich festzuhalten und auf die Unterrichtsinhalte zu beziehen. Zahlreiche Sendungen können auch über die Mediatheken der Fernsehsender (z. B von ARD, ZDF, ARTE) abgerufen werden.

5. **Sichten und ordnen bzw. gliedern Sie Ihre gesamten Unterrichtsunterlagen.** Dies ist eine wesentliche Voraussetzung für das weitere Vorgehen, weil damit eine leichtere Übersicht und ein schnelleres, zielgerichtetes Lernen ermöglicht werden. Außerdem werden Sie feststellen, welche Inhalte im Unterricht besonders intensiv behandelt worden sind. Das könnte z. B. auf mögliche Schwerpunkte in der mündlichen Prüfung hinweisen. Durch das Notieren relevanter Themen werden bereits Unterrichtsinhalte „reaktiviert" und Zusammenhänge klarer. Stellen Sie sich bei jedem Themenkomplex der thematischen Schwerpunkte u. a. folgende Fragen:
   - Welche Bedeutung hat das Thema für mich?
   - Was wird an Fakten erwartet?
   - Welche Aspekte müssen besonders erläutert und bewertet werden?
   - Welche Fachbegriffe, Theorien und Modelle sind nötig?
   - Welche Bezüge und Verbindungen bestehen zwischen einzelnen Themen?
   - Welche Ursache-Wirkungs-Zusammenhänge sind zu berücksichtigen?
   - Welche Kategorien/Kriterien können zur Strukturierung (Basiskonzepte) sowie Erläuterung und/oder Urteilsbildung (Fachkonzepte) herangezogen werden?

   Eine übersichtliche Aufstellung, in Form einer Mindmap oder als **Lernstoff-Übersicht**, hilft den Überblick zu behalten. Wer am Ende überblicken kann, dass er alle Themen lückenlos bearbeitet hat, geht entspannter in die Abiturprüfung.

Lernstoff-Übersicht

Lernstoff – Programm: Was ist zu tun? (Themen/thematische Schwerpunkte)	angefangen	noch lückenhaft	Fit		wiederholt	Lernstoff – Nacharbeitung: Was ist noch einmal zu lernen?
			bin fast zufrieden	beherrsche ich		

POLITISCHE PARTIZIPATION ZWISCHEN ANSPRUCH UND WIRKLICHKEIT
(Themenschwerpunkt: 12/1: Medien in der Demokratie)

Thema: Medien und Politik

Aufgabenstellung

1 Analysieren Sie die Karikatur.

2 Erläutern Sie – ausgehend von der Karikatur – für die Mediendemokratie relevante Entwicklungen.

3 Erörtern Sie, inwieweit Medien heute ihrer Rolle als „vierte Gewalt" gerecht werden.

M1　Burkhard Mohr: Politiker und Medien (2012)

© *Burkhard Mohr*

Lösungsvorschlag

Materialgrundlage ist eine Karikatur:

- Politikvermittlung über Medien – Mediendemokratie/Informationsgesellschaft – Verzahnung von Medien, Politik, Wissen und Partizipation, u. a. Wirkung von Medien auf Einstellungen und Partizipation;
- Medienfunktionen;
- Schlüsselstellung von Medien in politischen Debatten und Entscheidungsprozessen (Politikzyklus, ggf. Beispiele);
- Leitmedien; Medienwirkung und Medienkritik (z. B. Kritik an den öffentlich-rechtlichen Sendern als „Staatsfernsehen"); Mediennutzungsverhalten;
- aktuelle Bezüge (Grundrecht Pressefreiheit; Verschwörungstheorien und Vorwürfe „Lügenpresse", Hass- und Falschmeldungen – Fake News/„alternative Fakten" – im Netz, Übergriffe auf Journalist*innen/Politiker*innen, Rolle der Medien in der Corona-Krise, KI-basierte Informationen);
- Ansprüche und Widersprüche: Objektivität/Unabhängigkeit/Seriosität;
- Theorien/Modelle zum Verhältnis von Medien und Politik;
- offene Fragen: Macht oder Ohnmacht der Medien?;
- Manipulierbarkeit/Manipulation der politischen Willensbildung (Wahlen) durch gezielte, „gefilterte" Informationen.

Einordnung des Themas (in Anlehnung an die unterrichtliche Erarbeitung)

1 – Darstellung zweier Sichtweisen des Verhältnisses zwischen Medien und Politiker*innen: zwei Bilder mit jeweils zwei „Akteuren" („Medien" als Fernseher „personifiziert"/ein Strichmännchen mit „Politiker"-Schild); als Verfolgungsjagd veranschaulicht;

Strukturierung des Materials, Teilaufgabe 1

– **1. Szene:** Medien verfolgen einen Politiker; „Jagd" nach Neuig-keiten (Insider-Informationen); die Politiker*innen fühlen sich kontrolliert/gehetzt; Medien werden von der Politik als lästiges Element betrachtet und ignoriert (v. a. in Situationen wie Krisen/Affären etc.); Befürchtung der Politik, dass negative „Bilder" pro-duziert werden und Politiker*innen in einem falschen Licht er-scheinen (Image).

Beschreibung

– **2. Szene:** Politiker*innen benötigen die Medien; versuchen diese zu instrumentalisieren (und verfolgen sie), weil sie sich durch Medienpräsenz Vorteile (positive Resonanz: Image, Volksnähe) versprechen (z. B. in Wahlkampfzeiten).

– Der Karikaturist thematisiert die grundsätzliche Problematik des schwierigen **Verhältnisses zwischen Medien- und Politikbe-reich** und stellt die zunehmende Mediatisierung infrage. Beide Bereiche bzw. „Systeme" sind aufeinander angewiesen, haben aber Probleme im Umgang miteinander (Spannungsverhältnis zwischen Ab- und Zuneigung, „gestörte" Kommunikation).

Interpretation

2 – **Bezug zur Karikatur:** Politiker*innen sind nicht nur politisch Handelnde, sondern sie müssen den Bürger*innen in einer Demo-kratie ihre Politik über Medien vermitteln, d. h. erklären und be-gründen bzw. rechtfertigen. Sie dürfen sich aufgrund der medi-alen Transparenz nicht zu weit von den gesellschaftlichen Erwar-tungen/Normen entfernen. Medien entfalten so gleichsam eine „disziplinierende" Wirkung. Insofern durchdringen die Kommu-nikationsmittel und -strukturen der politischen und der medialen Sphäre einander (Mediatisierung).

Strukturierung des Materials, Teilaufgabe 2

Der Karikaturist verweist auf mögliche – nur angedeutete – Pro-blemfragen und Widersprüche, z. B.: Wer ist von wem abhängig? Wer hat mehr Macht? Wie weit dürfen sich Politiker*innen auf die Medien einlassen bzw. sich mit ihnen arrangieren? Wie werden die Mediennutzer beeinflusst?

– **Entwicklungen in der Mediendemokratie:**
Angesichts der Bedeutung verschiedener, für den Einzelnen nicht mehr unmittelbar erfahrbarer Entwicklungen, deren Kenntnis aber für das individuelle Handeln/Verhalten in einer **pluralistischen Gesellschaft** unerlässlich ist, ist eine zuverlässige Informations-grundlage durch die Medien zu schaffen. Die Auseinanderset-zung mit Aspekten, auch Widersprüchen und Problemen der ge-sellschaftlichen/politischen Wirklichkeit (**Informationsfunktion**) fördert die Orientierung und das Verstehen, stärkt die Urteils- und Entscheidungsfähigkeit (**Meinungsbildungsfunktion**) und er-möglicht Reaktionen (Öffentlichkeit/**Kritik und Kontrolle**),

Funktionen der Medien

eine reflexive Betrachtung der Realität und eine aktive(re) politische und gesellschaftliche Partizipation.

Inzwischen haben sich durch das Internet und die „**digitale Revolution**" zahlreiche Entwicklungen ergeben (u. a. veränderte Mediennutzung, Krise der Printmedien wegen rückläufiger Verkaufszahlen/Werbeeinnahmen, „neue" soziale Medien, Wandel des Journalismus), die sich auf die „klassischen" Medienfunktionen (s. o.) auswirken und diese verändern.

Medienkritiker*innen weisen u. a. auf die Gefahr hin, dass angesichts dieses Strukturwandels die traditionellen Medien an ihre (wirtschaftlichen) Grenzen stoßen. Vor diesem Hintergrund gerät besonders die bisherige Berichterstattung des Printjournalismus unter Druck. Bereits diskutiert wird z. B., ob die **traditionellen Medien** in Zukunft noch ihre Informationsfunktion wahrnehmen können oder ob durch die temporeiche Entwicklung des **Online-Journalismus** und der digitalen Massenmedien der politische Qualitätsjournalismus gefährdet ist.

– **Weitere Aspekte:**

- **Medienberichterstattung** erfordert Reaktionen der Politik (Handlungszwänge). Ständige „Beobachtung" und damit verbundene Erwartungen prägen das Politikerverhalten und beeinflussen die heutige Politikgestaltung. Deshalb bedienen sich Politiker*innen/Parteien immer stärker der professionellen Medienberatung und (medienspezifischen) Strategieentwicklung (PR-Management, Spin-Doctors, Öffentlichkeitsreferent*innen). Diese mediale Politikpräsentation und **Politikinszenierung** kann mit dem Bestreben politischer Akteure erklärt werden, auf Wahlentscheidungen der Bürger*innen Einfluss zu nehmen. Die vermeintliche Macht der Medien provoziert immer wieder auch Versuche der Politik, die Berichterstattung zu beeinflussen.

- Medienvermittelte **Umfrageergebnisse** (z. B. Politbarometer) sind für den Politikbereich wichtige Signale und Orientierungspunkte, die Inhalte und Strategien beeinflussen. Die Politiker*innen „begegnen" den Bürger*innen inzwischen auch bei Internetauftritten und in sozialen Netzwerken/Medien (Instagram, Twitter etc.) in einer Art Selbstvermarktung. Die **Mediatisierung** der Politik führt dazu, dass politische Debatten in der öffentlichen Wahrnehmung primär in Talkshows und nicht im Parlament stattfinden.

- **Medienwandel:** Die Bedeutung von Online-Ausgaben der Zeitungen und Zeitschriften nimmt zu. Print- und Onlinejournalismus unterliegen zwar unterschiedlichen Produktionsbedingungen, beziehen sich inzwischen aber wechselseitig aufeinander. Eine veränderte **Mediennutzung** führt dazu, dass z. B.

4

Zeitungen als traditionelles Medium zwar nicht verschwinden, aber nur noch zum Teil und lesergruppenspezifisch verwendet werden. Es scheint sich eine postmaterialistische (Informations-)Elite von Zeitungslesern herauszubilden, was angesichts des Ziels der demokratischen Teilhabe möglichst vieler Bürger*innen nicht unproblematisch ist.

- Einzelne Beispiele vom Versagen der traditionellen Medien (Skandalisierung/„Enthüllungsgeschichten", Berichterstattung trotz Informationsvakuums etc.) verdeutlichen die **Gefahren für einen (politischen) Qualitätsjournalismus:** geringe Recherchetiefe; relative Gleichförmigkeit der Berichterstattung; „Sucht" nach ständig neuen (Echtzeit-)Informationen; verzerrte Darstellung anstatt medienspezifischer Schwerpunktsetzung, vertiefter Hintergrunddarstellung sowie fundierter Einordnung und Kommentierung.

- Die sozialen Medien bestimmen inzwischen ebenfalls die politische Agenda (**Agenda Setting**). Sie beeinflussen einerseits in einer „neuen Öffentlichkeit" nicht unwesentlich die Meinungsbildung bzw. das Meinungsklima (z. B. mittels sozialer Netzwerke/Live-Streaming), sodass z. B. auch Foren für das rechtsgerichtete Meinungsspektrum an Bedeutung gewinnen und eine „Schweigespirale" durchbrochen wird. Sie werden zunehmend zum Instrument für Falschinformationen. Soziale Medien bieten andererseits aber auch Möglichkeiten der erweiterten Partizipation (z. B. politische Diskussionsforen und Online-Petitionen). Neben die „vierte Gewalt", also die (traditionellen) Medien, tritt heute die „**fünfte Gewalt**" (nach Medienwissenschaftler Bernhard Pörksen) der auch die traditionellen Medien beobachtenden und kritisierenden vernetzten (neuen) Öffentlichkeit.

TIPP▸ Die darzustellenden Entwicklungen ergeben sich in wesentlichen Teilen aus den im Unterricht behandelten Inhalten/Beispielen. Sinnvoll ist, grob nach den „Akteuren" (Politik, Medien, Rezipienten) zu unterscheiden und ggf. wechselseitige Beziehungen und Verbindungen (v. a. in Bezug auf die heutige Mediennutzung und -wirkung) zu berücksichtigen.

3 Hintergrund: Neben den drei Gewalten, die nach dem Konzept der „klassischen" Gewaltenteilung unterschieden werden, werden in der **Mediendemokratie** die Medien als Kritik- und Kontrollinstanz für öffentliche Vorgänge gesehen. Denn in einer komplexen Demokratie sind zahlreiche staatliche und gesellschaftliche Entwicklungen intransparent, was die Möglichkeiten für (Macht-)Missbrauch erhöht. Deshalb sollte die aufgeklärte Bürgerschaft über die einzelnen Prozesse informiert sein. Fehlentwicklungen müssen offengelegt (und abgestellt) werden. In diesem Sinne tragen unabhängige Medien zur politischen Meinungs- und Willensbildung bei und sind als „**vierte Gewalt**" kritische „Begleiter" der Volks- und Staatswillensbildung sowie gesellschaftlicher Entwicklungen. Die Pressefreiheit ist dazu als Grundrecht in Art. 5 GG garantiert.

Medien als Kritik- und Kontrollinstanz

TIPP Mit Bezug zu einzelnen Aspekten aus der Bearbeitung der 2. Teilaufgabe können etwa folgende Positionen (v. a. im Hinblick auf die sozialen Medien) zu demokratischen Risiken und Chancen der sich verändernden Medienlandschaft herausgearbeitet werden. Bei einer kriterienorientierten Erörterung und Urteilsbildung sind in erster Linie die Fachkonzepte „Partizipation", „Effektivität" und „Macht" anzuwenden.

Infragestellen der Funktion als „vierte Gewalt":
– Online-Journalismus und soziale Medien überlagern und verdrängen zunehmend die traditionellen Medien und tragen aufgrund der Tendenzen zur Personalisierung und Skandalisierung sowie journalistischer Defizite nur sehr eingeschränkt zur kritischen Auseinandersetzung und öffentlichen Debatte über relevante politische Fragen und Konflikte bei.
– Durch Medienwandel und damit verbundene Entwicklungen werden bisherige Maßstäbe an Objektivität und Zuverlässigkeit zunehmend infrage gestellt, sodass die öffentliche Auseinandersetzung (Thematisierungsfunktion/Agenda Setting), die differenzierte Meinungsbildung und damit die Kritik- und Kontrollfunktion der Medien bedroht sind.
– Über soziale Netzwerke verbreiteter Hass und Rassismus führen zu einer Infragestellung demokratischer Werte, befördern gesellschaftliche und politische Konflikte und verstellen den Blick auf die Realität und die zu lösenden Probleme. In letzter Konsequenz bestärken sie – auch über eine sprachliche Verrohung – ein möglicherweise bis in die gesellschaftliche Mitte reichendes populistisches Denken und „vergiften" damit den für die Demokratie wichtigen politischen Diskurs.

Befürworten der Funktion als „vierte Gewalt":
- **Seriöser Journalismus** zeichnet sich **im Gegensatz zu unseriösem Journalismus** (z. B. Gesinnungsjournalismus oder „konstruierte" Geschichten) nach wie vor durch die Auswahl relevanter Themen (**Gate-Keeper-Funktion**), die Überprüfung von Fakten, den Nachweis des Wahrheitsgehalts und die Einordnung in größere Zusammenhänge aus.
- Auch die sozialen Medien/sozialen Netzwerke bieten Möglichkeiten einer anspruchsvollen Berichterstattung und Meinungsbildung (z. B. über einzelne Online-Projekte), die in Zukunft vermutlich stärker hervortreten werden. Sie fördern auf veränderte Weise die kritische Reflexion, indem Mechanismen des Politikbetriebs für Bürger*innen einsichtig(er) werden. Dies belebt den für eine Demokratie wichtigen **Diskurs** (Transparenz/Meinungsbildung) **in einer neuen Öffentlichkeit.**
- **Politische Maßnahmen zum Schutz der Demokratie:** Angesichts der negativen gesellschaftlichen und politischen Auswirkungen von über (einzelne) soziale Medien/Netzwerke verbreitetem undemokratischen Gedankengut (Extremismus, Rassismus und Fremdenfeindlichkeit) sind effektive Gegenmaßnahmen der Kontrolle und strafrechtlichen Verfolgung erforderlich. Ein entsprechendes Gesetz gegen Hasskriminalität verpflichtet inzwischen Anbieter/Internetplattformen wie Facebook, Youtube und Instagram, Posts mit Morddrohungen und/oder fremdenfeindlichen, rechtsextremen sowie volksverhetzenden Inhalten sofort dem Bundeskriminalamt zu melden.

> **TIPP** ▶ Es wird von Ihnen nicht zwingend ein abschließendes Urteil erwartet. Sie sollten aber eine Vorstellung von möglichen Argumentationslinien haben und diese – zumindest im Ansatz – gegeneinander abwägen könncn.

Da es sich bei der Materialvorlage um eine Karikatur handelt, ist ein Verweis auf konkrete Textaussagen ausgeschlossen. In diesem Fall sollte eine Orientierung an den beiden Bildern/Szenen erfolgen. Außerdem bietet sich an, für die damit verbundenen Situationen Beispiele (siehe „Strukturierung des Materials – Teilaufgabe 1") anzuführen.

Organisation/ Strukturierung des Vortrags I

Erster Satz: Der Karikaturist Burkhard Mohr beschäftigt sich in seiner im Jahr 2012 veröffentlichten Karikatur („Politiker und Medien") mit dem schwierigen bzw. gestörten Verhältnis von Politik und Medien. Er thematisiert und problematisiert dabei in zwei Szenen die unterschiedlichen Perspektiven, Wahrnehmungen und Erwartungen.

Organisation/ Strukturierung des Vortrags II

Schlusssatz (These): Die heutigen Tendenzen zu Infotainment und Personalisierung/Inszenierung führen vielfach zur medialen Trivialisierung. Politische Inhalte und ein Verständnis davon gehen teilweise verloren. Die oberflächliche Betrachtung, das Zuschauen, die Bilder stehen im Vordergrund. Medien sind gezwungen, diesen Erwartungen und Sichtweisen zu entsprechen und sie zu befriedigen (Themen/Agenda Setting/Trivialisierung/Emotionalisierung). Der langwierige politische Prozess kann so von einem Teil der Mediennutzer nicht nachvollzogen/verstanden werden, sodass von einer Entpolitisierung und Infragestellung der Kritik- und Kontrollfunktion auszugehen ist. Darüber hinaus sind auch Tendenzen zum Rechtspopulismus und einer damit verbundenen Radikalisierung des Denkens und Handelns festzustellen. Durch die Entwicklung der neuen (sozialen) Medien und deren Auswirkungen auf die traditionellen Medien werden diese Tendenzen noch verstärkt.

Auch heute gibt es anspruchsvolle Medien, die sich differenziert mit Entwicklungen/Hintergründen auseinandersetzen und ihrer Rolle als „vierte Gewalt" gerecht werden. Die Auseinandersetzung mit unterschiedlichen Meinungen verhindert (zumindest bei einem Teil der Rezipienten) eine „Verflachung" des Denkens und damit eine großflächige „Abkehr" von der Politik, z. B. in Form von Politikverdrossenheit. Deshalb ist eine Vielfalt an Informationen und Meinungen über eine differenzierte Medienlandschaft (auch unter Einbezug der sozialen Medien) weiterhin notwendig.

alternative Position

SOZIALE MARKTWIRTSCHAFT ZWISCHEN ANSPRUCH UND WIRKLICKEIT
(enthaltene Themenschwerpunkte: 12/2: Soziale Ungleichheit und Verteilungsgerechtigkeit; 12/1: Formen und Funktionen von Partizipation in der Demokratie)

Thema: Soziale Ungleichheit in Deutschland

Aufgabenstellung

1 Fassen Sie die von Marcel Fratzscher aufgeführten Aussagen zur sozialen Ungleichheit in Deutschland und den möglichen Lösungsansätzen zusammen.

2 Erklären Sie, inwiefern soziale Ungleichheit zu einer „Gefahr für die Demokratie"
(Z. 35) werden kann.

3 Nehmen Sie Stellung zu dem von Fratzscher aufgezeigten Lösungsvorschlag im
Umgang mit sozialer Ungleichheit in Deutschland.

M1   Marcel Fratzscher: Wohlstand für wenige

Das Erhardsche Ziel „Wohlstand für alle" ist heute nurmehr eine Illusion. […]
Die neue deutsche Marktwirtschaft zeigt ihr wahres Gesicht in einer stark zunehmenden Ungleichheit. In kaum einem Industrieland der Welt sind vor allem Chancen, aber
auch zunehmend Vermögen und Einkommen ungleicher verteilt […].

5   Als Erstes zeigt sich das „Vermögens-Puzzle". Deutschland ist ein reiches Land,
mit einem Pro-Kopf-Einkommen, das zu den höchsten der ganzen Welt gehört. Und
Deutschland ist Sparweltmeister – in kaum einem Industrieland sparen sowohl Bürger
als auch Unternehmen einen so hohen Anteil ihres Einkommens. Das Vermögen vieler
Deutscher ist jedoch erheblich niedriger als das ihrer Nachbarn. Es zählt zu den nied-

10   rigsten in ganz Europa und ist weniger als halb so groß wie das anderer Europäer.
[…] Gleichzeitig sind die Vermögen höchst ungleich verteilt. In keinem anderen
Land der Eurozone ist die Vermögensungleichheit höher. Die ärmere Hälfte unserer
Bevölkerung verfügt praktisch über gar kein Nettovermögen. […] In kaum einem Land
in Europa besitzen die reichsten 10 Prozent der Bevölkerung größere Vermögens-

15   werte. […]
Das zweite Puzzle ist das „Einkommens-Puzzle". […] Die Schere zwischen hohen
und niedrigen Einkommen im Land klafft immer weiter auseinander. Rund die Hälfte
der deutschen Arbeitnehmer musste zusehen, wie ihre Löhne in den vergangenen 15
Jahren an Kaufkraft verloren. Die Ungleichheit bei Löhnen, Markteinkommen und

20   verfügbaren Einkommen ist in den vergangenen Jahrzehnten deutlich angestiegen. […]

9

Das dritte Puzzle ist das „Mobilitäts-Puzzle". Menschen mit niedrigem Einkommen und einem geringen Vermögen schaffen es ungewöhnlich selten, sich finanziell deutlich zu verbessern und „sozial aufzusteigen". [...] Diese geringe Mobilität wirkt auch über Generationen hinweg: In kaum einem anderen Land beeinflusst die soziale Herkunft das eigene Einkommen so stark wie in Deutschland. In kaum einem anderen Land bleibt Arm so oft arm und Reich so oft reich – über Generationen hinweg. [...]

Aus ökonomischer Perspektive ist Ungleichheit in Einkommen oder Vermögen erst einmal weder gut noch schlecht. [...] Eine Marktwirtschaft muss Erfolg honorieren, so dass Menschen den Lohn für ihre Mühen ernten können. Dies führt zwar zu einer ungleichen Verteilung von Einkommen und Vermögen, setzt jedoch wichtige Anreize für andere, den gleichen oder einen ähnlichen Weg zu gehen, um somit auch den Wohlstand der gesamten Gesellschaft zu vermehren. [...]

Aber jede Demokratie will Chancengleichheit bieten. Ungleichheit wird dann zum sozialen Problem, wenn sie Chancen und soziale Teilhabe einschränkt. Wenn sie dann noch die politische Teilhabe reduziert, wird sie zur Gefahr für die Demokratie selbst. [...]

Deutschlands Problem ist aber nicht, dass der Staat heute nicht genug umverteilt. Er verteilt tendenziell eher zu viel um. Steuern und Abgaben sind außergewöhnlich hoch im internationalen Vergleich. Mehr Umverteilung ist keine Lösung. [...] Die Verteilungspolitik in Deutschland ist sehr ineffizient und schafft es zu selten, der Gesellschaft und Wirtschaft als Ganzes zu nutzen. [...] Die größte Schwäche und das größte Scheitern der deutschen Politik und Gesellschaft [...] ist es, dass wir es nicht schaffen, eine bessere Chancengleichheit für die Menschen zu gewährleisten. [...]

[...] Die Ungleichheit hat in Deutschland bereits heute ein Maß angenommen, das gesellschaftlichen, wirtschaftlichen und finanziellen Schaden anrichtet. Dieser Schaden betrifft nicht „nur" die mit den geringsten Einkommen, Vermögen und Chancen, er verursacht Kosten, die alle tragen müssen. Wenn Menschen nicht die Chance haben, ihre Fähigkeiten und Talente zu entwickeln und einzubringen, entgeht dem ganzen Land ihr hohes Potential für die Wirtschaft und für die Gesellschaft. [...]

Das führt zu zwei zentralen Schlussfolgerungen. Die erste: Ein Bekämpfen der Ungleichheit und ihrer Auswirkungen liegt im Interesse aller, nicht nur einiger weniger. Zweitens: Die fehlende Chancengleichheit ist Deutschlands größtes Problem. Es ist höchst ineffizient und kontraproduktiv, Menschen ihrer Chancen und Möglichkeiten zu berauben, damit der Staat dann über Steuern und Sozialleistungen versucht, einen Teil dieses durch den Raub entstandenen Schadens wieder auszugleichen. [...]

Statt wie so oft in der Ungleichheitsdebatte unser Augenmerk auf eine höhere Umverteilung über Steuern und Sozialleistungen zu legen – etwa mit Reichensteuern, Mütterrenten und Ähnlichem –, benötigen wir in Deutschland ein fundamentales Umdenken: eine Kehrtwende, bei der die Anstrengungen darauf abzielen, die Chancenungleichheit zu minimieren, die Chancen zu maximieren. [...]

Ein viel stärkeres Augenmerk muss auf Maßnahmen gelegt werden, die Menschen Freiheit geben, ihre Talente zu entwickeln und Chancen zu nutzen. [...] Viel mehr Gewicht und Anstrengungen müssen deshalb auf die Förderung und Bildung im frühkindlichen und Primärbereich gelegt werden. Aber auch die Gleichstellung von Mann und Frau muss weiter vorangetrieben werden [...], weil alle profitieren. [...]

Aus: Marcel Fratzscher: Wohlstand für wenige. In: Frankfurter Allgemeine Sonntagszeitung vom 19.3.2016; http://www.faz.net/aktuell/wirtschaft/arm-und-reich/fratzscher-mehr-steuern-sind-nicht-die-loesung-gegen-ungleichheit-14121273.html?printPagedArticle=true#pageIndex_2

Anmerkung

Der Autor ist seit 2013 Präsident des Deutschen Instituts für Wirtschaftsforschung (DIW). Bei dem in der Frankfurter Allgemeinen Sonntagszeitung veröffentlichten Artikel handelt es sich um einen Auszug aus seinem Buch „Verteilungskampf".

Hilfsmittel

Grundgesetz für die Bundesrepublik Deutschland
Niedersächsische Verfassung ohne ergänzende Kommentare

Lösungsvorschlag

1 **TIPP** *Anforderungsbereich: I, Gewichtung in Prozent: 30*

Der Operator „zusammenfassen" verlangt von Ihnen, dass Sie die wesentlichen Aussagen des Textes komprimiert und unkommentiert wiedergeben. Dabei ist es wichtig, dass Sie sich durch die Verwendung von Konjunktiv und indirekter Rede sprachlich vom Text distanzieren sowie Ihre Bearbeitung sinnvoll strukturieren. Achten Sie auch auf die Verwendung der Fachsprache und fügen Sie Zeilenverweise ein.

Der Artikel „Wohlstand für wenige" von Marcel Fratzscher, ein Auszug aus seinem Buch „Verteilungskampf", wurde am 19.3.2016 in der Frankfurter Allgemeinen Sonntagszeitung veröffentlicht. Darin stellt der Autor das Ausmaß der sozialen Ungleichheit in Deutschland, deren Folgen und mögliche Lösungsansätze dar. Aus seiner Sicht ist die in Deutschland **fehlende Chancengleichheit** das zentrale Problem.

Einleitung
Autor, Quelle, Thema des Textes

Die deutsche Marktwirtschaft zeige ihr „wahres Gesicht in einer **stark zunehmenden Ungleichheit**" (Z. 2 f.). So sei das Vermögen zahlreicher Deutscher im europäischen Vergleich äußerst niedrig. Hinzu komme eine **sehr ungleiche Verteilung der Vermögenswerte** in Deutschland. Während die ärmere Hälfte der Bevölkerung über fast kein Vermögen verfüge, würden die reichsten zehn Prozent der Bevölkerung im europäischen Vergleich ein sehr hohes Vermögen besitzen (vgl. Z. 8 ff.).

inhaltliche Zusammenfassung

Ungleichheit in Deutschland

Auch die auf dem Markt erzielten **Einkommen** seien **sehr ungleich verteilt**. In den vergangenen 15 Jahren habe die Hälfte der Deutschen Kaufkraftverluste hinnehmen müssen, die Einkommensungleichheit sei in diesem Zeitraum zudem weiter angestiegen (vgl. Z. 16 ff.).

Darüber hinaus sei die **soziale Mobilität in Deutschland erheblich eingeschränkt**. Menschen mit geringem Einkommen schafften nur selten einen sozialen Aufstieg, dies gelte auch über Generationen hinweg. In kaum einem anderen Land bestimme die soziale Herkunft das Einkommen eines Menschen so stark wie in Deutschland (vgl. Z. 21 ff.).

Aus ökonomischer Perspektive sei **soziale Ungleichheit aber nicht zwangsläufig negativ** zu bewerten, da diese auch als Anreiz für eigene Anstrengungen dienen könne (vgl. Z. 27 ff.). Ungleichheit werde zu einem sozialen Problem, wenn sie zu **Chancenungleichheit** führe (vgl. Z. 33 f.). Dass in Deutschland diese Chancengleichheit nicht gewährleistet werden könne, sei die „**größte Schwäche und das größte Scheitern** der deutschen Politik und Gesellschaft" (Z. 41 f.). ökonomische Perspektive

Die Ungleichheit in Deutschland habe ein Maß angenommen, das gesellschaftlichen, wirtschaftlichen und finanziellen Schaden anrichte (vgl. Z. 44 f.). Dabei sei die **fehlende Chancengleichheit** das zentrale Problem (vgl. Z. 52). Schlussfolgerung des Autors

Bei der Bekämpfung der Ungleichheit werde in Deutschland aber häufig eine noch höhere **Umverteilung** von Einkommen und Vermögen als Lösung bevorzugt. Die Umverteilung sei in Deutschland jedoch ohnehin schon zu umfassend und ineffizient (vgl. Z. 52 ff.). Vielmehr müsse die Chancengleichheit durch erhöhte Anstrengungen im Bereich der **frühkindlichen Förderung und im Bildungswesen** gewährleistet werden. Auch die **Gleichstellung von Mann und Frau** müsse – zum Nutzen der gesamten Gesellschaft – gefördert werden (vgl. Z. 62 ff.). Forderungen

2 **TIPP** *Anforderungsbereich: II, Gewichtung in Prozent: 40*

In dieser Aufgabe sollen Sie darstellen, inwiefern sich soziale Ungleichheit negativ auf die Demokratie auswirkt. Dabei ist es wichtig, dass Sie Bedingungen und Ursachen einer möglichen Gefährdung verständlich aufführen. Bei der Bearbeitung bietet es sich zum Beispiel an, den Zusammenhang von sozialem Status und politischem Partizipationsverhalten verständlich zu machen. Auch eine Betrachtung des Einflusses von Lobbyorganisationen auf den politischen Entscheidungsprozess in Deutschland ist ein sinnvoller Lösungsansatz.
In dieser Teilaufgabe erfolgt der Semesterübergriff auf die Themen und Inhalte von 12/1 (Politische Partizipation zwischen Anspruch und Wirklichkeit).

Wie Fratzscher in seinem Aufsatz darstellt, kann soziale Ungleichheit auch zu einer Gefahr für die Demokratie werden. Im Folgenden werden mögliche Erklärungsansätze für diese Aussage vorgestellt. Überleitung

Das **Grundgesetz** führt unterschiedliche **Formen politischer Partizipation** auf. Art. 20 GG garantiert, dass alle Staatsgewalt in Form von **Wahlen** und Abstimmungen vom Volke ausgeht. Art. 21 GG gewährleistet die Gründung von **Parteien** und verpflichtet diese zu einer demokratischen Struktur. In Art. 8 und 9 GG wird das Recht auf **Versammlungsfreiheit** und **Gründung von Vereinigungen** zugesichert. Das Grundgesetz bietet den Bürgerinnen und Bürgern in Deutschland also eine Reihe von Möglichkeiten, am politischen Entscheidungsprozess teilzuhaben. Sie können über Wahlen, die Mitarbeit in Parteien und Verbänden sowie über die Beteiligung an Demonstrationen, Bürgerinitiativen und anderen Formen der politischen Kommunikation politischen Einfluss nehmen.

politische Partizipation

Betrachtet man die aufgeführten Partizipationsmöglichkeiten hinsichtlich der **Bereitschaft verschiedener sozialer Gruppen**, diese auch zu nutzen, kann man eine sehr **unterschiedliche Ausprägung** beobachten. Teilt man die deutsche Bevölkerung nach ihrem Einkommen in Fünftel auf, so erkennt man, dass politisches Engagement bei dem Fünftel mit dem geringsten Einkommen (1. Quintil) durchgängig geringer ausfällt als bei dem reichsten Fünftel (5. Quintil). Die **politische Teilhabe hängt stark vom sozialen Status einer Person ab**. Die Interessen des reicheren Teils der Bevölkerung werden somit im politischen Entscheidungsprozess eher Berücksichtigung finden als die des ärmeren Teils. Mit dem Anspruch einer Demokratie, **politische Gleichheit** zu gewährleisten, ist diese Beobachtung nicht zu vereinbaren. Es kann also durchaus von einer Gefahr für die Demokratie gesprochen werden, wenn ein extremes Maß an sozialer Ungleichheit innerhalb einer Gesellschaft vorherrscht.

Unterschiede je nach sozialem Status

Eine weitere Möglichkeit, eigene Interessen politisch durchzusetzen, besteht darin, einen **Interessenverband** zu gründen oder einem bestehenden Verband beizutreten. Verbände fassen politische Interessen zusammen und bringen diese in den politischen Prozess mit dem Ziel ein, sie möglichst zu verwirklichen. Kritisiert wird neben der eingeschränkten Transparenz des Verbandseinflusses auf den Entscheidungsprozess vor allem, dass unterschiedliche Interessengruppen **ungleiche Chancen** haben, ihre Interessen in den politischen Prozess einzubringen. So ist es beispielsweise für mächtige Wirtschaftsverbände einfacher, Einfluss zu nehmen, als für Verbände mit einer nicht vergleichbaren finanziellen Ausstattung. Zudem lassen sich breite Interessen der Allgemeinheit (z. B. Verbraucherinteressen) weniger gut organisieren als spezifische Interessen (z. B. der Pharmaindustrie). Auch hier lässt sich schlussfolgern, dass eine Gefahr für die Demokratie besteht, wenn bestimmte Interessen **effizienter** durchgesetzt werden können als andere und diese nicht am Gemeinwohl orientiert, sondern – unter anderem – vor allem auf größere Einflussmöglichkeiten zurückzuführen sind.

Unterschiede bei der Möglichkeit, Interessen einzubringen

13

Neben den bereits genannten Punkten kann die dargestellte politische Ungleichheit in Verbindung mit einem aus der sozialen Ungleichheit resultierenden Ungerechtigkeitsgefühl von breiten Teilen der Bevölkerung auch zu einer **politischen Radikalisierung** führen. Ein Beispiel für diese Gefahr ist das Erstarken radikaler Bewegungen und populistischer Parteien wie der AfD. Allerdings ist einzuschränken, dass sich diese nicht ausschließlich aus unteren sozialen Schichten, sondern vor allem aus der Mittelschicht speisen. Auch dies kann aber auf **Abstiegsängste** und **gefühlte politische Ungerechtigkeit** zurückgehen.

mögliche Folge: Erstarken populistischer Parteien

Insgesamt zeigt sich, dass aus sozialer Ungleichheit durchaus eine Gefahr für die Demokratie entstehen kann. Insbesondere dann, wenn soziale Ungleichheit zu politischer Ungleichheit und letztlich zu einer Radikalisierung führt.

Fazit: Gefahr für die Demokratie

---

3   **TIPP**   *Anforderungsbereich: III, Gewichtung in Prozent: 30*

Der Operator „Stellung nehmen" verlangt von Ihnen, dass Sie zu einer Problemstellung eine reflektierte und differenzierte Bewertung vornehmen. In dieser Teilaufgabe sollen Sie überprüfen, inwiefern der Vorschlag von Fratzscher den Kategorien Effizienz, Legitimität und Grundwerte entspricht. Um dies zu überprüfen, benötigen Sie geeignete Kriterien. Ihre eigene Position muss abschließend deutlich werden.

In dem vorliegenden Aufsatz stellt Marcel Fratzscher soziale Ungleichheit in Deutschland und deren Folgen als politisches Problem dar. Als Lösung schlägt er vor, die Chancengleichheit in Deutschland durch einen Ausbau der **Förderung** und der **Bildung im frühkindlichen Bereich** zu gewährleisten. Seiner Einschätzung nach sei das Problem durch eine weitere Umverteilung von Steuern und staatlichen Leistungen nicht zu lösen. Zudem fordert er ein Vorantreiben der **Gleichstellung von Mann und Frau**. Da er bei dem letztgenannten Punkt eher unspezifisch bleibt, beschränken sich die folgenden Ausführungen auf den ersten Vorschlag.

Forderungen des Autors

Laut Fratzscher ist die **soziale Mobilität** in Deutschland stark eingeschränkt, Armut vererbt sich also teilweise von Generation zu Generation. Tatsächlich wird am **deutschen Bildungssystem** häufig kritisiert, dass es Kinder aus Akademikerfamilien gegenüber solchen aus sogenannten bildungsfernen Schichten bevorzugt. Bei gleicher individueller Begabung hat ein **Akademikerkind** eine deutlich **höhere Chance, die Schule mit dem Abitur abzuschließen**, als ein Kind aus einer bildungsfernen Familie. Als Erklärung für dieses Phänomen wird unter anderem angegeben, dass Kinder aus bildungsnahen Familien zu Hause besser gefördert werden können. Dieses **Problem**

Bildungserfolg abhängig von Herkunft

könte durch eine **gezielte Förderung** im frühkindlichen Alter und durch **Investitionen in frühkindliche Bildung** wirksam bekämpft werden.

In Deutschland wird – wie Fratzscher andeutet – bereits jetzt ein hoher Aufwand an Umverteilung betrieben, der aber die Chancenungleichheit nicht zu lösen scheint. Wenn man diese Aussage zugrunde legt, kann unterstellt werden, dass die finanziellen Mittel, die für die Umverteilung bereitgestellt werden, besser im Bereich der frühkindlichen Förderung und Bildung eingesetzt wären. bisherige Umverteilung nicht wirksam

Betrachtet man die **politische Durchsetzbarkeit** des Vorschlags, bleibt die Frage, inwiefern eine Reduzierung der Umverteilung zugunsten eines Ausbaus von frühkindlichen Angeboten umsetzbar wäre. Bisherige Empfänger von Transferzahlungen und deren politische Interessenvertretungen würden entsprechenden Einschnitten nicht tatenlos zusehen. Vor dem Hintergrund, dass sich politische Entscheidungsträger immer auch an den nächsten Wahlen orientieren, erscheint eine Umsetzung des Vorschlags unwahrscheinlich. Zudem dauert es lange, bis Investitionen in Bildung den gewünschten Ertrag bringen, das Kriterium der **Schnelligkeit** ist folglich ebenfalls nicht erfüllt. Effizienz

Bezogen auf die **Kategorie „Effizienz"** kann also festgehalten werden, dass der Vorschlag von Fratzscher zwar wirksam und kosteneffizient erscheint. Dessen politische Durchsetzbarkeit und Schnelligkeit im Hinblick auf die Lösung des Problems sind jedoch kritisch einzuschätzen. Zwischenfazit

Aus **Art. 1 und 3 GG** kann abgeleitet werden, dass jeder Mensch ein Recht darauf hat, individuell und entsprechend seiner Möglichkeiten gefördert und nicht aufgrund seiner Herkunft benachteiligt zu werden. Demnach wären **Investitionen in frühkindliche Bildung** mit dem Ziel der Erhöhung der Chancengleichheit nicht nur **verfassungskonform**, sondern auch eine Pflicht des Staates. Politische Gleichheit wird durch soziale Ungleichheit eingeschränkt, da sich die Menschen abhängig von ihrem sozialen Status und ihren Einkommensverhältnissen unterschiedlich stark politisch engagieren. Eine Erhöhung der Chancengleichheit durch die Realisierung von Fratzschers Vorschlag würde also auch die **Partizipationschancen** von breiten Teilen der Bevölkerung steigern. Legitimität

Als Fazit für die **Kategorie „Legitimität"** kann also festgehalten werden, dass eine Umsetzung nicht nur verfassungskonform, sondern auch durch die Verfassung geboten ist. Zudem wird die Chance auf politische Partizipation erhöht, was die Legitimität des politischen Systems weiter steigern würde. Zwischenfazit

Fratzschers Vorschlag liegt eine Orientierung an dem Gerechtigkeitsprinzip der **Chancengleichheit** zugrunde. Diese kann durch seinen Vorschlag sicher verbessert werden. Gleichzeitig wird auch Grundwerte die **Gerechtigkeit des Leistungsprinzips** betont. Wenn ungleiche Startchancen von Kindern durch gezielte Förderung ausgeglichen würden, würde eine ungleiche Verteilung ausschließlich auf die eigene Leistung zurückgeführt werden können und nicht mehr auf die soziale Herkunft. Dies könnte die **Akzeptanz des politischen und ökonomischen Systems** und die **gesellschaftliche Wohlfahrt** durch entsprechende Anreize erhöhen. Langfristig könnten von dem Vorschlag also alle profitieren, wie Fratzscher in seinem Text auch betont. Bezogen auf den Wert der Gerechtigkeit kann aber kritisiert werden, dass eine geringere gesellschaftliche Umverteilung auch zulasten ohnehin sozial Benachteiligter gehen würde. Aus der Perspektive der **Bedarfsgerechtigkeit** wäre dies negativ zu beurteilen.

Wenn die soziale Stellung durch die soziale Herkunft vorgeprägt ist, so schränkt das auch die **Freiheit** des Individuums ein. Denn die Grenzen des eigenen Handelns ergeben sich nicht durch die eigene Begabung, sondern durch die gesellschaftliche Stellung der Eltern. Eine Steigerung der Chancengleichheit wäre also auch geeignet, die Freiheit des Einzelnen zu stärken.

Für die **Kategorie „Grundwerte"** kann abschließend gesagt werden, dass die Gerechtigkeit des gesellschaftlichen Systems unter den Perspektiven Chancengleichheit und Leistungsprinzip erhöht werden würde. Einschränkungen sind unter der Perspektive der Bedarfsgerechtigkeit zu sehen. Gleichzeitig kann die Freiheit des Individuums durch die Umsetzung des Vorschlags Fratzschers gesteigert werden. Zwischenfazit

Insgesamt lässt sich also festhalten, dass der **Vorschlag von Marcel Fratzscher** weitgehend **effizient** und **legitim** ist und **zentrale Grundwerte** berücksichtigt. Ich spreche mich somit für die Realisierung einer Ausweitung der Anstrengungen im Bereich der frühkindlichen Förderung und Bildung aus; auch wenn ich die Grenzen der politischen Durchsetzbarkeit sehe. Zudem dürfen solche Maßnahmen nicht auf Kosten von aktuell sozial Benachteiligten gehen. abschließendes zusammenfassendes Urteil

SOZIALE MARKTWIRTSCHAFT ZWISCHEN ANSPRUCH UND WIRKLICHKEIT
(enthaltene Themenschwerpunkte: 12/2: Markt und Staat in der Sozialen
Marktwirtschaft, Wirtschaftswachstum und Schutz natürlicher Lebensgrundlagen)

Thema: Wirtschaftswachstum und Umwelt

Aufgabenstellung

1 Fassen Sie Reinhard Loskes Überlegungen zur globalen Wachstumspolitik in
eigenen Worten zusammen.

2 Erläutern Sie mit Bezug zum Text das Spannungsverhältnis von Wirtschaft und
Umwelt sowie die damit verbundenen globalen und sicherheitspolitischen Herausforderungen.

3 Vergleichen Sie Loskes Sicht des Verhältnisses von Ökonomie und Ökologie mit
den Maßnahmen und Möglichkeiten des Staates hinsichtlich einer marktwirtschaftlich orientierten Umweltpolitik.

4 Erörtern Sie – auch vor dem Hintergrund der Corona-Krise und des Ukraine-Kriegs
– die Möglichkeiten der politischen Umsetzung des von Loske propagierten Wirt-
schafts- und Gesellschaftsmodells.

M1   „Nur arme Staaten sollten wachsen"

[…] **Loske:** Wir müssen uns vom Irrglauben befreien, alle Probleme durch ewiges
Wirtschaftswachstum lösen zu können. Natürlich gibt es Grundbedürfnisse wie Ernäh-
rung, Behausung oder Gesundheit, die müssen erfüllt sein – aber darüber hinaus erhöht
materieller Wohlstand die Zufriedenheit kaum oder gar nicht. Deswegen lautet in In-
5 dustriegesellschaften das Ziel vieler Menschen inzwischen nicht mehr „immer mehr".
„Zeitwohlstand" gewinnt an Bedeutung, „Güterwohlstand" verliert.
SPIEGEL ONLINE: In Entwicklungsländern ist das anders. Könnte Wirtschaftswachstum in bitterarmen Staaten nicht viele Menschenleben retten?
Loske: Natürlich, diese Ungleichverteilung des Wohlstandes ist ja gerade das Pro-
10 blem. Aber es klingt ziemlich zynisch[1] zu sagen: „Wir müssen wachsen, damit Entwicklungsländer auch wachsen können." Dieser erhoffte „Trickle-down-Effekt[2]" ist
empirisch kaum messbar, es leben ja noch immer sehr viele Menschen in sehr schlechten Verhältnissen. […] Nur arme Staaten sollten noch ökonomisch wachsen. Aber sie
sollten direkt den Weg der nachhaltigen Entwicklung einschlagen und unsere Fehler
15 der vergangenen Jahrzehnte vermeiden. Das heißt: erneuerbare Energien von Anfang

17

an und ein Abrücken vom Export- und Freihandelsmantra[3]. Denn ohne einen robusten Binnenmarkt werden vor allem die ärmsten Bevölkerungsschichten die Verlierer sein.

SPIEGEL ONLINE: Allerdings lehnen Schwellenländer wie China solche Forderungen nach einer gemäßigten Wirtschaftspolitik ab – für sie ist das Kolonialismus im
20 grünen Gewand.

Loske: Bislang schon, aber die Stimmung scheint selbst in China zu kippen, da Luft und Wasser dort enorm verschmutzt sind. In der Gesellschaft gibt es Widerstände gegen diesen Kurs des rücksichtslosen Wachstums – und auch die Staatsführung scheint das langsam zu verstehen und nach Alternativen zu suchen.

25 **SPIEGEL ONLINE:** Eine Alternative ist die sogenannte Green Economy, die Wirtschaftswachstum und Umweltschutz in Einklang bringen will – indem etwa Kohle und Erdöl durch Windkraft und Biomasse ersetzt werden.

Loske: Technik allein führt sicherlich nicht ans Ziel, weil wir beispielsweise immer sparsamere Autos haben – aber auch immer mehr. Die Wachstumseffekte fressen die
30 Effizienzgewinne wieder auf, weshalb man auch vom „Rebound-Effekt" redet, vom Rückschlageffekt. Schon der Übergang von der Industrie- zur Dienstleistungsgesellschaft und die anschließende Digitalisierung haben die negative Klimabilanz unserer Ökonomien kaum verändert. Natürlich ist vor allem für Unternehmen ressourcensparende Technik ein guter Weg. Wer aber alles auf diese Karte setzt, scheitert.

35 **SPIEGEL ONLINE:** Was müssen die Industriestaaten stattdessen ändern?

Loske: Sie müssen Ressourcen, Energie und Flächen viel sparsamer und intelligenter verwenden, allein der CO_2-Ausstoß muss bis zum Jahr 2050 um 80 bis 95 Prozent sinken. Nur dann lässt sich der Temperaturanstieg weltweit auf maximal zwei Grad begrenzen – und selbst dieses Szenario ist noch mit großen Risiken verbunden. [...]
40 Ich sehe drei große Kräfte am Werk: Einerseits das Leiden an den Verhältnissen, wenn die Lage also so schlimm ist, dass sie ohne Veränderungen nicht auszuhalten ist. Außerdem den Zwang, etwa durch Umweltkatastrophen oder politische Regulierung. Und schließlich die Entwicklung von gesellschaftlichen und ökonomischen Alternativen. Die Politik kann und muss zeigen, dass eine andere Welt möglich ist – auch wenn es
45 am Ende des Tages durchaus sein kann, dass alle drei Wirkmächte ihren Anteil am Wandel haben werden: das Leiden, der Zwang und die Entwicklung von Alternativen.

SPIEGEL ONLINE: Vieles ist ja schon geschehen: Deutschland hat die Energiewende und den Atomausstieg beschlossen [...].

Loske: So optimistisch bin ich nicht. Wir waren an ähnlichen Punkten ja schon mal:
50 Um 1990 entstanden der Weltklimarat und die Klimarahmenkonvention, aber das Ende der bipolaren Welt und der Siegeszug des Neoliberalismus machten die Hoffnungen auf einen Wandel zunichte. Ähnliches geschah um 2007, als Al Gore den Friedensnobelpreis erhielt und Angela Merkel sich als Klimakanzlerin gab – doch dann kam die Finanzkrise und fegte den Klimaschutz erneut von der Tagesordnung. Im Ergebnis
55 sind die klimaschädlichen Emissionen seit 1990 um mehr als fünfzig Prozent gestiegen. [...] Die Internationale Organisation für Migration rechnet in den nächsten Jahrzehnten mit 200 Millionen Klimaflüchtlingen. Wenn der Klimawandel also eskaliert, wird es gewaltige Flüchtlingsbewegungen geben [...].

SPIEGEL ONLINE: In der Vergangenheit brauchte es allerdings große Unglücke,
60 um die Debatte voranzutreiben: Vor allem die AKW-Explosionen in Tschernobyl und

18

Fukushima schoben die Idee einer nachhaltigen, umweltfreundlichen Politik an. Brauchen wir eine neue Katastrophe?

Loske: Diese Denke ist beim Klimaschutz falsch, denn jenseits bestimmter Schwellen ist er irreversibel, unumkehrbar. Wenn wir also bis zur großen Katastrophe warten, ist
65 es schon zu spät. Wir sollten *jetzt* aus Einsicht handeln, statt auf große Unglücke zu warten. Deshalb gehört Nachhaltigkeit als Grundrecht ins Grundgesetz – und eine ökologisch-soziale Marktwirtschaft muss den Kapitalismus ersetzen.

DER SPIEGEL, 01.12.2015, https://www.spiegel.de/wirtschaft/soziales/reinhard-loske-ueberwachstum-nur-arme-staaten-sollten-wachsen-a-1063567.html. Ein Interview von Peter Maxwill.

Anmerkung
Reinhard Loske, Jahrgang 1959, war 2013 bis 2019 Professor für Politik, Nachhaltigkeit und Transformationsdynamik an der Universität Witten/Herdecke. Zuvor forschte er zwischen 1992 und 1998 am Wuppertal Institut für Klima, Umwelt, Energie, saß für die Grünen neun Jahre lang im Bundestag und war von 2007 bis 2011 Umweltsenator in Bremen. Seit 2019 ist Loske Präsident der Cusanus Hochschule in Bernkastel-Kues und Professor für Nachhaltigkeit und Gesellschaftsgestaltung am dortigen Institut für Ökonomie.

Worterklärungen
1 *zynisch*: auf grausame, den Anstand beleidigende Weise spöttisch
2 *Trickle-down-Effekt*: angenommener Effekt, dass Wirtschaftswachstum und Wohlstand der Reichen zwangsläufig durch Konsum und Investitionen zu den ärmeren Schichten der Gesellschaft durchsickern
3 *Freihandelsmantra*: formelhaft vorgetragene (positive) Überzeugung zum Freihandel

Hilfsmittel
Grundgesetz für die Bundesrepublik Deutschland
Niedersächsische Verfassung ohne ergänzende Kommentare

Lösungsvorschlag

TIPP *Anforderungsbereich: I, Gewichtung in Prozent: 15*

Sie sollen die Aussagen des Autors in einem zusammenhängenden Text sach- und sinngerecht, komprimiert, strukturiert und unkommentiert darstellen. Dabei ist auf die nötige sprachliche Distanz zu achten.

Der Nachhaltigkeitsforscher Reinhard Loske sieht in einem bei Spiegel Online am 01.12.2015 veröffentlichten Interview („Nur arme Staaten sollten wachsen") das **Ende** der weltweit auf **Wachstum fixierten Politik** und fordert, den Kapitalismus durch eine **öko-soziale Marktwirtschaft** zu ersetzen. *(Quelle, Inhaltszusammenfassung)*

Loske erwartet nach Einschätzung der Internationalen Organisation für Migration, dass künftig der Klimawandel 200 Millionen Menschen in die **Flucht** treiben werde (vgl. Z. 56 ff.). Daher müsse die globale Wirtschaft schnellstmöglich neu ökologisch ausgerichtet werden. Trotz **bestehender Widerstände** gegen eine veränderte, gemäßigte Wirtschaftspolitik gebe es z. B. in China angesichts gravierender Umweltbelastungen bereits ein vorsichtiges Einlenken. Loske kritisiert die Vorstellung, dass sich das Wachstum in den industrialisierten Ländern positiv auf die Entwicklungsländer auswirke (vgl. Z. 10 ff.). Vielmehr **sollten nur noch diese wachsen** und dabei **erneuerbare Energien** nutzen und ihren **Binnenmarkt stärken** (vgl. Z. 13 ff.). Vorbehalte äußert Loske gegenüber den Möglichkeiten einer primär technikorientierten, ressourcenschonenden Ökonomie („**Green Economy**") wegen des „Rebound-Effekt[s]" (Z. 30), der durch die gleichzeitig wirkende Wachstumsdynamik kaum Umwelt- und Energieeffekte bedeute (vgl. Z. 28 ff.). Auch die vermeintlichen Fortschritte der **globalen Klimapolitik seit 1990** zieht er in Zweifel. Wegen zahlreicher weltpolitischer Einflüsse seien nicht genügend positive Wirkungen entfaltet worden, was sich an der Zunahme klimaschädlicher Emissionen um mehr als 50 Prozent zeige (vgl. Z. 54 ff.). Folglich müsse in den Industrieländern durch **Energieeffizienz und Wachstumsverzicht** der CO2-Ausstoß bis 2050 um 80–95 Prozent gesenkt werden (vgl. Z. 36 ff.). *(Forderung nach einer ökologischen Neuausrichtung / Wachstumskritik / „Green Economy" und „Rebound-Effekt" / Misserfolg globaler Klimapolitik)*

Loske verweist auf „drei große Kräfte" (Z. 40) für eine ökologisch-soziale Wende: **unerträgliche Zustände**, einen **Zwang** u. a. durch **staatliche Regulierung** sowie effektive **Alternativen** (vgl. Z. 40 ff.). Aufgrund der Gefahr irreversibler Umweltschäden müsse eine an Nachhaltigkeit orientierte ökonomische und gesellschaftliche Veränderung unverzüglich eingeleitet werden. Dazu fordert er, im Grundgesetz das **Grundrecht auf Nachhaltigkeit** festzuschreiben (vgl. Z. 66 f.). *(Voraussetzungen für eine ökologisch-soziale Wende)*

Sie sollen mit Textbezug relevante Aspekte/Sachverhalte des Spannungsverhält-
nisses von Wirtschaft und Umwelt (z. B. anhand von Energie- und Klimafragen)
und damit verbundene Herausforderungen (u. a. Konfliktfelder) thematisieren. Der
Semesterübergriff zu globalen und sicherheitspolitischen Aspekten (13/1 und
13/2) ergibt sich dadurch, dass u. a. die Fragen der Energieversorgung und
-abhängigkeit berührt sind. Anzusetzen wäre z. B. bei der energiepolitischen
Ausgangslage Deutschlands und der „Vorgeschichte" der Energie- und Klimapolitik. Diese ist hier umfangreicher dargestellt, als es von Ihnen verlangt wäre. Die
umfassenden Ausführungen zu den Klimaabkommen bieten aber einiges an Hin-
tergrundwissen zu diesem sehr aktuellen Thema.

Umwelt- und Energiefragen sind in Deutschland und der Welt von nationaler politischer und gesellschaftlicher Bedeutung. Sie betreffen globale u. a. das komplexe Spannungsverhältnis zwischen Wirtschaft und Bedeutung Umwelt. Deutschland als **Industrie- und Dienstleistungsnation** mit einem hohen Bedarf an Rohstoffimporten und einem sehr hohen Ex- portaufkommen ist zur **Sicherstellung des wachstumsbedingten Wohlstands** auf eine sichere, kostenbewusste und ökologisch orien- tierte Energiepolitik angewiesen. Der Energiebedarf und dessen mit- tel- und langfristige Sicherung wird künftig politisch und wirtschaft- lich eine zentrale Bedeutung einnehmen. Dabei handelt es sich nicht nur um eine nationale oder europäische, sondern um eine **globale Aufgabe**. Nach Loskes Auffassung ist die weltweite Energienutzung in die großen globalen **Herausforderungen des 21. Jahrhunderts** eingebettet. Der politische Diskurs über eine umfassende gesell- schaftliche, ökonomische und politische Transformation hin zur Nachhaltigkeit und deren Umsetzung durch die **Überwindung des kapitalistischen Wirtschaftssystems** sind aus seiner Sicht für die **Abwendung einer globalen Klimakatastrophe** von existenzieller Bedeutung.

Obwohl Klimaschutz und Klimawandel bereits in den 1990er-Jahren gesellschaftliches in den Medien eine Rolle spielten, war das Bewusstsein in Bezug auf und politisches die mit der Erderwärmung verbundenen Gefahren vor der Jahrtau- Bewusstsein sendwende nur ansatzweise ausgebildet. Mittlerweile ergeben sich als **Folge der energieintensiven Wirtschafts- und Lebensweise** (v. a. der westlichen Welt) erhebliche Herausforderungen in Bezug auf (politische) **Versorgungssicherheit**, (wirtschaftliche) **Energie- effizienz** und (ökologische) **Nachhaltigkeit** sowie die Notwendig- keit eines international abgestimmten und koordinierten Klima- schutzes. Seit 2018 wirkt die inzwischen weltweite Klimaschutzbe- Klimaproteste wegung „**Fridays for Future**" auf die Klima- und Umweltpolitik ein, mobilisiert neben den Jüngeren auch die ältere Bevölkerung und beeinflusst medienwirksam die wirtschaftlichen, wissenschaftlichen („Scientists for Future") und politischen Akteure. Die „radikalen" Protestformen von Klimaaktivisten der „Letzten Generation" werden dagegen eher kritisch gesehen.

Nach wie vor ist ein anhaltender **globaler Anstieg des Energieverbrauchs** zu verzeichnen. **Schwellenländer** wie China, Indien oder Brasilien haben in den letzten Jahren ihren Energie- und Rohstoffbedarf vervielfacht. Allerdings sind fossile Primärenergieträger **nicht unbegrenzt** vorhanden. Gleichzeitig ist es bei diesen Energieträgern noch nicht gelungen, die **umweltschädlichen Emissionen** entscheidend zu reduzieren (vgl. Z. 54 ff.). Zwar wird an alternativen, umweltverträglichen und regenerativen Energieträgern gearbeitet, die **Kosten** für **nachhaltige Produkte** sind aber noch sehr hoch.

globaler Ressourcenverbrauch

Die Rohstoffabhängigkeit der westlichen Welt hat neben der ökonomischen auch eine sicherheitspolitische Seite, wenn etwa Rohstoffvorkommen im Nahen Osten in den Fokus **internationaler Machtpolitik** (Irak/Afghanistan) geraten und so weitere Konflikte (China/Indien) provoziert werden. Auch die **Abhängigkeit** von politisch als instabil geltenden Staaten (z. B. Russland: Öl, Kohle, Gas) war vor Beginn des Ukraine-Kriegs 2022 im Hinblick auf die **Versorgungssicherheit** bedenklich gewachsen. Dies erschwerte z. B. politische Entscheidungen im Rahmen der westlichen Sanktionspolitik gegenüber Russland. Langfristig erscheint die europaweite Umstellung auf erneuerbare Energien inzwischen nicht mehr nur als klimapolitisches, sondern auch als **sicherheitspolitisches Erfordernis**.

sicherheitspolitischer Aspekt der Rohstoffabhängigkeit

Auf der **UN-Klimakonferenz** in Kyoto 1997 wurden erstmals verbindliche Ziele für die Treibhausgasemissionen einzelner Länder vereinbart. Hintergrund des Kyoto-Abkommens war die von den meisten Wissenschaftlern vertretene These, dass der sich verstärkende **Treibhauseffekt** zu einer höheren globalen Durchschnittstemperatur mit schwerwiegenden Folgen für Mensch und Umwelt führen werde. Da Europa im Gegensatz zu anderen Regionen von den Veränderungen nicht so stark betroffen sein wird, werden in Zukunft **Flüchtlingswellen** nach Europa und eine **Zunahme der Konflikte** mit stärker betroffenen Staaten angenommen. Erhöhte **volkswirtschaftliche Kosten** für Energie, für die Folgeschäden des Klimawandels, für Entwicklungshilfe, für Wasseraufbereitung und für zusätzliche Aufwendungen infolge zunehmender Migrationsbewegungen sind die Konsequenzen (vgl. Z. 56 ff.).

Folgen hoher Schadstoffemissionen

Der Erfolg der UN-Klimakonferenz in Kyoto war dadurch belastet, dass die **USA**, lange Zeit größter Emittent von Treibhausgasen, dem Kyoto-Protokoll **nicht beigetreten** waren. Zudem mussten die Entwicklungs- und Schwellenländer **keine verbindlichen Zusagen** für die Minderung von Emissionen abgeben. Weil sich mit China, den USA und Indien die **größten CO_2-Emittenten** der Welt nicht

mäßiger Erfolg des Kyoto-Prozesses

verpflichtet haben, ist es global bislang nicht zur Verringerung des $CO2$-Ausstoßes gekommen.

Bei der **UN-Klimakonferenz in Paris 2015** einigten sich 197 Staaten, darunter China und die USA, in Nachfolge des Kyoto-Protokolls auf ein neues globales Klimaschutzabkommen, das eine Begrenzung des Temperaturanstiegs durch den Klimawandel im Vergleich zum vorindustriellen Zeitalter auf zunächst deutlich unter 2°C vorsieht.

Pariser Abkommen

Die Herausforderungen und Probleme zeigen sich u. a. in folgenden Fragen: Ist es möglich, die **Schwellenländer**, insbesondere China und Indien, einzubinden und auf **verbindliche Reduktions- und Wachstumsziele** zu verpflichten? Sind die **Industriestaaten** bereit, ausreichend **finanzielle Hilfen** und Unterstützung für die Entwicklungsländer bereitzustellen, um dort eine **ressourcen- und energieschonende Produktion** zu ermöglichen? Ist es möglich, wirtschaftliches Wachstum vom Wachstum an Treibhausgasen zu **entkoppeln** und **Klimaneutralität** zu **erreichen**? Viele Entwicklungsländer befürchten, dass strenge globale Regeln für den Klimaschutz ihr **Wirtschaftswachstum hemmen**. Eine der wichtigsten Fragen ist schließlich, ob sich die **USA** langfristig auf eine verpflichtende Reduktion einlassen. Wirtschaftliche Zwänge nach der **globalen Finanz- und Wirtschaftskrise** 2008/2009 bestärken einerseits weiter ein energieintensives Wachstum (vgl. Z. 52 ff.). Andererseits versprechen die geplanten Subventionen in ökologische Projekte (sog. Inflation Reduction Act) eine effektivere US-Klimapolitik.

Herausforderungen und Probleme

Die zwischenzeitliche Erholung der Weltwirtschaft von den Folgen der Corona-Pandemie und eine verstärkte Kohleverbrennung (v. a. in China) haben den weltweiten **CO_2-Ausstoß im Jahr 2021** im Vergleich zum Vorjahr um sechs Prozent (in Deutschland: 4,5 Prozent) ansteigen lassen. Im Jahr 2022 dagegen waren die weltweiten CO_2-Emissionen aufgrund der gedrosselten Industrieproduktion leicht rückläufig. Klimaforscher befürchten, dass neben China auch in anderen Schwellenländern wegen der noch **bestehenden Kostenvorteile** die fossilen Kraftwerkkapazitäten weiter wachsen werden.

negativer Klima-Effekt nach der Corona-Krise

---

3   TIPP▷ *Anforderungsbereich: II, Gewichtung in Prozent:25*

Durch den Vergleich mit marktwirtschaftlichen Vorstellungen der Wirtschaftspolitik, die sich ursprünglich vor allem am Ziel des quantitativen Wirtschaftswachstums orientierten, soll der spezifische wachstumskritische Ansatz des Verfassers herausgearbeitet und eingeordnet werden. Auf dieser Grundlage ist es möglich, das primär marktwirtschaftlich orientierte umweltpolitische Handeln des Staates vor dem Hintergrund einzelner wirtschaftspolitischer Ziele und Zielkonflikte darzustellen.

Das Verhältnis von Ökonomie und Ökologie sowie von Wirtschafts- wachstum und Umweltschutz ist für die nationale und globale Klima- und Umweltpolitik von grundsätzlicher Bedeutung. In Deutschland wird angesichts der existenzbedrohenden Folgen des Klimawandels das Wirtschaftsmodell einer am **quantitativen Wachstum** orientierten Marktwirtschaft inzwischen von vielen Sei- ten, so auch von Loske, infrage gestellt. Das Problem wird darin ge- sehen, dass sich ökonomischer und technologischer Fortschritt vom gesellschaftlichen, sozialen und ökologischen Fortschritt entkoppelt.

Wachstums- modell auf dem Prüfstand

Ein angemessenes und stetiges Wirtschaftswachstum ist eines der grundlegenden wirtschaftspolitischen Ziele in der Sozialen Markt- wirtschaft. Als **Wohlstandsindikator** steht das **Bruttoinlandspro- dukt (BIP)** allerdings in der Kritik. Denn es werden nicht alle wert- schöpfenden Aktivitäten erfasst, gleichzeitig fließt umweltschädi- gendes oder ressourcenverschwendendes wirtschaftliches Handeln positiv ein. **Reformvorschläge für Wohlstandsindikatoren** fassen vor dem Hintergrund dieser auch im Interview formulierten Kritik den Wohlstandsbegriff deutlich weiter und versuchen, im Sinne von **gesellschaftlicher Lebensqualität** u. a. die Einkommensverteilung, die Qualität des Gesundheits- und Bildungswesens und negative As- pekte von Umweltverschmutzung einzubeziehen.

BIP als Wohlstands- indikator

alternative Wohlstands- indikatoren

Die deutsche Umweltpolitik war wegen dieser sozioökonomischen Zusammenhänge und Zielkonflikte in den letzten Jahren immer wie- der Gegenstand des gesellschaftspolitischen Diskurses. Einzelne Re- formüberlegungen zielen darauf ab, eine noch stärker an **Nachhal- tigkeit** ausgerichtete Wirtschaft zu etablieren. Befürworter eines **„grünen" Wachstums** gehen dabei davon aus, dass Ökonomie und Ökologie miteinander verknüpft werden können, indem ein **qualita- tives Wirtschaftswachstum** durch die Entwicklung und Produktion besonders umwelt- und ressourcenschonender Güter erzeugt wird. Außerdem soll Wirtschafts- und Beschäftigungswachstum in erster Linie in den ökologisch verträglichen, nachhaltig energieeffizienten Branchen gefördert werden. Dieser Ansatz basiert auf der Überle- gung, dass die **Art des Wachstums** (Energiequellen, Werkstoffe, Verkehrssystem, Bautechniken) entscheidend ist. Zu bedenken sei, dass stagnierende oder schrumpfende Volkswirtschaften durch einen absoluten Wachstumsstopp zahlreiche **gesellschaftliche Probleme** schüfen und den **sozialen Frieden gefährdeten**.

marktwirt- schaftliche Orientierung/Ziel- konflikte: „grünes" Wachstum

Diesen Überlegungen erteilt Loske eine deutliche Absage, da er als Befürworter einer **Postwachstumsgesellschaft** davon ausgeht, dass in den industriell entwickelten Ländern in quantitativer Hinsicht aus- schließlich wirtschaftliche Stagnation oder gar Schrumpfung einen Ausweg aus der ökologischen (Wachstums-)Krise bietet. Dieser Vorstellung zufolge sind freiwilliger oder erzwungener **(Konsum-)**

Postwachstums- gesellschaft

Verzicht in den industrialisierten Ländern sowie die **Langzeitnutzung** von Gütern (einschließlich Recyclings- und Kreislaufwirtschaft) entscheidend für die Abwendung einer Klimakatastrophe.

Auf der Grundlage einer **Abkehr von der kapitalistischen Ökonomie** propagiert Loske eine **ökologisch-soziale Marktwirtschaft**, die er allerdings nicht weiter konkretisiert. Sie dürfte eine stärkere ordnungspolitische Lenkung durch einen über den im Grundgesetz Artikel 20a („Schutz der natürlichen Lebensgrundlagen") hinausgehenden verbindlich vorgegebenen **Primat der Ökologie** in einem modifizierten marktwirtschaftlichen System bedeuten.

Wirtschaftsordnung: ökologisch-soziale Marktwirtschaft

Staatliches Handeln, das die Wechselbeziehungen zwischen Ökonomie und Ökologie beeinflusst, hat sich in Deutschland in den letzten 40 Jahren stetig ausdifferenziert.

Neben Umweltstandards und -auflagen steuert die Politik durch Ge- und Verbote die umweltbelastenden Aktivitäten von Produzenten und Konsumenten. Sie schreibt als **rechtlichen Ordnungsrahmen** u. a. die Umwelttechnologie vor, legt Höchst- bzw. Grenzwerte für den Schadstoffausstoß fest oder verbietet bestimmte Stoffe, Produkte, Verfahren und Prozesse. Durch Kontrollen und Sanktionen soll die Einhaltung dieser Vorgaben sichergestellt werden. Zu den **marktwirtschaftlichen Instrumenten** gehören z. B. Umweltabgaben wie die Öko-Steuer, finanzielle/steuerliche Anreize, Umweltzertifikate, Kompensationsregelungen und freiwillige Vereinbarungen. Diese Umweltpolitik zielt darauf ab, die Kosten der Nutzung/ **Bereitstellung öffentlich verfügbarer Güter** (Luft, Wasser, Boden, Wälder, Biodiversität) zu **internalisieren** und so die Wirtschaftssubjekte dazu zu veranlassen, Kosten zu minimieren (**Anreizwirkung**). Da diese Ökoabgaben aber einzelne Personengruppen, z. B. sozial Benachteiligte, Kinderreiche und kapitalschwache Unternehmen, überproportional belasten und die soziale Ungleichheit weiter verschärfen, lässt sich der Klimaschutz **nicht allein über den Marktpreis** regeln. Ein seit 2021 geltender CO_2-Preis ist deshalb auch nur als Teil einer **umfassenden Konzeption** zu verstehen. Da umgekehrt auch nicht jeder, der es sich leisten kann, seinen CO_2-Verbrauch uferlos ausweiten darf, ist ein **ordnungsrechtlicher Rahmen** nötig. Gleichzeitig müsste außer der bereits vorgenommenen Senkung der Ticketpreise („Deutschlandticket") das Angebot im Fern- und Nahverkehr (Infrastrukturpolitik) massiv ausgebaut werden.

staatliches Handeln: Ordnungs-, Struktur- und Prozesspolitik

Notwendigkeit einer umfassenden Konzeption

4 *Anforderungsbereich: III, Gewichtung in Prozent: 35*

Hier sollen Sie den wirtschafts- und gesellschaftspolitischen Ansatz des Nachhaltigkeitsforschers hinsichtlich der politischen Umsetzbarkeit erörtern, ein eigenes Urteil entwickeln und Ihre Argumente stützen. Dabei sind vor dem Hintergrund der Corona-Krise und des Ukraine-Kriegs relevante Rahmenbedingungen und zu erwartende Entwicklungen einzubeziehen. Thematisieren Sie auch relevante gesellschaftspolitische sowie ökonomische Fragen und Probleme auf unterschiedlichen Ebenen (national, europäisch, global). Sie können, ggf. unter Bezugnahme zu den Teilaufgaben 2 und 3, verschiedene Schwerpunkte setzen. Wichtig sind Problembewusstsein, eine schlüssige Argumentation und ein plausibles Sach- bzw. Werturteil. Die Aufgabenstellung erfordert, auch Aspekte politischer Partizipation (12.1) und internationaler Konflikte (13.1) zu berücksichtigen.

Die **ökonomischen Verwerfungen** der Corona-Pandemie und die Auswirkungen des Kriegs in der Ukraine lassen aus Sicht von Pessimisten befürchten, dass angesichts der drängenden humanitären Probleme und der kriegsbedingten Energieknappheit sowie der notwendigen Maßnahmen zur Rettung der Wirtschaft Ziele und Aktivitäten der nationalen, europäischen und globalen **Umweltpolitik in den Hintergrund** geraten. Optimisten verweisen hingegen auf die **Chance**, ein langfristig sinnvolles **Umdenken und Umsteuern** zu befördern und wie bei der Bekämpfung der wirtschaftlichen Folgen der Corona-Pandemie **auch in der Umwelt- und Energiepolitik** staatlicherseits vergleichbare Anstrengungen zu unternehmen. Die Krisen verdeutlichen, wie sehr die einzelnen Länder in der globalisierten Welt in **wechselseitiger Abhängigkeit** stehen, und zeigen die existenzielle Bedeutung **multilateraler Kooperation**.

Folgen der Krisen
pessimistische vs. optimistische Betrachtung

Aufgrund der Komplexität der Probleme kann hier nur auf einzelne Aspekte des von Loske vorgeschlagenen Gesellschafts- und Wirtschaftsmodells und dessen Umsetzbarkeit eingegangen werden:

Umsetzbarkeit des Modells

Die von Loske proklamierte **Abkehr vom Kapitalismus** und die Schaffung einer **öko-sozialen Marktwirtschaft** (vgl. Z. 66 f.) zur Abwendung einer Klimakrise erscheinen nicht realisierbar. Angesichts globaler Verflechtungen sind Entscheidungen und Prozesse solcher Dimension nicht auf nationaler Ebene zu verwirklichen. Deutschland mit einem Anteil von etwas über einem Prozent an der Weltbevölkerung kann nur im **europäischen Zusammenwirken** die Probleme zu lösen versuchen. Die im Interview propagierte, allerdings nicht spezifizierte Abkehr von einer kapitalistischen Ökonomie ist kurz- bzw. mittelfristig weder im europäischen noch im globalen Rahmen denkbar. Dagegen sind im Zuge einer stärker **ökologischen Ausrichtung** der deutschen und europäischen Politik **einzelne Reformschritte**, z. B. ein EU-weiter CO2-Preis, vorstellbar.

Abkehr vom Kapitalismus unwahrscheinlich
Notwendigkeit internationaler Kooperation

schrittweise ökologische Ausrichtung

Die radikale Forderung des Nachhaltigkeitsforschers vernachlässigt trotz der Dringlichkeit eines ökologischen Gegensteuerns die Voraussetzungen für derartige Prozesse und klammert weitgehend aus, dass eine umfassende öko-soziale Wende auch die Gefahr von (neuen) **sozialen Disparitäten** und **politischen Konflikten** beinhaltet. In Deutschland hat sich angesichts der zu erwartenden finanziellen Belastungen (z. B. durch die Erneuerung von Heizungsanlagen, steigende Gas-, Öl- und Strompreise) und damit einhergehender Wohlstandsverluste inzwischen eine widersprüchliche Haltung der Bevölkerung zum Klimaschutz ergeben.

Obwohl Kritiker wie Loske mit Blick auf den Klimawandel Kapitalismus und Ökologie als **unvereinbare Gegensätze** begreifen, müssen diese **nicht zwangsläufig** Gegensätze bedeuten. Trotz anhaltenden Wachstums sind z. B. in Deutschland in den letzten Jahrzehnten einzelne Umweltprobleme (Flusswasserqualität, Industrieemissionen) eingedämmt worden. Innovative Umwelttechnik schafft neue Arbeitsplätze und damit auch Wohlstand. **Intelligentes Wachstum** bedeutet nicht zwingend einen Mehrverbrauch natürlicher Ressourcen, sondern deren effizientere Nutzung. Konsequenter Konsumverzicht ist also nicht der einzige Weg zum Klimaschutz. Allerdings müssen **staatliche Rahmenbedingungen** und **Anreize** diese Prozesse begleiten und vor allem das **qualitative Wachstum**, etwa durch steuerliche Anreize, unterstützen. Der Charakter der Sozialen Marktwirtschaft könnte so **angepasst** bzw. **modifiziert** werden.

Kompatibilität von Wachstum und Umweltschutz

Die Globalisierung dürfte durch die zahlreichen Bedrohungen (u. a. Corona-Pandemie, Kriege, Klimakrise) einen Wandel erfahren. Produkte, deren Wert sich infolge eines knappen Angebots erst in Krisenzeiten zeigt, werden künftig wohl vermehrt **im Inland** produziert. Dabei wird es sich nicht um eine Deglobalisierung, sondern eher um eine **Neustrukturierung** handeln. Viele Unternehmen haben das Risiko erkannt, das vor allem mit einer einseitigen Ausrichtung auf einen Markt China verbunden ist.

Neue Perspektiven der Globalisierung?

Eine Neuausrichtung könnte im Sinne einer am Gemeinwohl orientierten Ökonomie auf eine Umwandlung des Exportüberschusses in die **Stärkung der (nachhaltigen) Binnennachfrage**, auf mehr „Zeitwohlstand" (Z. 6) oder auf Investitionen in die Energiewende, in Bildung und Pflege und auf soziale Reformen hinauslaufen. Eine **technologische Führungsrolle** Deutschlands bei der im Zuge des Strukturwandels entstehenden **„grünen" Technologie** würde u. a. zu einem **internationalen Wettbewerbsvorteil** führen.

Abkehr von der Exportorientierung

„grüne" Technologie als Wettbewerbsvorteil

Der Verlust traditioneller Arbeitsplätze, der im Zuge der Energiewende nicht zu vermeiden ist, hätte aber gravierende individuelle, gesellschaftliche und politische Folgen.

Folgen Ambiguität

Für grundlegende ökologische Entscheidungen sind in einer Demokratie mehrheitsfähige und konsensuale Lösungen nötig. Dabei ergeben sich angesichts der **demografischen Entwicklung** neue Konfliktlinien. Besonders die junge Generation kritisiert, dass die politisch zum Teil schlecht regulierte kapitalistische Marktwirtschaft für Arbeitslosigkeit, soziale Ungleichheit, Wirtschaftskrisen und Klimawandel verantwortlich sei, und fordert wie Loske grundlegende Veränderungen. In einer **alternden Gesellschaft** sind solche Transformationsprozesse jedoch politisch nur schwer umsetzbar. Gleichwohl ist politisches Handeln an rechtlichen Vorgaben auszurichten. Grundlegend ist dabei das Bundesverfassungsgerichtsurteil (2021) zur teilweisen Verfassungswidrigkeit des Klimaschutzgesetzes von 2019. Das Gericht kritisierte, dass die Reduktionsziele für Treibhausgase nicht über das Jahr 2030 hinaus konkretisiert würden und somit der „Schutz der Lebensgrundlagen" für zukünftige Generationen unverhältnismäßig schwer zu realisieren wäre.

Generationenkonflikt

Werte, soziales Dilemma

Loske fordert, „Nachhaltigkeit als **Grundrecht** ins Grundgesetz" (Z. 66) aufzunehmen. Das **Staatsziel der Nachhaltigkeit** könnte so eine größere Verbindlichkeit sicherstellen. Der im Interview geforderte Verzicht auf Wohlstand sicherndes Wachstum bei gleichzeitiger Propagierung von Wachstum in den Entwicklungsländern würde aber zusätzliche gesellschaftliche Brisanz entfalten.

Nachhaltigkeit als Staatsziel

Unbestreitbar ist, dass die Klimafrage nur durch koordinierte globale Anstrengungen und Maßnahmen, v. a. durch die **Klimaschutzpolitik der UN**, lösbar ist. Laut Loske müsste sichergestellt werden, dass eine nachholende Entwicklung in den Entwicklungsländern durch Kooperation mit industriell hoch entwickelten Ländern mit erneuerbaren Energien erfolgt. Der Weg bleibt aber unklar. Realistisch betrachtet wird es nicht von heute auf morgen zu einem **kollektiven Wertewandel** in der Bevölkerung der westlichen Welt kommen. Damit der Schritt in ein **neues Energiezeitalter** gelingt, müssen noch viele auch **multilateral abgestimmte** Schritte folgen. In der Folge der weltweiten Corona-Krise und der zahlreichen geopolitischen und ökonomischen Verwerfungen des Ukraine-Kriegs sind nun für den Großteil der Entwicklungsländer andere akute ökonomische, soziale und politische Probleme von Bedeutung: steigende Rohstoffpreise, Lebensmittelversorgung, Rezession, Inflation, Hunger und Armut. Die **Bekämpfung der Klimaproblematik** wird auch in den Industrieländern durch die Bewältigung der schwierigen weltpolitischen und wirtschaftlichen Verhältnisse **überlagert**. Eine **Schwächung globaler Institutionen** (v. a. der UN) erschwert zusätzlich die internationale Koordination. Insofern kann die **Abkehr vom Kapitalismus** allenfalls als **Reform der kapitalistischen Ökonomie** aufgefasst werden – als eine dauerhafte, konfliktreiche politische Gestaltungsaufgabe unter Beteiligung zahlreicher Akteure.

Fazit: Sach- und Werturteil

WIRTSCHAFTSPOLITIK IN DER SOZIALEN MARKTWIRTSCHAFT
(enthaltene Themenschwerpunkte: 12/2: Markt und Staat in der Sozialen Marktwirtschaft; 13/2: Außenhandelspolitik und Handelsregime)

Thema: Soziale Marktwirtschaft und Freihandel

Aufgabenstellung

1 Geben Sie die Kritik der Autorin an der Wirtschaftspolitik der Regierung wieder.

2 Erläutern Sie ausgehend vom Text mögliche Maßnahmen des Staates, um „Weichen für künftiges Wachstum zu stellen" (Z. 43 f.).

3 Erörtern Sie ausgehend vom Text Chancen und Risiken des Freihandels.

M1   Maja Brankovic: Mehr Weitsicht

In Deutschland läuft es gerade richtig rund. Immer mehr Menschen finden Arbeit, die Löhne steigen. Die Konsumlaune der Verbraucher ist ungetrübt, in den Unternehmen ist die Stimmung ausgesprochen gut. Auch die jüngsten Wirtschaftsdaten können sich sehen lassen. Schon in der ersten Jahreshälfte 2016 wurden die Erwartungen der Kon-
5 junkturbeobachter weit übertroffen, aktuell zeigt die Wirtschaft nach einer kurzen Schwächephase im Sommer nun doch wieder nach oben.

Glaubt man den Konjunkturbeobachtern, sind die Aussichten für die nächsten zwei Jahre nicht schlecht. Die führenden deutschen Wirtschaftsforschungsinstitute rechnen in ihrem aktuellen Herbstgutachten mit 1,9 Prozent Wachstum in diesem Jahr. In den
10 kommenden zwei Jahren wird die deutsche Wirtschaft ihrer Einschätzung zufolge zwar etwas gemächlicher, aber trotzdem ordentlich weiterwachsen.

Das klingt alles wunderbar. Doch ist es um die Zukunft der deutschen Wirtschaft wirklich so gut bestellt? Groß war etwa die Sorge, dass das Brexit-Votum der Briten im Juni seinen Schatten über die deutsche Wirtschaft legen würde. Die Handelsbezie-
15 hungen zu Großbritannien sind eng. Hinzu kam die Befürchtung, dass die Unsicherheit über den Verbleib der Briten im europäischen Binnenmarkt die ohnehin geringe Investitionsbereitschaft der Unternehmen in Deutschland und anderswo noch weiter hemmen würde.

Zwar blieb dieser Effekt bislang aus, aber solange nicht klar ist, auf welche Art von
20 Beziehung sich die EU mit Großbritannien in den Austrittsverhandlungen einigen wird, bleiben die Abwärtsrisiken bestehen. Die Sorgen sind dennoch gering: Nicht nur

Optimisten erwarten mittlerweile, dass die krisenfeste deutsche Wirtschaft flexibel genug ist, um den Brexit einigermaßen unbeschadet zu überstehen.

Von Verhältnissen, wie sie hierzulande derzeit herrschen, können vergleichbare
25 Volkswirtschaften nur träumen. Gesichert ist der Wohlstand in Deutschland trotzdem nicht. Zwei gewaltige Herausforderungen kommen mit großen Schritten auf Deutschland zu, beide allein hätten das Potential, den Wohlstand dauerhaft zu senken. Ein großes Risiko ist der stockende Welthandel.

Erst vergangene Woche hat der Internationale Währungsfonds vor dem schwä-
30 chelnden Weltmarkt und den Abschottungstendenzen in den Industrieländern gewarnt, die Welthandelsorganisation hatte kurz zuvor ihre Prognose für die Entwicklung des globalen Handels drastisch gesenkt. Wie kaum ein anderes Land hat Deutschland in der Vergangenheit von der Globalisierung profitiert. Die Folgen eines Stillstands könnten also beträchtlich sein.

35 Die zweite große Herausforderung ist der demographische Wandel. Sicher ist, dass das Verhältnis der erwerbsfähigen zur abhängigen Bevölkerung in Deutschland immer weiter sinken wird. Dies lässt sich auch mit gezielter Migration nicht korrigieren. Ein Weg zum Erhalt des Wohlstands bei einem schrumpfenden Anteil der Erwerbsfähigen wäre eine höhere Arbeitsproduktivität. Doch schon seit einigen Jahren sinkt das Pro-
40 duktivitätswachstum in Deutschland – und das, obwohl die Generation der Baby-boomer[1] heute auf dem Höhepunkt ihrer Leistungsfähigkeit ist.

Beide Risiken sind nicht neu. Gerade deshalb ist es bedenklich, wie wenig die schwarz-rote Bundesregierung in der jüngeren Vergangenheit dafür getan hat, die Weichen für künftiges Wachstum zu stellen. In angespannten weltwirtschaftlichen Zeiten
45 bedürfte es einer Regierung, die in der Debatte um den Freihandel entschlossen und einmütig Handlungswillen zeigt. Vor dem Hintergrund der bevorstehenden Bundestagswahl scheint der großen Koalition allerdings der Mut zu fehlen. Ihre Versuche, für die Freihandelsabkommen mit Amerika und Kanada – TTIP und Ceta – zu werben, wirken mittlerweile halbherzig, während Gegner und Zweifler den öffentlichen Raum
50 immer weiter okkupieren.

Noch weniger vorausschauend handelt die Regierung mit Blick auf die alternde Gesellschaft. Dabei sind die möglichen Lösungsansätze kein Geheimnis: höhere Bildungsinvestitionen könnten etwa ein Schlüssel sein. Doch die Bildungsausgaben der Regierung sind im OECD-Vergleich nur durchschnittlich, im frühkindlichen Bereich
55 schneidet Deutschland besonders schlecht ab. Doch anstatt ihre Bildungsausgaben zu erhöhen, hat die große Koalition die hohen Überschüsse der vergangenen Jahre lieber für kurzfristig angelegte sozialpolitische Wohltaten wie die Frührente mit 63 genutzt. Eine Politik mit Weitsicht sieht anders aus, Reformwille auch.

Den optimalen Zeitpunkt zum Handeln hat diese Bundesregierung verpasst. Sie hat
60 den auch durch die extrem lockere Geldpolitik unverhofft entstandenen Spielraum in den Haushaltskassen nicht genutzt, um die Bedingungen für Wachstum in einer alternden Gesellschaft zu verbessern. Die politischen Versäumnisse werden vorerst weiter von der erfreulich robusten Konjunktur verdeckt. Um die notwendigen Anpassungen kommt Deutschland aber nicht herum. Zu befürchten ist, dass diese dann irgendwann
65 unter ungünstigeren Umständen nachgeholt werden müssen.

Anmerkung
1 Babyboomer: Gemeint ist hier die Generation der geburtenstarken Jahrgänge 1955–1969.

Hilfsmittel
Grundgesetz für die Bundesrepublik Deutschland
Niedersächsische Verfassung ohne ergänzende Kommentare

Lösungsvorschlag

1 **TIPP** *Anforderungsbereich: I, Gewichtung in Prozent: 30*

Der Operator „wiedergeben" fordert von Ihnen die sprachlich distanzierte, struktu-rierte und vor allem unkommentierte Darlegung der relevanten Textpassagen. Gemäß Aufgabenstellung soll es explizit um die Kritik an der Wirtschaftspolitik der Regierung gehen, entsprechend irrelevante Passagen des Textes müssen Sie also ausschließen. Verfallen Sie nicht in eine Textnacherzählung! Die sprachliche Distanz machen Sie vor allem durch die Verwendung des Konjunktivs I und der indirekten Rede deutlich. Vermeiden Sie in jedem Fall eigene Wertungen.

Maja Brankovic kritisiert in ihrem Artikel „Mehr Weitsicht", er-schienen bei www.faz.net am 11. 10. 2016, die schwarz-rote Bun-desregierung, die ihrer Ansicht nach den richtigen Zeitpunkt für not-wendige Anpassungen der deutschen Wirtschaft verpasst habe, um Wachstum weiterhin zu sichern.

Einleitung
Quelle, Thema

Deutschland weise aktuell zwar eine **stabile Wirtschaftsentwick-lung** auf (vgl. Z. 9 ff.) und auch der Brexit werde, entgegen ur-sprünglicher Befürchtungen, von der deutschen Wirtschaft gut zu bewältigen sein (vgl. Z. 21 ff.). Mit den Risiken im Welthandel so-wie dem demografischen Wandel markiert die Autorin aber **zwei zentrale Herausforderungen**, deren Auswirkungen dazu führen könnten, dass der Wohlstand hierzulande sinkt (vgl. Z. 26 f.).

allgemeiner wirtschaftspoli-tischer Rahmen

So habe der Internationale Währungsfonds, aufgrund sinkenden Handelsvolumens und der steigenden Tendenz der Industrieländer zur Abschottung, die **Prognosen für den künftigen Welthandel ge-senkt** (vgl. Z. 29 ff.). Zudem verkleinere sich in Deutschland der An-teil der Erwerbstätigen gegenüber den abhängigen Teilen der Bevöl-kerung immer weiter, was weder über Migration (vgl. Z. 37) noch über eine Steigerung der Produktivität auszugleichen sei, da Letztere ein immer geringeres Wachstum aufweise (vgl. Z. 39 f.).

Nennung der Gefahrenfelder:
Welthandel und Demografie

31

Brankovic kritisiert die schwarz-rote Koalition dafür, dass sie wenig getan habe, um die Risiken dieser Entwicklungen zu minimieren. So habe die Regierung, anstatt für die **Freihandelsabkommen** mit den USA und Kanada zu werben, es den Gegnern ermöglicht, den öffentlichen Raum mit ihrer Agenda zu besetzen (vgl. Z. 47 ff.). Auch das **Problem der alternden Gesellschaft** werde laut der Analyse der Autorin nicht angegangen. Die Regierung investiere außerdem lieber in kurzfristige sozialpolitische Wohltaten, als höhere **Bildungsinvestitionen** zu tätigen (vgl. Z. 55 ff.). Diese seien im Vergleich mit anderen OECD-Ländern nur durchschnittlich und im frühkindlichen Bereich sogar besonders gering (vgl. Z. 53 ff.). Zudem habe sich die Regierung von der lockeren Geldpolitik blenden lassen und deshalb den richtigen Zeitpunkt zum Handeln verpasst (vgl. Z. 59). Es stehe zu befürchten, dass notwendige Reformen später unter deutlich ungünstigeren Umständen nachgeholt werden müssen (vgl. Z. 64 f.).

Kritik der Autorin an der politischen Entwicklung

---

2   **TIPP**   *Anforderungsbereich: II, Gewichtung in Prozent: 40*

Der Operator „erläutern" fordert von Ihnen eine Erklärung mit passenden Beispielen, wobei die Aufgabenstellung eine Textstelle nennt, die erläutert werden soll. Der Gegenstand der Erläuterung wird Ihnen also in Form eines Textzitats vorgegeben. Gehen Sie zunächst darauf ein und nutzen Sie es als Ausgangspunkt für Ihre Erläuterung. Insgesamt ist die Aufgabenstellung recht offen, weshalb Sie den übergeordneten Rahmen zumindest beschreiben sollten. Achten Sie insgesamt auf aussagekräftige Textverweise und vermeiden Sie eigene Wertungen.

Maja Brankovic fordert von der Regierung ein entschlosseneres Handeln, um die Grundlagen für eine positive Zukunft der deutschen Wirtschaft zu legen. Sie sieht dabei vor allem in den Bereichen des **Welthandels** sowie des **demografischen Wandels** zentralen Handlungsbedarf, damit zukünftig weiterhin Wachstum generiert werden könne (vgl. Z. 25 ff.).

Einleitung: These und Ziel

Die Autorin unterscheidet mit den genannten Handlungsfeldern also zwischen **nationaler und globaler Ebene**. Für die nationale Ebene fordert sie, der Staat solle die Bildungsinvestitionen steigern (vgl. Z. 53 ff.). Gemäß Grundgesetz ist Bildung jedoch vor allem Aufgabe der Länder, weshalb der Bund, den Brankovic in ihrem Text in erster Linie anspricht, also nur mittelbar einwirken kann. Im Rahmen der langfristigen Ordnungspolitik kann der Staat jedoch in die schulische Infrastruktur investieren. Ein Beispiel ist die flächendeckende Einrichtung schnellen Internets, die angesichts der Herausforderungen durch Digitalisierung und Industrie 4.0 notwendig ist. Im Bereich der Strukturpolitik kann der Staat Investitionsanreize für Unternehmen geben, die in Zukunftstechnologien investieren. Der Staat

Beispiel Bildung

Grundgesetzbezug

Ordnungspolitik

Strukturpolitik

könnte so durch Anreize bestimmte technologische Entwicklungen in bestimmten Regionen zentrieren und fördern, um regionalen Strukturwandel abzufedern und zu gestalten.

allgemeine Einordnung

Grundsätzlich hat der Staat innerhalb der sozialen Marktwirtschaft Eingriffsmöglichkeiten vor allem im Bereich der sozialen Sicherung sowie der Wettbewerbssicherung, wobei seine Maßnahmen marktkonform sein müssen. Zudem ist er durch das **Stabilitäts- und Wachstumsgesetz** an bestimmte Zielsetzungen („magisches Sechseck") gebunden, die sich zum Teil jedoch widersprechen, zum Teil auch nicht allein national zu verwirklichen sind (z. B. Geldpolitik durch die EZB). Welche konkreten Maßnahmen getätigt werden, ist in einer pluralen Gesellschaft Sache politischer Entscheidungen.

rechtliche Grundlagen

Auf internationaler Ebene sieht Brankovic die **liberale Handelsordnung** zunehmend unter Druck. Ein besonderes Risiko macht sie hier für Deutschland als großen Profiteur dieser Ordnung aus (vgl. Z. 32 f.). International könnte die Bundesrepublik vor allem in der **WTO** für Freihandel werben. Die WTO ist diejenige internationale Institution, die sich für einen möglichst reibungsfreien Handel mit Gütern und Dienstleistungen einsetzt. Hintergrund ist die Erkenntnis, dass durch freien Handel und die damit einhergehende Spezialisierung einzelner Nationalökonomien auf diejenigen Sektoren, die im internationalen Vergleich komparative Vorteile aufweisen, das **Wohlstandsniveau** des einzelnen Staates wie auch aller anderen Staaten gesteigert wird. Durch vertragliche Bindungen, formelle und informelle Gremien besteht die Möglichkeit, den Freihandel zu verteidigen, zur Not auch mit hierfür vorgesehenen **Strafmaßnahmen** wie Strafzöllen, wie dies zum Beispiel bei der Einfuhr staatlich subventionierter chinesischer Stahlprodukte in die EU geschehen ist. Insgesamt verfügt der Staat in allen wirtschaftspolitischen Bereichen über die Möglichkeit, gestaltend einzugreifen, muss sich dabei aber an das Marktkonformitätsprinzip halten. Ein Ziel ist in jedem Fall, nachhaltiges Wirtschaftswachstum zu generieren.

internationale Perspektive

WTO/Freihandel

Beispiel Strafzölle

---

3   TIPP   *Anforderungsbereich: III, Gewichtung in Prozent: 30*

Der Operator „erörtern" fordert von Ihnen eine abwägende Argumentation zwischen Pro- und Kontra-Argumenten, an deren Ende Sie zu einem begründeten Sach- und Werturteil gelangen sollten. Daher bietet es sich an, die im Text genannten Punkte zunächst in Sachaspekte und Werte zu unterscheiden. Zentral für Ihre Bewertung sind die Kategorien Effizienz und Legitimität. Darüber hinaus erfordert die Aufgabenstellung, allgemein das Konzept des Freihandels zu diskutieren. Sie können es zunächst erklären bzw. das Gegenkonzept des Protektionismus darstellen oder, wie im folgenden Lösungsvorschlag, diese Sachinformationen in die Argumentation einfließen lassen.

Maja Brankovic tritt für eine **liberale Handelsordnung** ein, wenn sie die Bundesregierung dafür kritisiert, dass diese nicht entschieden genug für TTIP und Ceta einstehe (vgl. Z. 47 ff.). Diese beiden Verträge basieren auf dem Postulat des Freihandels. Deutlich wird die Ansicht der Autorin auch durch die von ihr dargestellte Gefahr für den deutschen Wohlstand, sollte der Welthandel ins Stocken geraten und protektionistische Mittel zunehmend Verbreitung finden (vgl. Z. 32 ff.). Ansicht der Autorin

Ausgehend von der unterschiedlichen Ausstattung einzelner Länder im Hinblick auf die **Produktionsfaktoren** Boden, Arbeit und Kapital sowie auf ihre unterschiedlichen Entwicklungsstände erscheint es für Länder effizient, nicht alles selbst zu produzieren, zumal auch notwendige Ressourcen zum Teil nicht zur Verfügung stehen (Beispiel: Seltene Erden für die Handyproduktion). Die **Theorie der komparativen Kosten** nach Ricardo legt nahe, dass die gesellschaftliche Wohlfahrt durch Spezialisierung maximiert wird. Grundsätzlich findet durch die Spezialisierung eine effiziente Verteilung knapper Ressourcen und Güter statt. Allerdings birgt eine zu einseitige Spezialisierung auf bestimmte Güter auch die Gefahr der Abhängigkeit sowie des Zurückbleibens in der internationalen Arbeitsteilung, wodurch Ungleichgewichte entstehen können. Dennoch scheint der **Freihandel insgesamt effizienter** für die beteiligten Staaten zu sein als eine protektionistische Marktabschottung. Letztere führt tendenziell zu einem ineffizienten Ressourceneinsatz. **Sachurteil:** theoretische Grundlagen

effiziente Ressourcen-allokation und Gefahren

Zwischenfazit

Ricardos Theorie kann allerdings nur einen Teil des globalen Handelsvolumens erklären. Zwischen den Industriestaaten geht es eher um **Produktpräferenzen** und **intraindustriellen Handel**, d. h. um den Austausch gleicher hochwertiger Industrie- und Dienstleistungsprodukte. **Tarifäre Handelshemmnisse**, also Zölle, würden diese Güter verteuern, sodass die Nachfrage sinken würde und insgesamt weniger Kapital für Konsumausgaben und Investitionen zur Verfügung stünde, was letztlich Arbeitsplätze kosten könnte. intraindustrieller Handel zwischen Industrieländern

Eine grundsätzliche Ablehnung von tarifären Handelshemmnissen erscheint jedoch nicht sinnvoll. So sollte es sich entwickelnden Staaten durchaus genehmigt werden, für bestimmte Produkte, die mittel- und langfristig zur wirtschaftlichen Entwicklung beitragen können, Zölle zu erheben, bis die eigenen Produkte konkurrenzfähig sind. Allerdings hat sich bei diesen „Erziehungszöllen" gezeigt, dass gerade dieser Zeitpunkt häufig verpasst wird und somit Entwicklungen aufgehoben und verhindert werden. Dennoch sollten Zölle grundsätzlich abgebaut werden, um Wettbewerb zu schaffen. Erziehungszoll

pro

kontra

eigene Position

An dieser Stelle muss aber auch die **Kritik an der liberalen Handelsordnung** ansetzen, da der Verlust inländischer zugunsten ausländischer Arbeitsplätze als ungerecht bewertet wird. Durch die internationale Arbeitsteilung werden Arbeitsschritte delokalisiert und es wird insgesamt möglichst kostengünstig produziert. Das ermöglicht es Ländern mit geringen Arbeitskosten, an der Produktion, deren Güter sie ja auch nachfragen sollen, zu partizipieren und sich zu entwickeln sowie am Handelsgewinn teilzuhaben. Durch die damit notwendige Konzentration auf höherwertige und damit auch besser dotierte Jobs in den Industrieländern werden auch dort Arbeitsplätze geschaffen. Hier setzt die Kritik der Autorin an den zu geringen Bildungsausgaben der deutschen Bundesregierung an. Die Gerechtigkeit in Bezug auf Bildungschancen scheint nicht gewährleistet zu sein, was unter den vorgestellten wirtschaftlichen Gegebenheiten zum Nachteil werden könnte.

Brankovic erwähnt auch die **Kritik an den bilateralen Handelsverträgen**. Ein zentraler Kritikpunkt an TTIP besteht in der Befürchtung, dass Standards im Bereich des Verbraucherschutzes abgesenkt werden würden („Genmais", „Chlorhühnchen" u. a.). Hierbei handelt es sich um nicht tarifäre Handelshemmnisse, die, berechtigt oder nicht, auch Auswirkungen auf Handelsströme haben. Zentral dabei ist die Aufgabe eines jeden Staates, seine Bürger vor Gefahren zu schützen. Eine Aufkündigung oder Absenkung von Standards aufgrund einer Handelsliberalisierung gefährdet die Sicherheit und ist damit nicht legitim. Andererseits können solche Standards auch Rückwirkungen auf die Standards in den Herstellerländern haben und somit zu grundsätzlichen Verbesserungen führen.

Insgesamt sprechen die Bereiche der Effizienz und der Legitimität für eine zunehmende Liberalisierung, die aber politisch gestaltet und durch internationale Institutionen wie den IWF oder die WTO überwacht werden sollte. Aufgrund unterschiedlicher Entwicklungsstände und damit einhergehender Machtunterschiede sollte das nicht dem Marktmechanismus allein überlassen werden.

[Randnotizen:]
Werturteilsebene
Partizipation und Sicherheit

Rückbezug auf Text

nicht tarifäre Handelshemmnisse

Zusammenfassung mit abschließendem Sach- und Werturteil

INTERNATIONALE SICHERHEITS- UND FRIEDENSPOLITIK
(Themen und Inhalte 12/1)

Thema: Internationaler Terrorismus und Demokratie

Aufgabenstellung

1 Geben Sie die Aussagen zu erfolgten und geforderten Reaktionen auf den internationalen Terrorismus wieder.

2 Erklären Sie ausgehend vom Text Ursachen des internationalen Terrorismus.

3 Erörtern Sie politische Handlungsmöglichkeiten im Rechtsstaat gegen den internationalen Terrorismus mit Bezug auf das Grundgesetz.

M 1   René Wildangel: Neue Politik statt neuen Krieg

[…] Während die Welt noch um die Opfer der Anschläge von Paris trauert, wird bereits ein neuer „Krieg gegen den Terror" erklärt. Der französische Präsident François Hollande spricht von einem „Kriegsakt" gegen Frankreich und rief den nationalen Notstand aus, der inzwischen vom Parlament auf drei Monate verlängert wurde. […]

5   Der Ruf nach geschlossenen Grenzen ist nicht die einzige unmittelbare Reaktion auf die Anschläge. Schon werden auch in Deutschland neue Forderungen erhoben, die finanzielle Ausstattung und die Befugnisse von Sicherheitsbehörden auszuweiten. Zweifelsohne sind eine vernünftig ausgestattete Polizei, Justiz und Geheimdienste notwendig, um die Bevölkerung schützen zu können, terroristische Mörder zu verfolgen
10 und sie zu verurteilen. Ebenso wichtig ist eine international koordinierte militärische Strategie gegen den IS, der über erhebliche Gebiete in Syrien und im Irak verfügt. Aber die neuerliche Ausrufung eines „Kriegs gegen den Terror" ist dabei nicht hilfreich.

14 Jahre ist es her, dass der damalige US-Präsident George W. Bush die Anschläge des 11. Septembers ebenfalls einen „Kriegsakt" gegen Amerika nannte und einen welt-
15 weiten Krieg gegen den Terrorismus ausrief. Die Diskussion über Sicherheit änderte sich grundlegend, nicht nur in den USA, sondern auch in Europa nach den Anschlägen von Madrid 2004, bei denen 191 Menschen starben. Die Bürger haben sich nicht nur daran gewöhnen müssen, an Flughäfen verschärft kontrolliert, sondern auch im öffentlichen Raum videoüberwacht und in ihrem E-Mail- und Telefonverkehr überwacht zu
20 werden. Der Patriot Act in den USA und ähnliche Gesetze in anderen Ländern haben die Bürger- und Freiheitsrechte eingeschränkt, während die Sicherheitsbehörden immer größere Freiheiten erhielten. Das meiste davon ist bis heute in Kraft.

Der 11. September legitimierte nicht nur die US-geführte Invasion in Afghanistan, sondern letztlich auch den Einmarsch im Irak 2003. Die Jahre der Präsenz amerikani-
scher Truppen waren von einem völligen Fehlen einer politischen Strategie gekenn-zeichnet. Das mündete in ethnisch-religiösen Spannungen und schließlich in einem schrecklichen Bürgerkrieg. Die gesellschaftliche und staatliche Struktur des Irak, durch die jahrelange Diktatur Saddam Husseins bereits extrem ausgehöhlt, zerfiel voll-ständig. Nichts hat die Entstehung des „Islamischen Staates" so stark gefördert wie die Ausgrenzung und Erniedrigung der Sunniten[1] im Irak in den rechtsfreien US-Verlie-ßen in Abu Ghraib und Camp Bucca[2].

Die Bilanz des „Kriegs gegen den Terror" ist ernüchternd. Zwar konnten Osama bin Laden und andere führende Köpfe von Al-Kaida getötet werden. Aber das konnte weitere verheerende Anschläge nicht verhindern, und erst recht nicht des noch we-sentlich brutaleren und menschenverachtenderen IS.

Die Bedrohung zentraler demokratischer Freiheiten und Bürgerrechte dagegen ist real. Sollten die Anschläge von Paris dazu führen, dass erneut nur über Ausweitung von Sicherheitsmaßnahmen und militärische Antworten diskutiert wird, dürfte es un-möglich sein, die Herausforderung des IS und einer ganzen nahöstlichen Region im Chaos zu bewältigen.

In Deutschland und einigen anderen Ländern gab es auch besonnenere Stimmen. Angela Merkel, die bereits in der Flüchtlingsfrage Haltung bewies, gehörte dazu, als sie mahnte, dass „freies Leben stärker ist als jeder Terror", und ihre Landsleute auffor-derte, den Terroristen zu antworten, indem sie „unsere Werte selbstbewusst leben".

[…] Werte allein sind freilich kein Schutz vor Terrornetzwerken und dschihadisti-schen Hassverbrechen. Aber dagegen kann mit voller Härte existierender Gesetze vor-gegangen werden. Wichtiger als der Wettlauf um die härteste Wortwahl in Bezug auf den IS wäre daher eine fundamentale Revision zentraler außen- und entwicklungspo-litischer Grundsätze und konkrete politische Schlussfolgerung:

Diktatoren sind keine Verbündeten im Kampf gegen den Terror: Im Fall von Baschar al-Assad wirkt es grotesk, dass der Hauptverantwortliche für das Morden in Syrien, der auch den IS groß machte, sich jetzt als Alliierter zu dessen Bekämpfung anbietet. […]

Waffenexporte nach Nahost, insbesondere in die Golfstaaten, tragen mittelbar zum Erfolg des IS bei: Saudi-Arabien ist die Heimat des fundamentalistischen wahabiti-schen[3] Islams und trägt bis heute direkt und indirekt zur ideologischen und finanziellen Ausstattung dschihadistischer Gruppen bei. Solange die Menschenrechtslage in den Golfstaaten, insbesondere Saudi-Arabien, sich nicht verbessert, sollte bei ihnen als ver-meintliche „Verbündete" nicht einfach darüber hinweggesehen werden. Politischer Druck ist notwendig, auch auf Kosten von Wirtschaftsinteressen, um ihre destruktive Politik zu verändern. […]

Eine humane Asyl- und Flüchtlingspolitik ist vonnöten. Das gilt für Deutschland und die EU, aber auch für viele andere Länder weltweit, die angesichts der größten Flüchtlingskrise seit dem Zweiten Weltkrieg endlich Verantwortung übernehmen müs-sen. Es müssen dringend legale Immigrationswege in die EU geschaffen werden. Die Menschen, die vor Krieg und Terror fliehen, brauchen nicht nur physischen Schutz, sondern umfassende Ansätze zu ihrer Integration. Eine gut organisierte soziale und wirtschaftliche Eingliederung ist mit Blick auf das Scheitern der französischen Migrationspolitik der vielleicht wichtigste Beitrag, um zu verhindern, dass Terrorkämpfer wie in Paris in der eigenen Gesellschaft heranwachsen.

Wildangel, René: Neue Politik statt neuen Krieg, 20. November 2015,
http://www.zeit.de/politik/deutschland/2015-11/anschlaege-paris-krieg-gegen-den-terror-alternativen (Zugriff am 24.06.16)

Anmerkung

1 Sunnitentum: größte muslimische Glaubensrichtung (über 85 % der Muslime in der Welt)
2 Abu Ghraib, Camp Bucca: nach dem dritten Golfkrieg von den Amerikanern geführtes Gefängnis bzw. Gefangenenlager im Irak
3 Wahabitentum: zum Sunnitentum gehörende Auslegung des Islam

Hilfsmittel

Grundgesetz für die Bundesrepublik Deutschland
Niedersächsische Verfassung ohne ergänzende Kommentare

Lösungsvorschlag

1 **TIPP** *Anforderungsbereich: I, Gewichtung in Prozent: 30*

Der Operator „wiedergeben" fordert von Ihnen eine eigenständig formulierte und verständliche Darlegung der Aussagen des Textes zu den in der Aufgabenstellung genannten Aspekten, hier zu erfolgten und geforderten Reaktionen auf den internationalen Terrorismus. Wichtig ist, dass Sie die formalen Vorgaben der Textarbeit beachten und die Aussagen sprachlich distanziert wiedergeben, z. B. mithilfe des Konjunktivs. Sie sollten auf längere direkte Zitate oder reine Textparaphrasen verzichten und stattdessen in eigenen Worten formulieren.

René Wildangel skizziert in seinem Artikel „Neue Politik statt neuen Krieg", der auf www.zeit.de am 20. 11. 2015 erschienen ist, eine alternative Strategie zum **„Krieg gegen den Terror"** zur Bekämpfung des internationalen Terrorismus.

Einleitung
Quelle, Thematik

Mit Blick auf den nach den Anschlägen vom 11. September 2001 ausgerufenen „Krieg gegen den Terror" kritisiert er dessen bisherige Bilanz und spricht sich gegen eine neuerliche Ausrufung eines solchen aus (vgl. Z. 11 f.), wie ihn Präsident François Hollande nach den Anschlägen von Paris im Jahr 2015 gefordert hatte. In Amerika und Europa seien bereits als Folge des 11. September sowie der Terroranschläge in Madrid 2004 die Freiheits- und Bürgerrechte zugunsten einer immer größeren **Ausweitung der Befugnisse der Sicherheitsbehörden** eingeschränkt worden, z. B. durch verstärkte Videoüberwachung, Kontrollen an Flughäfen oder durch Überwachung der Kommunikation (vgl. Z. 17 ff.). Auch Präsident Hollande hatte nach den Anschlägen den Notstand ausgerufen (vgl. Z. 3 f.), der Polizei und Justiz weitreichende Befugnisse im Kampf gegen den Terror erlaubt.

Textaussagen
Reaktionen nach dem 11. 09. 2001 und weiteren Terroranschlägen

Wildangel konstatiert zwar, dass es durch den „Krieg gegen den Terror" gelungen sei, führende Köpfe von al-Kaida zu töten, die Einsätze in Afghanistan und im Irak hätten aber weitere schwere Anschläge und das **Erstarken des IS nicht verhindert** (vgl. Z. 32 ff.). Der Autor stellt fest, dass, sollte nach den Anschlägen von Paris wieder nur über die Ausweitung von Sicherheitsmaßnahmen und militärische Antworten diskutiert werden, weder der IS geschwächt noch das Chaos im Nahen Osten bewältigt werden könnten (vgl. Z. 37–40). Er sieht gegenwärtig durchaus die Notwendigkeit, die Sicherheitskräfte in Deutschland vernünftig auszustatten, um die Bevölkerung zu schützen und Terroristen zu verfolgen. Gegen den islamistischen Hassterror müsse mit der ganzen **Härte des Gesetzes** vorgegangen werden (vgl. Z. 46 f.). Zudem sei eine **koordinierte militärische Strategie auf internationaler Ebene** gegen den IS sinnvoll (vgl.

Kritik am militärischen Vorgehen

Erstarken des IS als Folge

grundlegende Bedingungen des Antiterrorkampfes

39

Z. 10 f.). Der Autor lobt aber auch explizit Bundeskanzlerin Angela Merkel für ihre Forderung, Freiheit und demokratische Werte als Grundlage des eigenen Lebens beizubehalten (vgl. Z. 41 ff.).

Wildangel fordert abschließend eine grundlegende **Veränderung der Außen- und Entwicklungspolitik** (vgl. Z. 48 f.). So könnten Diktatoren im Allgemeinen und Syriens Präsident Assad im Besonderen keine Verbündeten im Kampf gegen den Terror sein (vgl. Z. 50 ff.). Zudem sollten **keine Waffenexporte** in den Nahen Osten mehr erfolgen dürfen, solange sich dort die Menschenrechtslage, insbesondere bei „vermeintliche[n] ‚Verbündete[n]‘" (Z. 58 f.) wie Saudi-Arabien, nicht verbessere. Die Politik müsse dies auch gegenüber eigenen wirtschaftlichen Interessen vertreten (vgl. Z. 59 ff.). Darüber hinaus müssten Deutschland, die EU und weitere Staaten angesichts der aktuellen Flüchtlingssituation eine **menschlichere Asyl- und Flüchtlingspolitik** verfolgen, die die Flüchtlinge so in die Gesellschaften integriert, dass aus ihnen keine neuen Terrorkämpfer werden (vgl. Z. 67 ff.).

neue Außen- und Entwicklungspolitik

Beispiel Zitat aus dem Text

Integrationspolitik

2   **TIPP**   *Anforderungsbereich: II, Gewichtung in Prozent: 40*

Der Operator „erklären" fordert hier eine fundierte und sprachlich nachvollziehbare Darstellung der wesentlichen Ursachen und Bedingungen des internationalen Terrorismus. Ausgangspunkt sind dabei entsprechende Passagen aus dem vorliegenden Text. Es bietet sich an, mit einer Definition des Begriffs anzufangen und davon ausgehend einzelne relevante Aspekte zu erläutern. Vergessen Sie nicht, deutlich zu machen, dass die Ursachen unterschiedlich bewertet werden. Eine rein auf den Text bezogene Darstellung wird dem Thema nicht gerecht.

Im Text selbst werden **unterschiedliche Formen des internationalen Terrorismus** genannt. So geht der Autor auf al-Kaida ein, ein eher transnational agierendes Terrornetzwerk, sowie auf den IS, der sich ausgehend von einem konkreten Gebiet im Irak und in Syrien am internationalen Terrorismus beteiligt. Am Ende des Textes nennt der Autor noch den „homegrown terrorism", der gewissermaßen national handelt, aber international informiert und zum Teil gelenkt wird. Gemeinsam haben diese drei Formen den islamistischen Hintergrund.

genannte Formen des Terrorismus

Terrorismus meint allgemein den Versuch, durch **Gewalt gegen unbeteiligte Zivilisten** Angst in einer Gesellschaft zu erzeugen. Dabei handelt es sich um Handlungen mit Symbolkraft, die nach außen in die jeweilige Gesellschaft aggressiv wirken und nach innen (innerhalb der terroristischen Gruppen) integrierend wirken sollen. Die mediale Verbreitung der Anschläge trägt zur Wirksamkeit des Terrorismus bei. Der internationale Terrorismus zeichnet sich dadurch

Definition von Terrorismus

aus, dass er seine Botschaften und Taten über Landesgrenzen hinweg verübt, weshalb er auch als **transnationaler Terrorismus** bezeichnet wird.

Die Ursachen für transnationalen Terrorismus sind vielfältig. Im Folgenden soll es zunächst um die Rolle der Religion und anschließend um die sozial-politische Ursachenanalyse gehen.

Ursachen

Der **Islam** (repräsentiert durch Koran, Sunna und Scharia) als Ursache für Terrorismus ist umstritten, obwohl viele Terroristen auf diese Glaubenslehre Bezug nehmen. Im Koran selbst finden sich sowohl ausgleichende als auch konfrontative Passagen. Zentral im Zusammenhang mit dem transnationalen Terrorismus ist die wahabitisch-sunnitische bzw. salafistische Auslegung des Islam, die auch die politische Ebene betrifft und allgemein als **Islamismus** bezeichnet wird. Wildangel geht in seinem Text explizit auf diese Form ein (vgl. Z. 55 ff.). Die Religion bietet für die Attentäter die **Möglichkeit der Zugehörigkeit** zu einer (größeren) Gruppe und der **Selbstlegitimation** der eigenen Taten. In der Folge, aufgrund der verschärften Überwachung und sprachlichen Konfrontation innerhalb der westlichen Gesellschaften gegen diese Glaubenslehre und ihre Anhänger, kann sich der Einzelne auch als Opfer fühlen. Ein Terroranschlag wird dann zu einem Akt des Nichtgehorsams und der Befreiung und erfährt dadurch Legitimation. Die Rolle der Religion selbst ist dabei aber eher nachrangig.

Religion als Ursache

Die jüngsten Attentate wurden vor allem von jungen Männern im Alter zwischen 18 und 30 Jahren begangen. Diese Bevölkerungsgruppe begeht statistisch gesehen die meisten Verbrechen, es gibt also eine höhere Gewaltbereitschaft in der Breite, unabhängig von Herkunft oder Religionszugehörigkeit. Die Attentäter kamen – sofern es sich um Migranten handelte – vor allem aus dem Mittleren und Nahen Osten sowie aus Afrika, oft geprägt von **Krieg, Unterdrückung**, aber auch **Arbeits- und Perspektivlosigkeit**. In den aufnehmenden Gesellschaften wurden die späteren Attentäter durch kleinere und größere Straftaten auffällig, bevor sie tatsächlich zu Attentätern wurden. Ob verstärkte Sicherheitsmaßnahmen die Anschläge hätten verhindern können, ist dennoch fraglich.

Sozialstruktur der Attentäter als Ursache

Eine andere Gruppe von Attentätern bildeten zuletzt Angehörige der Enkelgeneration der in den 1960er- und 1970er-Jahren eingewanderten Gastarbeiter. Hier sind häufig alltägliche Erfahrungen von Diskriminierung und Probleme mit unterschiedlichen kulturellen Anforderungen ursächlich für eine **Radikalisierung**, gerade wenn Integration scheitert, wie es in den französischen Vorstädten häufig der Fall ist (vgl. Z. 68 ff.).

gescheiterte Integration

Terroranschläge sind damit Ausdrucksmittel einer **abgehängten Ju-** Zwischenfazit
gend auf der Sinnsuche. Die Religion dient hierbei letztlich nur der
(vordergründigen) Legitimation des destruktiven Handelns. Allerdings sind es keineswegs nur die sozial Abgehängten einer Gesellschaft, die zu Terroristen werden, sondern auch Bessergestellte und Bedeutung von
Bildungsstand
Gebildete. Dennoch zeigt sich, dass bei einer geringeren Bildung die
islamistische Auslegung weniger hinterfragt wird und damit Hass-
prediger ihre indoktrinierende Wirkung besser entfalten können.
Bei den beiden angeführten Ursachen handelt es sich nur um zwei Interdependenz
der Ursachen
von mehreren Ursachen, die sich zudem häufig nicht voneinander
isolieren lassen. Weitere Aspekte wie die Rolle von (sozialen) Me- weitere Ursachen
dien, **psychologische Faktoren** der Einzelnen und die Lebensumstände in den betroffenen Ländern sind hier relevant. Bei der Frage,
warum diese Attentate im Westen verübt werden, spielen auch **poli-**
tisch-historische Erfahrungen eine Rolle, wie die Kriege in Afghanistan und im Irak nach 2001, die auch im Text erwähnt werden (vgl.
Z. 23 f.). Erfahrenes Leid durch getötete Zivilisten, Nachrichten über
Folterungen in Gefängnissen, eine unsichere Sicherheitslage und
bürgerkriegsähnliche Zustände nutzen die Terroristen zur eigenen
Legitimation und gleichzeitig zur Delegitimierung des Westens (vgl.
Z. 29 ff.).

---

3 **TIPP** *Anforderungsbereich: III, Gewichtung in Prozent: 30*

Die Aufgabenstellung erfordert aufgrund des Operators „erörtern" eine explizite
Pro- und Kontra-Argumentation mit einem eigenständigen und schlüssig hergeleiteten politischen Sach- und Werturteil. Nutzen Sie hierfür unbedingt die Kategorien der politischen Urteilsbildung. Des Weiteren definiert die Aufgabenstellung
den Rahmen Ihrer Ausführungen (politische Handlungsmöglichkeiten im Rechtsstaat) und fordert explizite Grundgesetzbezüge. Hierin liegt der Semesterübergriff
auf Themen und Inhalte aus 11/1 (Demokratie und sozialer Rechtsstaat). Innerhalb dieses Rahmens sind Sie frei in der Wahl Ihrer Schwerpunkte. Wählen Sie
besser weniger Aspekte aus und gehen Sie in die Tiefe, statt sich in vielen Ein-
zelheiten zu verzetteln. Inhalte des vorliegenden Textes sowie Ihre Ausführungen
in Aufgabe 2 sollten Sie direkt in die Erörterung einbeziehen.

Wie bereits erwähnt, umfasst der Kampf gegen den internationalen Einleitung
Terrorismus unterschiedliche Ebenen. So sind zum Beispiel im Falle
des „homegrown terrorism" vor allem **innenpolitische Maßnah-**
men nötig, wohingegen Anschläge durch den IS auch eine **außen-**
politische Dimension besitzen. Grenze und Rahmen für politische
Maßnahmen in beiden Dimensionen stellt dabei das Grundgesetz
und damit auch der deutsche Rechtsstaat dar. Das Grundgesetz beinhaltet die **Abwehrrechte des Bürgers** gegenüber dem Staat.

Durch die unmittelbare Bindung der staatlichen Gewalt an die Grundrechte (Art. 1–19) mit dem obersten Grundwert der **Würde des Menschen (Art. 1)** handelt es sich um einen **materiellen Rechtsstaat**. Damit sind auch der politischen Terrorbekämpfung Grenzen gesetzt.

Der Autor weist zu Recht auf die seit 2001 immer weitere Ausdehnung von Sicherheitsmaßnahmen, die die Freiheits- und Bürgerrechte einschränken, hin (vgl. Z. 20 f.). So wurde beispielsweise mit den **Anti-Terrorgesetzen** und der erlaubten Rasterfahndung die **Überwachung des öffentlichen Raums** massiv ausgeweitet. Teile der Sicherheitsbehörden sehen jedoch immer noch weitere Notwendigkeiten, diese Maßnahmen auszubauen. Allerdings sind dem Staat durch das Grundgesetz hier Schranken gesetzt, vor allem mit den Artikeln 1 bis 19 (Grundrechte) und dem Artikel 79 (Ewigkeitsklausel). Auch die Rechte von Verhafteten stehen einem massiveren Vorgehen des Staates gegen verdächtige Personen entgegen. Der Einsatz von beispielsweise Waterboarding oder anderen Folterpraktiken, über die vor allem in den USA immer wieder diskutiert wird, ist in der Bundesrepublik ausgeschlossen, da sie gegen das Recht auf körperliche Unversehrtheit (Art. 2) und die Menschenwürde (Art. 1) verstoßen. Dennoch ist es wichtig, wie Wildangel in seinem Text auch fordert, dass die volle Härte des Gesetzes zur Anwendung kommt (vgl. Z. 46 f.). Polizeiliche Überwachung und die Einschaltung des Bundesamtes für Verfassungsschutz, das z. B. auch V-Männer einsetzen kann, stellen einen wesentlichen und effizienten Beitrag zur Gewährleistung der Sicherheit der Bevölkerung dar. Meist bedarf es für solche Maßnahmen der **Anordnung durch Staatsanwalt oder Richter**.

Politisch stark umstritten ist auch der **Einsatz der Bundeswehr im Inneren** zur Terrorbekämpfung. Befürworter erhoffen sich dadurch eine schnelle und effiziente Unterstützung der Polizei bei besonderen terroristischen Bedrohungen. Allerdings steckt auch hier das Grundgesetz sehr enge Grenzen: Die Bundeswehr darf im Inneren nur zur Katastrophenhilfe (Art. 35 Abs. 2 und 3) und beim inneren Notstand (Art. 87 a Abs. 4) eingesetzt werden. Ansonsten darf sie, und tut es gegenwärtig bereits, Amtshilfe (Art. 35 Abs. 1) leisten, aber keine hoheitlichen Aufgaben oder Verhaftungen vornehmen. Zudem scheint es jenseits der Legitimität solcher Einsätze auch wenig effizient zu sein, Bundeswehr im Inneren einzusetzen, da Aufbau, Zielsetzung und Ausrüstung wenig geeignet scheinen, die Polizeikräfte wirksam zu unterstützen.

Die Bundeswehr soll der Verteidigung des Landes dienen, das heißt, wenn das Land durch einen anderen Staat angegriffen wird (Art. 87 a). Internationaler Terrorismus weist zwar Verbindungen zu staatlichen Akteuren auf, dabei handelt es sich aber nicht um einen Angriff im

Marginalien:
- Einschränkung von Bürgerrechten nach 9/11
- Beispiele
- Bezug auf Grundgesetz
- Beispiel Folterpraktiken
- effiziente und legitime polizeiliche Mittel
- Einsatz der Bundeswehr im Inneren als Beispiel
- mangelnde Effizienz
- grenzüberschreitende Terrorbekämpfung

Sinne des Grundgesetzes. Auch aufgrund der eingeschränkten „hard power" Deutschlands erscheint eine grenzüberschreitende Antiterrorpolitik nur international kooperierend möglich und vor allem effizient zu sein. Bedingt durch die Bedrohung durch den internationalen Terrorismus seit den 1980er-Jahren ist die **Definition von Sicherheit deutlich ausgedehnt** worden (von traditioneller „nationaler Sicherheit" zu „menschlicher Sicherheit" im Sinne von persönlicher Sicherheit und individueller Freiheit). Das Bundesverfassungsgericht hat 1994 geurteilt, dass Deutschland sich im Rahmen von **Systemen kollektiver Sicherheit** wie der NATO oder der UNO und zukünftig auch der ESVP bei Out-of-area-Einsätzen beteiligen kann (Art. 24). Dies darf aber nur geschehen, wenn der Bundestag das Mandat erteilt und es periodisch bestätigt, da es sich bei der Bundeswehr um eine **Parlamentsarmee** handelt. Auch aufgrund der Strukturen der internationalen Terrororganisationen kann der Einsatz von Militär nur punktuell und kurzfristig hilfreich sein. Politische und humanitäre Ansätze der Terrorprävention werden dadurch eher noch wichtiger.

Notwendigkeit der internationalen Kooperation und rechtlicher Rahmen

Rahmen und Effizienz militärischer Mittel

Eine plurale demokratische Gesellschaft ist grundsätzlich verwundbar. Wenn es um eine politische Strategie zur Bekämpfung des internationalen Terrorismus geht, rückt immer die Balance zwischen den gesellschaftlichen Grundwerten der Sicherheit, Freiheit und Gerechtigkeit in den Mittelpunkt. Wildangel lobt Kanzlerin Merkel in seinem Text explizit für ihre Aussage zur Verteidigung unserer Werte. Totale Sicherheit wäre durch die notwendigen massiven Eingriffe in die Freiheitsrechte der Bürger mit unseren Werten nicht vereinbar und würde die Grundlagen unseres Zusammenlebens infrage stellen. Gerade diese **Werte und Freiheiten** aber führen zur Achtung des Mitmenschen und zum Respekt vor der Meinung anderer und sind damit **elementare Grundlage unserer Gesellschaft**.

Fazit

Werte als Grundlage unseres Zusammenlebens

Insofern ist der Strategie von Wildangel grundsätzlich zuzustimmen. Der ausschließliche Einsatz von militärischer Gewalt hat bisher zu keinen erkennbaren Erfolgen geführt, der ausschließlich humanitäre Weg aber auch nicht. Eine Strategie, die beides vereint und die eigenen Werte ernst nimmt, sollte effizientere Wirkungen zeigen und durch den Einbezug aller gesellschaftlicher Akteure auch eine entsprechende Legitimation erfahren.

eigenes Urteil

DEMOKRATIE UND SOZIALER RECHTSSTAAT
(Themen und Inhalte 11/1)

Thema: Demokratie und internationaler Terrorismus

Aufgabenstellung

1 Fassen Sie Willkes Aussagen zu Problemen politischer Steuerung sowie mögliche Lösungsansätze zusammen.

2 Erläutern Sie ausgehend von den Zeilen 50–54 Funktionen des Bundestages im politischen Willensbildungs- und Entscheidungsprozess.

3 Erläutern Sie ausgehend von Willkes Aussagen die dargestellte Erscheinungsform des internationalen Terrorismus und dessen Ursachen und Folgen.

4 Erörtern Sie die von Willke geforderte Auslagerung politischer Entscheidungen in „Spezialinstitutionen" (Z. 62 f.).

M 1 Mehr Macht für Experten?
Helmut Willke im Gespräch mit Thorsten Jantschek

Deutschlandradio Kultur: […] Herr Willke, wir sind ja jetzt sehr beeindruckt von dem Terroranschlag […] in Nizza. Über 80 Tote, das schürt natürlich auch die Terrorangst in diesem Land weiter. Ist denn Terrorismusbekämpfung […] überhaupt noch eine Aufgabe der politischen Steuerung? Oder hat sich das komplett verselbständigt
5 und man sieht die Machtlosigkeit der Mächtigen?

Helmut Willke: Nein, es bleibt eine Aufgabe der staatlichen Steuerung. Denn gerade im globalen Terrorismus kommen die Probleme zusammen, die auch auf andere Felder ausstrahlen und die schon ein Indikator dafür sind, dass der Staat einen gewissen Kontrollverlust erlitten hat.
10 Wir reden ja zu Recht von einem globalen Terror. Und die Schwierigkeit besteht für die Nationalstaaten darin, tatsächlich über ihre Grenzen hinaus zu denken und zu realisieren, dass der Terror sich nicht an diese Grenzen hält und deshalb die Bekämpfung und die Vorsorge gegen diesen Terror außerordentlich schwierig ist. Es verlangt internationale Kooperation, wie in vielen anderen Feldern auch. Und das fällt den National-
15 staaten nach wie vor sehr schwierig.

Deutschlandradio Kultur: […] Also muss man sich mit der Unsicherheit eher anfreunden als mit der Sicherheit?

Helmut Willke: Das ganz sicher, ja. Wir brauchen eine andere Form des Sich-Einstel-lens auf eine Unsicherheit, die nicht vermeidbar ist. Das betrifft auch viele andere Fel-
20 der. Aber in diesem Fall kommt ja hinzu zu dieser globalen Bedrohung, dass sie aus Gründen, aus fundamentalistisch-religiösen Gründen gespeist wird, die viele Einzelne, auch noch verstärkt durch das Internet, zu einzelnen Tätern macht, die von der Polizei und von den staatlichen Aufsichtsorganen und Sicherheitsorganen extrem schwer nur zu finden sind.
25 Das bedeutet, dass wir nach wie vor in der Sicherheitspolitik eigentlich an alten Kon-zepten hängen, sozusagen normale Verbrechensbekämpfung, in der durchaus Erfolge da sind. Aber mit diesen neuen Herausforderungen, diesen ganz anderen Formen von Terror und von – ja, sagen wir – Kriminalität wenig Erfahrung haben und auch wenig neue Modelle dafür entwickelt haben. […]

30 **Deutschlandradio Kultur:** Wenn man jetzt von diesem Kontrollverlust des Staates spricht und der Angst der Deutschen – ist das denn ein Symptom, dass die politische Steuerung, jetzt nicht nur auf den Terrorismus bezogen, in eine wirkliche Krise geraten ist und dass das auch eine Krise des Regierens geworden ist?

Helmut Willke: Ja, das muss man, denke ich, genauso sagen. Wir reden zwar etwas
35 leichtsinnig […] immer wieder von Krisen, aber durch zwei fundamentale Transfor-mationen müssen wir doch die Krise der Demokratie ernst nehmen.
Das eine haben wir bereits gestreift. Das ist die Globalisierung und ihre Wirkungen auf den Nationalstaat und damit auf die Politik und damit auf die Demokratie. Und zweitens, und das wird weniger deutlich gesehen, haben wir eine Veränderung, eine
40 allmähliche Veränderung der Industriegesellschaft zur Wissensgesellschaft, was be-deutet, dass für die Lösung aller dieser Probleme, ob das nun Terrorismus ist oder Finanzsysteme oder Migration oder Klimawandel, dass für alle diese großen zusam-menhängenden globalen Probleme sehr viel Wissen und Expertise notwendig ist. Dieses Wissen hat weder das Parlament, noch die Verwaltungen und Ministerien. Die-
45 ses Wissen muss sozusagen weltweit gesammelt und verarbeitet werden, um überhaupt eine Chance zu haben, mit diesen Problemen umzugehen. Und in der Aufgabe, dieses Wissen zu sammeln, zu integrieren, zu koordinieren, stehen wir ganz am Anfang. […]

Deutschlandradio Kultur: Was heißt denn das dann tatsächlich für das demokrati-sche Geschäft? […]

50 **Helmut Willke:** […] Wir brauchen […] eine Entlastung des Parlaments von allen die-sen Detailaufgaben, aber auch von den großen Aufgaben, die das Parlament gar nicht lösen kann. So dass dem Parlament noch die interessanten allgemeinen grundsätzli-chen Fragen, etwa ethischer Art oder familienpolitischer Art, zugestanden werden kön-nen und dort auch interessante Debatten, wirkliche Diskurse stattfinden. […] Das heißt
55 also, es kann nicht mehr alles im Parlament entschieden werden, sondern das muss getrennt werden. Es muss differenziert werden nach Bereichen. Und die Bereiche, mit denen das Parlament definitiv überfordert ist, die sollten in eigenständige Institutionen ausgelagert werden.

Das ist ja keine völlig neue Idee. Etwa die Zentralbanken, die Bundesbank macht ja
60 etwas genau in dieser Form für die Geldpolitik und für die Geldwertstabilität oder das
Verfassungsgericht macht es für die Normenkontrolle. Das heißt also, wir sind bereits
dabei, bestimmte große, komplizierte, wissensintensive Probleme auszulagern an Spezialinstitutionen, allerdings unter der Regie und unter der Kontrolle des Parlaments.
Das ist ein sehr wichtiger Punkt, weil diese Institutionen natürlich demokratisch legi-
65 timiert sein müssen, sehr genau auf demokratische Verfahren und auf eine pluralistische Zusammensetzung geachtet werden muss, damit tatsächlich diese Institutionen
auch eine eigene Legitimität haben.

Deutschlandradio Kultur: […] Weniger Parlament, mehr externe Institutionen und
delegierte Expertise, so würde ich das nennen. Was heißt denn das genau?

70 **Helmut Willke:** Das heißt, dass ich tatsächlich meine, dass wir die Demokratie stärken
können dadurch, dass wir das Parlament entlasten, dass wir nicht die Demokratie reduzieren, sondern im Gegenteil dort, wo Bereitschaft zur Partizipation da ist, diese Partizipation auch nutzen und in diese Institutionen einbringen.

Deutschlandradio Kultur: Aber Partizipation kann ja nicht nur eine Angelegenheit
75 der Bereitschaft sein, sondern wir haben Partizipation bis jetzt immer so verstanden,
dass alle prinzipiell partizipiert[1] werden müssen, um überhaupt von Demokratie zu
sprechen.

Helmut Willke: Richtig, aber ich denke, dieser Grundsatz der Demokratie muss revi-
diert werden. Wenn wir sehen, dass die Partizipation tatsächlich massiv abnimmt, dass
80 wir Wahlbeteiligungen um die 50 Prozent und bei der Wahl des Europaparlaments um
42 Prozent haben, dann […] klingt Partizipation doch ziemlich hohl. […] Auf der anderen Seite sehen wir, dass auch junge Leute und viele andere dort sehr bereit sind zu
partizipieren, sogar sich einzubringen und engagiert mitzuarbeiten, wo sie selbst Interessen haben. […] Diese Bereitschaft zur Beteiligung, zum Engagement in allen denk-
85 baren Bereichen sollte versammelt werden in NGOs, in sozialen Bewegungen, in
Gruppen, in Aktivitätszirkeln. Und diese neuen Akteure können dann in diese Institutionen aufgenommen werden, in eine sehr pluralistische Zusammensetzung, so dass
tatsächlich das vorhandene Wissen, das vorhandene Engagement in diesen Institutionen zum Tragen kommt.

*Aus: Deutschlandradio Kultur, Tacheles (Radiointerview gesendet am 16. 07. 2016), Transkription
auf www.deutschlandradiokultur.de, abgerufen von http://www.deutschlandradiokultur.de/krise-der-
demokratie-mehr-macht-fuer-experten.990,de.html?dram:article_id=360323 (Zugriff am 05. 10. 2016)*

Anmerkung
Helmut Willke ist Jurist, Soziologe und Professor an der Universität Friedrichshafen.
1 Gemeint ist hier „beteiligt".

Hilfsmittel
Grundgesetz für die Bundesrepublik Deutschland
Niedersächsische Verfassung ohne ergänzende Kommentare

Lösungsvorschlag

1 **TIPP** *Anforderungsbereich: I, Gewichtung in Prozent: 25*

Der Operator „zusammenfassen" verlangt von Ihnen, dass Sie die wesentlichen Aussagen von Helmut Willke zu Problemen der politischen Steuerung sowie zu möglichen Lösungsansätzen zusammenfassen und diese sprachlich distanziert, also unkommentiert wiedergeben. Es ist darauf zu achten, dass Sie nicht den gesamten Text paraphrasieren, sondern die Kernaussagen eigenständig formulieren und komprimiert darstellen. Ihre Lösung sollte deutlich erkennbar strukturiert sein.

In dem Auszug aus dem am 16. 07. 2016 im Deutschlandradio Kultur ausgestrahlten Interview „Mehr Macht für Experten?", das Thorsten Jantschek mit Helmut Willke geführt hat, spricht Willke von einer „Krise der Demokratie", stellt aber gleichzeitig einen möglichen Lösungsansatz vor.

Einleitung
Quelle, Thema

Die Krise der politischen Steuerungsfähigkeit und damit die „**Krise der Demokratie**" sei laut Willke durch **zwei Transformationen** ausgelöst (vgl. Z. 35 f.). Zum einen durch die **Globalisierung** und die daraus resultierenden Wirkungen auf den Nationalstaat (vgl. Z. 37 f.) und zum anderen durch die **Entwicklung der Industriegesellschaft hin zu einer Wissensgesellschaft** (vgl. Z. 40).

Argumentation
Ursachen für die Krise der Demokratie

Als Beispiel für aus der Globalisierung resultierende Probleme für die politische Steuerung führt er den **globalen Terrorismus** an, der einen gewissen Kontrollverlust des Staates deutlich werden lässt (vgl. Z. 6 ff.). Die erste Schwierigkeit für den Staat bestehe dabei darin, dass die Bekämpfung des Terrorismus aufgrund seiner grenzüberschreitenden Ursachen und Auswirkungen in internationaler Kooperation erfolgen müsste, die den Nationalstaaten aber schwerfalle (vgl. Z. 13 ff.). Zweitens verfüge der Staat im Kampf gegen fundamentalistisch-religiös motivierte Täter, die sich zudem auch häufig einzeln im Internet radikalisiert hätten (vgl. Z. 21 f.), bisher über wenig neue Modelle (vgl. Z. 27 ff.).

Beispiel: Terrorismusbekämpfung

Die Veränderung der Industrie- zur Wissensgesellschaft habe zur Folge, dass für die Lösung dieser großen globalen Probleme, wie beispielsweise des Terrorismus oder des Klimawandels, **sehr viel Expertenwissen nötig** sei (vgl. Z. 38 ff.), welches das Parlament, die Verwaltung und die Ministerien jedoch nicht hätten (vgl. Z. 44).

komplexe Zukunftsaufgaben

Um die politische Steuerungsfähigkeit wiederherzustellen, sei eine „**Entlastung des Parlaments**" (Z. 50) durch eigenständige „**Spezialinstitutionen**" notwendig (Z. 62 f.). Diese Institutionen sollten das Parlament von Detailaufgaben entlasten, indem alle Entscheidungen, mit denen das Parlament überfordert wäre, in diese ausge-

Spezialisierung notwendig

lagert werden könnten. Das hätte zudem den Vorteil, dass das Parlament mehr Raum für die interessanten allgemeinen Grundsatzfragen erhalten könnte (vgl. Z. 52 ff.). Diese neuen Institutionen müssten jedoch durch das Parlament kontrolliert werden, um demokratische Legitimation und Pluralismus zu gewährleisten (vgl. Z. 64 ff.).

Indem auch Akteure der Zivilgesellschaft, wie NGOs und soziale Bewegungen, in die neuen Institutionen eingebunden werden würden, wäre der **Pluralismus innerhalb dieser Institutionen** gewährleistet (vgl. Z. 86 ff.). Zudem würde dies dem tatsächlichen **Partizipationsverhalten** innerhalb der Bevölkerung entsprechen, das sich vermehrt hin zu interessengebundenem Engagement verlagert (vgl. Z. 81 ff.).

Partizipation von Akteuren der Zivilgesellschaft

---

2 **TIPP** *Anforderungsbereich: II, Gewichtung in Prozent: 25*

Der Operator „erläutern" verlangt hier von Ihnen, dass Sie die Funktionen des Bundestages im politischen Willensbildungs- und Entscheidungsprozess an Theorien oder Beispielen verdeutlichen. Achten Sie darauf, dass Sie explizite Bezüge zum Text herstellen, dass Sie also Gelerntes mit den Thesen des Textes verknüpfen. Zudem sollten Sie Ihre Aussagen mit relevanten Artikeln des Grundgesetzes belegen.

Willke formuliert, dass das Parlament eine Entlastung von Detailaufgaben und großen Aufgaben, die es nicht lösen könne, brauche (vgl. Z. 50 ff.), um sich auf grundsätzliche Fragen und wirkliche Diskurse konzentrieren zu können (vgl. Z. 52 ff.). Zudem könne nicht mehr alles im Parlament entschieden werden (vgl. Z. 54 f.). Damit bezieht sich Willke implizit auf die **Artikulations-, Willensbildungs- und Gesetzgebungsfunktion** des Bundestages, die im Folgenden erläutert werden sollen. Außerdem wird auf die Kontroll- und Wahlfunktion sowie auf das Budgetrecht eingegangen, um die Funktionen des Bundestages umfassend darzustellen.

Bezug zum Text

Funktionen des Bundestags

Anders als im **identitären Demokratiemodell** von Jean-Jaques Rousseau vorgesehen, werden politische Entscheidungen im **repräsentativen Modell** Deutschlands nicht im Rahmen einer Diskussion zwischen allen Bürgerinnen und Bürgern der Gesellschaft getroffen, sondern durch auf Zeit gewählte Vertreter der Bevölkerung gefällt. Nach **Artikel 38 des Grundgesetzes** sind die Abgeordneten Vertreter des ganzen Volkes. Ihnen kommt es im Rahmen der **Artikulations- und Repräsentationsfunktion** zu, die zentralen Ansichten der Bevölkerung zu einem politischen Sachverhalt sowie die Wünsche und Interessen der Bürger in den politischen Diskurs einzubringen. Darüber hinaus stellt das Parlament das „Forum der Nation"

Artikulations-, Repräsentationsfunktion

„Forum der Nation"

dar, in dem unterschiedliche Standpunkte zu einem Sachverhalt vorgetragen werden sollen, sodass sich die Bürger eine eigene Meinung zu diesen bilden können (**Willensbildungsfunktion**). Politische Entscheidungen, die aus diesem pluralistischen und an demokratischen Spielregeln orientierten Diskurs hervorgehen, entsprechen dem a posteriori Gemeinwohl, wie es in der **Pluralismustheorie der Demokratie** von Ernst Fraenkel formuliert wird.

Gesetzgebungs-funktion

Damit eine Willkürherrschaft verhindert oder diese zumindest erschwert wird, müssen laut Charles de Montesquieu der Macht Schranken gesetzt werden. Deshalb schlägt er das Prinzip der **Gewaltenteilung** vor, das besagt, dass die drei Staatsgewalten Exekutive, Legislative und Judikative voneinander getrennt werden müssen, indem sie von unterschiedlichen Institutionen repräsentiert werden. Dieses Prinzip wird in Artikel 2 Absatz 2 des Grundgesetzes aufgegriffen, wo formuliert ist, dass die Staatsgewalt unter anderem durch besondere Organe der Gesetzgebung ausgeübt wird. Diese **Gesetzgebungsfunktion** kommt auf Bundesebene dem Bundestag zu. Konkretisiert wird dies in Artikel 77 Absatz 1 des Grundgesetzes, nach dem die Bundesgesetze vom Bundestag beschlossen werden.

Wahlfunktion

Anders als in präsidentiellen Demokratien, in denen das Staatsoberhaupt mehr oder weniger direkt vom Volk gewählt wird und eine große Machtfülle besitzt (z. B. Frankreich, USA), wird in Deutschland, einer **parlamentarischen Demokratie**, der **Bundeskanzler** laut Artikel 63 des Grundgesetzes **vom Bundestag gewählt** und kann in einem **konstruktiven Misstrauensvotum** durch die Wahl eines neuen Bundeskanzlers abgesetzt werden (Art. 67 GG). Auch bei der Wahl des **Bundespräsidenten** (Art. 54 GG), der **Obersten Bundesrichter** (Art. 92 GG) und der **Bundesverfassungsrichter** (Art. 94 GG) ist der Bundestag beteiligt. Zusammengefasst werden diese Befugnisse unter dem Begriff der **Wahlfunktion**.

Kontrollfunktion

Neben den im Text angedeuteten und bereits erläuterten Funktionen erfüllt der Bundestag noch zwei weitere zentrale Funktionen. Durch verschiedene Instrumente kontrolliert der Bundestag die Bundesregierung und erfüllt so seine **Kontrollfunktion**. In **kleinen und großen Anfragen** können Abgeordnete Fragen zu konkreten Einzelthemen oder größeren Themenkomplexen stellen, zu deren Beantwortung die Regierung verpflichtet ist. Ergänzt werden diese Mittel durch die regelmäßig stattfindenden **Fragestunden**. In aktuellen Stunden werden politische Debatten zu aktuellen Themen geführt, hier kann die Regierungspolitik kritisiert und hinterfragt werden. Da die Regierung in einem parlamentarischen System aber durch die Parlamentsmehrheit gewählt wird, spricht man von einem **Dualismus** von Parlamentsmehrheit und Regierung auf der einen und der Opposition auf der anderen Seite, der zur Folge hat, dass die Regie-

Beziehung Regierung – Opposition

rung öffentlich vernehmbar vor allem durch die Opposition kontrolliert wird. Kritiker bemängeln daher, dass die Kontrollfunktion des Bundestages zu Zeiten einer großen Koalition aufgrund der daraus resultierenden kleinen Opposition nur eingeschränkt wahrgenommen werden kann. Beispielsweise müssen wichtige **Kontrollinstrumente**, wie die Einrichtung eines Untersuchungsausschusses und die Überprüfung von Gesetzen durch das Bundesverfassungsgericht, von mindestens 25 Prozent der Abgeordneten beantragt werden. Die Opposition in der 18. Legislaturperiode hatte jedoch nur 20 Prozent der Sitze inne.

aktuelle Situation

Die aufgeführten Kontrollinstrumente werden durch das sogenannte **Budgetrecht** ergänzt. Dieses besagt, dass es das alleinige Recht des Bundestages ist, Steuern und Abgaben festzulegen sowie den Haushalt zu beschließen.

Budgetrecht

Anhand der erläuterten Funktionen des Bundestages im politischen Willensbildungs- und Entscheidungsprozess wird deutlich, dass der Bundestag eine **zentrale Position im Institutionensystem** der Bundesrepublik einnimmt. Nicht zuletzt deswegen wird der Bundestag auch als das „Herz der deutschen Demokratie" bezeichnet.

Bundestag als zentrale Institution

---

3 ▶ TIPP ◀ *Anforderungsbereich: II, Gewichtung in Prozent: 25*

In dieser Teilaufgabe erfolgt ein thematischer Übergriff zum Semester 12/1 „Internationale Sicherheits- und Friedenspolitik". Der Operator „erläutern" gibt vor, dass Sie ausgehend von Willkes Aussagen die im Text dargestellte Erscheinungsform des internationalen Terrorismus und dessen Ursachen und Folgen an geeigneten Beispielen verdeutlichen sollen. Achten Sie bei Ihrer Bearbeitung auf eine stringente Strukturierung und explizite Bezüge zum Text.

Unter dem Begriff **Terrorismus** versteht man im Allgemeinen planmäßig angewandte oder angedrohte Gewalt zur Erreichung politischer Zwecke. Dabei geht es Terroristen in der Regel nicht um das Erzielen militärischer Vorteile, sondern vielmehr um das Verkünden einer Botschaft, weshalb Terrorismus häufig auch als **Kommunikationsstrategie** verstanden wird. Demnach stehen vor allem psychische Effekte im Mittelpunkt: Einerseits sollen die Mitglieder der angegriffenen Gesellschaft durch Anschläge auf symbolische Ziele verunsichert und verängstigt werden. Der Anschlag soll eine Gegenreaktion hervorrufen, die den Gegner in den Augen der Terroristen und ihrer potenziellen Anhänger delegitimiert und als eigentlichen Aggressor darstellt. Ein klassisches Beispiel dafür sind die Angriffe der USA und verbündeter Staaten auf Afghanistan und den Irak als Reaktion auf die Terroranschläge durch al-Qaida am **11. September 2001** unter anderem auf das World Trade Center in New York.

Einstieg
Begriffsdefinition

psychische Effekte auf Gegner …

51

Andererseits sollen durch einen Terroranschlag auch eigene potenzielle Anhänger angesprochen werden. Durch die Tat signalisiert die ... und Anhänger jeweilige Terrororganisation vermeintliche Stärke und mobilisiert so weitere Anhänger. Verstärkt wird dies durch die gegebenenfalls unverhältnismäßigen Gegenreaktionen der angegriffenen Gesellschaft. Beispielsweise können Terroranschläge, wie der Anschlag am **19. Dezember 2016** auf einen Weihnachtsmarkt in Berlin, dazu führen, dass die Gesellschaft mit verstärkter Skepsis und Ausgrenzung auf Muslime oder Angehörige bestimmter Staaten reagiert und diese so unter einer Stigmatisierung leiden. Einige von ihnen könnten daraufhin für eine religiöse Radikalisierung empfänglich werden und zum Rekrutierungspotenzial für terroristische Organisationen werden.

Grundsätzlich werden verschiedene **Kategorien von Terrorismus** unterschieden. Dem **sozialrevolutionären** Terrorismus geht es beispielsweise um die Bekämpfung einer bestehenden Gesellschaftsordnung. So wendete sich die sogenannte Rote-Armee-Fraktion in den 1970er- bis 1990er-Jahren gegen die kapitalistische Wirtschafts- und Gesellschaftsordnung Deutschlands. **Ethnisch-nationalistische** Terroristen, wie seit den 1950er-Jahren bis in die jüngste Vergangenheit die ETA in Spanien, versuchen durch Terroranschläge ein eigenes Staatsgebiet für eine bestimmte ethnische Minderheit in einem Staat zu erlangen. **Religiös-fundamentalistischer** Terrorismus verfolgt dagegen Ziele, die aus einem fundamentalistischen Verständnis der jeweiligen Religion abgeleitet werden. Beispielsweise geht es dem sogenannten Islamischen Staat (IS) um die gewaltsame Errichtung eines Kalifats, in dem das gesamte private und öffentliche Leben durch die eigene Auslegung des Islams geregelt ist. Willke bezieht sich bei seinen Aussagen explizit auf diese Form des Terrorismus (vgl. Z. 20 f.) und hier vor allem auf die islamistische beziehungsweise **dschihadistische Ausprägung** (vgl. Z. 1 ff.).

Erscheinungsformen des Terrorismus

Um die Ursachen des islamistischen Terrorismus zu erläutern, sollte nach Herkunftsstaaten von Terroristen differenziert werden. Zunächst wird auf Ursachen eingegangen, die vor allem **in muslimisch geprägten Herkunftsstaaten** zu finden sind. Wie bereits angedeutet können **Kriege westlicher Staaten** in entsprechenden Ländern, etwa Afghanistan, Irak und Syrien, dazu führen, dass innerhalb der betroffenen Gesellschaften Hass gegen westliche Staaten entsteht, der möglicherweise zu einer Radikalisierung führen kann. Auch **Perspektivlosigkeit** vor allem junger Menschen in diesen Staaten, entstanden durch ein teilweise geringes Bildungsniveau oder hohe Geburtenraten, kann anfällig für radikale Botschaften machen und zur Ursache von Terrorismus werden.

Ursachen islamistischen Terrorismus

In vielen Staaten, zum Beispiel des arabischen Raums, herrschen **repressive politische Systeme** vor. Der einzige Raum für die Artikulation kritischer Gedanken sind dort häufig Moscheen, in denen aber teilweise radikale Prediger sprechen, die wiederum Hass auf westliche Gesellschaften verbreiten.

Auch Aspekte der **Globalisierung** können Ursachen für Terrorismus sein. Die ökonomische und kulturelle Vernetzung der verschiedenen Gesellschaften führt den Menschen ungleiche Lebensverhältnisse deutlich vor Augen. Dies kann zu einem Gefühl einer illegitimen Benachteiligung der eigenen Gruppe und zur Entstehung einer relativen Deprivation führen, die wiederum der Nährboden für eine politische und religiöse Radikalisierung sein kann.

Weitere Ursachen sind innerhalb der westlichen Gesellschaften selbst zu sehen und für den sogenannten **homegrown terrorism** verantwortlich. In den letzten Jahren haben **salafistische Bewegungen** starken Zulauf vor allem von jungen Menschen erhalten – nicht nur von jenen mit einem Migrationshintergrund aus muslimischen Staaten. Salafistische Gruppen sind für manche Jugendliche unter anderem deshalb interessant, weil sie ihnen in einer unübersichtlicher werdenden Welt durch klare (religiös orientierte) Regeln Orientierung und die Zugehörigkeit zu einer (vermeintlich) „privilegierten" Gruppe bieten, die ihnen zuvor gefehlt haben. Einzelne Jugendliche radikalisieren sich dann bis hin zur dschihadistischen Auslegung des Salafismus. Wie Willke anmerkt, kann diese Radikalisierung auch im Internet erfolgen (vgl. Z. 21 f.). Auf diese Weise radikalisierte Einzeltäter sind für staatliche Institutionen schwer auszumachen (vgl. Z. 23 f.) und nur schwer zu bekämpfen, da bisher kaum neue Mittel für die Sicherheitsbehörden entwickelt wurden (vgl. Z. 27 ff.). Häufig gehören radikalisierte Menschen der zweiten oder dritten Einwanderergeneration an, die sich möglicherweise infolge einer **gescheiterten Integrationspolitik** von der Mehrheitsgesellschaft ausgegrenzt und sozial benachteiligt fühlen. Daraus entstehen **Entfremdungsgefühle, Einsamkeit und gefühlte Ablehnung**, die in einzelnen Fällen zu einer Radikalisierung führen können.

Zu den Folgen des internationalen Terrorismus zählt eine ständige unterschwellige **Angst** in der Bevölkerung, die aus terroristischen Anschlägen auf symbolträchtige Ziele mit zum Teil **hohen Opferzahlen** resultieren kann. Angriffe wie die Anschläge vom **15. November 2015** in Paris auf verschiedene Ziele in der Innenstadt und auf ein Fußballstadion, in dem ein Länderspiel zwischen Frankreich und Deutschland ausgetragen wurde, erzeugen das **Gefühl, permanent bedroht zu sein**. Dass ein Länderspiel der Deutschen Nationalmannschaft in Hannover nur kurze Zeit später abgesagt wurde, zeigt dies deutlich. Diese Angst hat zur Folge, dass politische Maßnahmen gefordert werden, die **Freiheit zugunsten von Sicherheit**

„homegrown terrorism"

Folgen des internationalen Terrorismus

einschränken. Nach Terroranschlägen werden immer wieder Forderungen nach einem Ausbau von Videoüberwachung laut. Ein besonders drastisches Beispiel ist der Versuch des amerikanischen Präsidenten Donald Trump, per Dekret ein vorübergehendes Einreiseverbot für Menschen aus bestimmten mehrheitlich muslimischen Staaten zu erlassen. Dieser wurde jedoch wenig später von einem Bundesgericht gestoppt. Die beschriebene Angst vor Terror führt – neben anderen Gründen – auch zu einem **Erstarken rechtspopulistischer Parteien** wie der AfD in Deutschland oder dem Front National in Frankreich.

Durch Terroranschläge entstehen außerdem hohe finanzielle **Kosten.** Neben den Kosten für zerstörte Infrastruktur können verheerende Anschläge auch Wirtschaftskrisen auslösen, wie der Anschlag vom 11. September 2001 gezeigt hat. Zudem erhöhen zahlreiche Staaten ihre Ausgaben zur Herstellung von staatlicher Sicherheit.

Insgesamt wird deutlich, dass der internationale Terrorismus eine Reihe unterschiedlicher Ursachen und teilweise gravierender Folgen hat. Daher ist ein hohes Maß an Wissen und Expertise notwendig, um mit dieser Bedrohung angemessen umgehen zu können (vgl. Z. 40 ff.). Fazit

---

4   **TIPP** *Anforderungsbereich: III, Gewichtung in Prozent: 25*

Der Operator „erörtern" erfordert, dass Sie sich reflektiert und abwägend mit den von Willke vorgeschlagenen „Spezialinstitutionen" auseinandersetzen. Dazu sollten Sie mithilfe geeigneter Kriterien prüfen, ob diese die Effizienz des politischen Systems erhöhen, ohne dessen Legitimität zu beeinträchtigen, und so zu einem begründeten Sach- und/oder Werturteil gelangen. Je nachdem, was im Unterricht behandelt wurde, können hier verschiedene Schwerpunkte gesetzt und unterschiedliche Argumentationen verfolgt werden.

Helmut Willke schlägt vor, dass das Parlament durch eine Auslagerung von Detailaufgaben in „Spezialinstitutionen" entlastet wird (vgl. Z. 62 f.), um ihm zum einen mehr Raum für die „interessanten allgemeinen grundsätzlichen Fragen" (Z. 52 f.) zu geben. Zum anderen soll es dadurch den Anforderungen der Wissensgesellschaft gerecht werden können. Ob dieser Vorschlag geeignet ist, die Effizienz des politischen Systems zu erhöhen, ohne gleichzeitig dessen Legitimität zu beeinträchtigen, wird im Folgenden erörtert. Einstieg
Textbezug

Als Beispiele für die von ihm vorgeschlagenen „Spezialinstitutionen" nennt Willke die Zentralbanken und das Bundesverfassungsgericht. Diese Beispiele sind jedoch weder überzeugend noch sinnvoll. Die Europäische Zentralbank (EZB) ist keine Institution, die den ungeeignete
Beispiele

Zweck erfüllt, die Parlamente der Mitgliedsstaaten oder das Europäische Parlament durch ihre Expertise in der Geldpolitik zu entlasten. Vielmehr soll die Kontrolle über die Geldpolitik in Europa bewusst von politischen Erwägungen in diesen Parlamenten abgekoppelt werden, um Konflikte zwischen dem Ziel der Preisniveaustabilität in der Eurozone und divergierenden Interessen der Politik zu verhindern. Das Bundesverfassungsgericht gehört im Sinne der Gewaltenteilungslehre der Judikative an und kann daher keine „Spezialinstitution" sein, deren Ziel es ist, das Parlament in seinen legislativen Aufgaben zu entlasten.

Wie Willke in dem Interview darstellt, sind für die Lösung von Problemen, wie beispielsweise dem **internationalen Terrorismus** oder dem **Klimawandel**, sehr viel Wissen und Expertise notwendig (vgl. Z. 40 ff.). Mit der Lösung dieser Probleme könnten die Abgeordneten des Bundestages also tatsächlich überfordert sein, da ihnen das benötigte Wissen ebenso fehlt wie die Zeit, sich dieses anzuzeigen. Spezialisierte Expertengremien könnten hier tatsächlich Abhilfe schaffen, indem sie die notwendigen Entscheidungen **schneller** und auf einer **breiteren Wissensbasis** treffen als die Abgeordneten des Bundestages. Dies könnte die **Effizienz des politischen Systems** also erhöhen, da es dazu beitragen würde, drängende politische Probleme zu lösen.

komplexe Probleme

Dieses Argument wird allerdings dadurch eingeschränkt, dass Entscheidungen im Bundestag auch jetzt schon in **Fachausschüssen** vorbereitet werden. In den Ausschüssen sitzen Abgeordnete, die sich auf ein bestimmtes Themenfeld spezialisiert haben und dort über mehr Expertise verfügen als der Durchschnitt der Abgeordneten. Die Ausschüsse können zudem **Experten** anhören, es ist also bereits jetzt sichergestellt, das externe Experten in den politischen Entscheidungsprozess eingebunden sind. Zudem verfügt der Bundestag über einen **wissenschaftlichen Dienst**, der Abgeordnete bei Bedarf durch seine Expertise unterstützen kann. Sollte es notwendig sein, könnte dieser Dienst ausgebaut werden.

Experten-Wissen bereits vorhanden

Willke fordert darüber hinaus, dass die „Spezialinstitutionen" durch das Parlament kontrolliert werden und unter dessen Regie stehen sollen (vgl. Z. 61 ff.). Dies würde die Arbeit der Institutionen **legitimieren**. Gesteigert würde diese Legitimation noch, wenn das Parlament auch über die **Zusammensetzung** dieser Gremien entscheiden würde. Allerdings wäre dann zu erwarten, dass die Zusammenstellung der Gremien eher an **Proporzüberlegungen** als an der tatsächlichen Expertise orientiert ist, was deren Effizienz wiederum einschränken würde. Eine Zusammenstellung nach Expertise würde allerdings die pluralistische Zusammensetzung und somit die **Repräsentativität** der Institutionen verringern.

Zusammensetzung schwierig

Entscheidungen des Bundestages werden in der Regel in öffentlichen Sitzungen getroffen (Art. 42 GG). So wird eine **transparente Entscheidungsfindung** gewährleistet, die Grundvoraussetzung für die Kontrolle des Parlaments durch die Öffentlichkeit ist. In dem Interview mit Willke bleibt unklar, wie die von ihm geforderten Gremien arbeiten sollen. Es ist also fraglich, ob die für eine Demokratie notwendige Transparenz der Entscheidungsfindung tatsächlich gewährleistet bliebe. Dies würde zudem eine **Einflussnahme von Lobbyisten** auf politische Entscheidungen schwerer nachvollziehbar machen. mangelnde Transparenz

Ein zentrales Argument Willkes für die von ihm geforderten Gremien ist, dass diese dem **Partizipationsverhalten** der Bevölkerung entgegenkommen würden (vgl. Z. 81 ff.). Dies ist allerdings kritisch zu sehen, da die Bereitschaft zu politischer Partizipation vom sozioökonomischen Status einer Person abhängig ist. So steigt die Bereitschaft, politisch zu partizipieren, mit der Höhe des Nettoeinkommens und dem Grad an formaler Bildung an. Beispielsweise sind Personen mit einem Hochschulabschluss bei den Protesten gegen das Bahnprojekt „Stuttgart 21" deutlich überrepräsentiert gewesen. Menschen, die zu den 20 Prozent der Bevölkerung mit dem höchsten Nettoeinkommen gehören, arbeiten zudem deutlich häufiger in Parteien oder Bürgerinitiativen mit als solche aus den 20 Prozent mit dem geringsten Einkommen. Die „Spezialinstitutionen" könnten also dazu führen, dass die Interessen von sozioökonomisch bessergestellten Bevölkerungsgruppen stärker in den politischen Entscheidungsprozess eingebunden werden, was die für eine Demokratie essenzielle **politische Gleichheit** beeinträchtigen würde. Ungleichgewicht bei der Partizipation

Insgesamt wird deutlich, dass die von Willke vorgeschlagenen „Spezialinstitutionen" die **Effizienz des politischen Systems erhöhen** könnten, es aber fraglich bleibt, ob dies überhaupt nötig ist. So ermöglicht die Arbeitsweise des Bundestages bereits jetzt die Einbindung von in- und externen Experten in den politischen Willensbildungs- und Entscheidungsprozess. Im Hinblick auf die Legitimität ist der Vorschlag ebenfalls sehr kritisch zu betrachten. Es besteht die **Gefahr von intransparenten Entscheidungen** durch nur eingeschränkt repräsentative Gremien. Zudem könnte die **politische Gleichheit verloren gehen**. Aus den genannten Gründen ist die Auslagerung politischer Entscheidungen in „Spezialinstitutionen" abzulehnen. Fazit

INTERNATIONALE SICHERHEITS- UND FRIEDENSPOLITIK
(Einordnung in den aktuellen Lehrplan: 13/1: Erscheinungsformen internationaler Konflikte, Herausforderungen der Konfliktbewältigung, UN-Friedenssicherung; 12/1: Verfassungsorgane und politische Akteure)

Thema: Friedenssicherung und Demokratie

Aufgabenstellung

1 Fassen Sie die Aussagen Kristin Helbergs zur „neuen Welt-Unordnung" (Z. 7) zusammen.

2 Erklären Sie ausgehend vom Text Möglichkeiten der UN zur Friedenssicherung und Konfliktbewältigung.

3 Erklären Sie ausgehend von den Zeilen 90–99 Funktionen von Parteien in Deutschland gemäß Grund- und Parteiengesetz.

4 Erörtern Sie ausgehend von den Zeilen 1–19 Reformbedarf und Reformmöglichkeiten der UN.

M   Kristin Helberg: Die „Syrienisierung" der internationalen Politik

[…] Was in Syrien passiert, ist das Ergebnis eines Totalversagens der internationalen Gemeinschaft, ihrer Institutionen, Regierungen und Gesellschaften. Die nach dem Ende des Zweiten Weltkriegs etablierten Mechanismen zur Verhinderung oder Beilegung von Konflikten funktionieren in Syrien nicht. […]

5 Die Welt ist durcheinandergeraten, und wir haben noch nicht die Mittel gefunden, sie neu zu sortieren. Der Syrien-Krieg ist der erste Konflikt, der diese Tatsache schonungslos offenbart. Er ist das Symptom einer neuen Welt-Unordnung.

[…] Die UN-Mechanismen sind wirkungslos – in der Politik wie in der Diplomatie, bei der humanitären Hilfe und bei der Durchsetzung von internationalem Recht. […]

10 Politisch sind die UN handlungsunfähig, da der Weltsicherheitsrat blockiert ist. Russland hat mit seinem Veto bereits mehr als zehn Resolutionen verhindert. Einigen sich seine ständigen Mitglieder doch mal auf einen Beschluss, wird dieser nicht umgesetzt. […] Der Einsatz von Fassbomben und Chemiewaffen sowie Angriffe auf zivile Ziele wurden in drei Resolutionen […] unter der Androhung, verantwortliche Parteien

15 zur Rechenschaft zu ziehen, verboten. Geändert hat sich dadurch nichts. […]

Diplomatisch haben selbst die erfahrensten Vermittler nichts erreicht. […] Einziges Verdienst der UN-Diplomatie ist zum jetzigen Zeitpunkt, dass der Syrien-Konflikt nicht in Vergessenheit gerät und die Gesprächsfäden zu den verschiedenen Akteuren nicht abreißen. […]

20 Bleibt die juristische Komponente – Durchsetzung der Genfer Konvention[1], die Anwendung des Völkerrechts, die Ahndung von Kriegsverbrechen vor dem Internationalen Strafgerichtshof in Den Haag. Das Versagen in diesem Bereich ist das vielleicht folgenreichste – denn die anhaltende Straffreiheit für Verbrechen, wie sie in Syrien seit Jahren begangen werden, sendet ein fatales Signal an die Machthaber dieser Welt:
25 Du kannst morden, wie du willst, solange du nur deine Landsleute tötest und einen Freund im Weltsicherheitsrat hast. […]

[Es] droht die weitere „Syrienisierung" der Welt. Alles, was in Syrien passiert oder nicht klappt, wird zur globalen Tendenz. Standards werden gesenkt, internationale Übereinkünfte wertlos, Kooperationen heruntergefahren, Bündnisse aufgekündigt, na-
30 tionale Interessen in den Vordergrund gerückt. Sechs Entwicklungen lassen sich beobachten.

1. Die Zeit zwischenstaatlicher Kriege ist schon länger vorbei, was zunimmt, sind innerstaatliche Konflikte. In Syrien sehen wir, wie aus einem solchen innerstaatlichen Konflikt ein transnationaler, regionaler und internationaler Konflikt wird, der am Ende
35 wieder einen zwischenstaatlichen Krieg zur Folge haben könnte (etwa zwischen Israel und dem Iran). Wenn die internationale Gemeinschaft keine gemeinsame, einheitliche und abgestimmte Antwort für ein innerstaatliches Problem findet, mischen sich verschiedene ausländische Mächte direkt ein. Um dieses Knäuel aus widerstreitenden Interessen zu entwirren, fehlen geeignete Gremien und Verfahren.
40 2. Konflikte werden nicht länger von Weltmächten gesteuert, sondern zunehmend von Regionalstaaten, Milizen und nichtstaatlichen Akteuren. Entsprechend stehen lokale Interessen im Vordergrund und nicht mehr globale Zusammenhänge. In Syrien ist der Einfluss der Weltmacht Russland auf den Iran und seine Revolutionsgarden sowie auf Assad beschränkt, ebenso wenig können die USA ihren Verbündeten Türkei
45 aufhalten, Katar und Saudi-Arabien auf Linie bringen oder Rebellen herumkommandieren. Regionale Feindseligkeiten und internationale Verwerfungen können deshalb jederzeit eskalieren – eine global denkende und im Ernstfall deeskalierende Instanz gibt es nicht mehr.

3. Das Wort „Bündnistreue" können wir aus dem Lexikon der internationalen Poli-
50 tik streichen. Staaten halten sich untereinander nicht mehr an langjährige Bündnisse, sondern gehen lieber kurzfristige Zweckallianzen ein, um eigene Interessen durchzusetzen. Welche widersprüchlichen Wendungen und damit Unberechenbarkeiten diese hervorbringen, zeigt der Syrien-Konflikt besonders deutlich. So sind die USA und die Türkei eigentlich Nato-Partner. Trotzdem unterstützt Washington mit den kurdischen
55 Volksverteidigungseinheiten (YPG) in Syrien eine Gruppe, die Ankara als Feind betrachtet. Die Verbündeten des einen sind die Terroristen des anderen. […]

4. Viele Länder mischen sich außerdem nicht mehr nur direkt mit eigenen Truppen und Militärberatern ein, sondern indirekt über nichtstaatliche Akteure. Damit ist nicht nur die Aufrüstung inländischer Gruppen oder Putschisten gemeint, […] sondern auch
60 das Entsenden eigener Milizen, die sich dem Einfluss des Staates entziehen. Dadurch wird ihr Vorgehen undurchsichtig und ihr Verhalten unberechenbar.

[…] Mit solchen nichtstaatlichen Akteuren ist der Krieg noch schwieriger zu steuern, weil manche von ihnen eigene Interessen entwickeln und sich die hinter ihnen stehenden Mächte aus der Verantwortung stehlen. Dann ist der Krieg irgendwann offiziell vorbei, aber die Milizen bleiben, und keiner ist zuständig.

Deshalb müssten theoretisch alle bewaffneten Parteien an einer Lösung beteiligt werden – doch je mehr es sind, desto komplizierter wird es. In Syrien kämpfen Dutzende Gruppen […]. Keine dieser Gruppen hört auf eine Regierung, wenn überhaupt, folgen sie nur den Anweisungen einzelner starker Männer.

5. Der Syrien-Krieg hat internationale Strukturen geschwächt. Da bisherige Regeln, Verträge, Institutionen und Mechanismen in Syrien nichts bewirkt haben, ist der Glaube an dieses Ordnungssystem und an eine multinationale Zusammenarbeit generell erschüttert. Welcher Machthaber fühlt sich heute noch der Allgemeinen Erklärung der Menschenrechte verpflichtet, den UN-Konventionen gegen Folter, Verschwindenlassen und Völkermord? […]

6. Schließlich ist, verstärkt durch den Syrien-Krieg, die weltweite Systemfrage neu entbrannt, die Diskussion darüber, welches Staats- und Gesellschaftsmodell den Menschen am besten dient. Bis vor wenigen Jahren galt die liberale Demokratie unangefochten als beste Form des Zusammenlebens: frei, rechtsstaatlich und wirtschaftlich erfolgreich. Mit Gesetzen, die für alle gelten, einem souveränen Volk, das mitbestimmt, mit freien Märkten, die den Wohlstand vermehren, Sozialsystemen, die für Gerechtigkeit sorgen, und Politikern, die sich für das, was sie tun, verantworten müssen.

Inzwischen entwickeln Autokraten[2] wieder Strahlkraft. Präsident Wladimir Putin verhilft Russland zu alter Größe. Chinas wirtschaftlicher Aufstieg wirkt unaufhaltsam, die von Peking praktizierte liberale Autokratie effektiv. In der Türkei trägt die Mehrheit der Bevölkerung Präsident Erdogans Weg zur Alleinherrschaft mit. Und die US-Amerikaner haben einen Präsidenten gewählt, der die Institutionen des Rechtsstaats verachtet und lieber per Twitter regieren würde.

Die liberalen Demokratien Europas ringen derweil mit Unzulänglichkeiten. Der Sozialstaat ist bürokratisch, die öffentliche Verwaltung ineffizient, die politische Elite abgehoben. Wirtschaftskonzerne handeln unverantwortlich, Parlamente sind von kaum unterscheidbaren Volksparteien gelähmt, die Verteilung von Vermögen erscheint ungerecht und die Gesellschaft ist gespalten. Und nun zeigt der Syrien-Konflikt, dass autokratisch regierte Länder ihre außenpolitischen Interessen viel erfolgreicher durchsetzen können als Demokratien. Während letztere sich um Parlamentsmehrheiten kümmern und die öffentliche Meinung berücksichtigen müssen, können Staatschefs wie Putin, Erdogan und Irans Revolutionsführer Khamenei schnell und fast im Alleingang entscheiden. In Syrien hat die Autokratie eindeutig gesiegt. Der Westen hat viel geredet und wenig getan und mit dieser Lücke zwischen Worten und Taten die eigene Glaubwürdigkeit verspielt. Er konnte mit seinem System aus internationalen Absprachen, moralischen Prinzipien und demokratisch legitimierten Institutionen weder den Syrern helfen noch den Krieg beenden – die liberale Demokratie hat in Syrien versagt. […]

Helberg, Kristin: Es droht die „Syrienisierung" der Welt. Auszug aus dem Buch: Der Syrien-Krieg. Lösung eines Weltkonflikts. Verlag Herder GmbH, Freiburg im Breisgau, 2018, S. 209–221

Anmerkungen

Kristin Helberg (geb. 1973) ist eine deutsche Journalistin.

1 Die Genfer Konvention in der aktuell gültigen Version von 1949 ist ein zwischenstaatliches Abkommen und Teil des Völkerrechts. Sie enthält Regeln, welche im Falle eines Krieges oder Konflikts nicht oder nicht mehr am Kampf beteiligten Personen Schutz gewähren, z. B. Verwundeten, Kranken, Zivilpersonen und Kriegsgefangenen.
2 In einer Autokratie liegt die uneingeschränkte und unkontrollierte Staatsgewalt in der Hand eines einzelnen Herrschers, des Autokraten.

Hilfsmittel

Grundgesetz für die Bundesrepublik Deutschland
Niedersächsische Verfassung ohne ergänzende Kommentare

Lösungsvorschlag

1 **TIPP** *Anforderungsbereich: I, Gewichtung in Prozent: 20*

Die Aufgabenstellung verlangt von Ihnen eine stringente, deutlich verknappte und sprachlich distanzierte Zusammenfassung des Textes. Hinsichtlich des inhaltlichen Aufbaus können Sie sich weitgehend an die Abfolge im Text halten, da die Autorin bei ihren Ausführungen selbst eine Aufzählung vornimmt. Verwenden Sie eigene Worte, distanzieren Sie sich sprachlich mittels Konjunktiv I und indirekter Rede und straffen Sie den Text deutlich. Vermeiden Sie weitgehend wörtliche Zitate, wobei Fachbegriffe keine Zitate sind und unbedingt angeführt werden sollten. Wichtig ist zudem ein direkter Bezug auf die in der Aufgabenstellung angegebene Textstelle sowie die Angabe der Zeilennummern, auf die sich Ihre Ausführungen beziehen.

In dem vorliegenden Auszug aus dem Buch „Der Syrien-Krieg. Lösung eines Weltkonflikts", erschienen im Jahr 2018 im Verlag Herder in Freiburg im Breisgau, analysiert die Autorin und Journalistin Kristin Helberg im Kapitel „Es droht die ‚Syrienisierung' der Welt" (S. 209–221) die Auswirkungen des Syrienkonflikts auf das internationale politische System. *(bibliografische Angaben)*

Dabei diagnostiziert sie eine neue **„Welt-Unordnung"** (Z. 7), da für solche Konfliktformen international keine Lösung im Sinne einer demokratischen, multilateralen Ordnung gefunden worden sei. Die liberale Demokratie habe in Syrien versagt (vgl. Z. 90 ff.). *(zentrale These)*

In erster Linie sieht Helberg ein **Scheitern der UN** und ihrer Konfliktlösungsbemühungen. So habe sich der Sicherheitsrat aufgrund eines wiederholten russischen **Vetos** selbst blockiert. Wurden tatsächlich Resolutionen verabschiedet, seien letztlich **keine Folgen** daraus erwachsen (vgl. Z. 10 ff.). **Diplomatisch** waren die Bemühungen ebenfalls mehr oder weniger erfolglos, einzig wurde die **Aufrechterhaltung der Kommunikation** mit den Konfliktparteien gewährleistet (vgl. Z. 16 ff.). Noch gravierender sei aber das Versagen auf der Ebene des **internationalen Rechts** (vgl. Z. 20 ff.). So habe sich herausgestellt, dass autokratische Führer ihre eigene Bevölkerung ungestraft töten könnten, solange sie einen Verbündeten im Weltsicherheitsrat haben (vgl. Z. 25 f.).

Scheitern der UN:
Veto im
Sicherheitsrat

Scheitern der
Krisendiplomatie

Scheitern des
internationalen
Rechts

Für ihre weitergehende These der „‚Syrienisierung' der Welt" (Z. 27), womit sie meint, dass alles, was in Syrien passiert, zu einer globalen Tendenz wird, sieht Helberg vor allem sechs Aspekte als **relevante Anzeichen** an:

Auflistung der
Argumente:

So gäbe es **keine funktionierenden Gremien**, die einheitlich mit **innerstaatlichen Konflikten** umgehen könnten. Eine Konfliktlösung werde zunehmend schwieriger, da einzelne Mächte sich von außen einmischten. So würden aus einst intranationalen Konflikten schließlich internationale Auseinandersetzungen (vgl. Z. 32 ff.).

neue Konfliktform

Der Einfluss großer Mächte auf regionale Akteure sei gering, sodass es an einer **deeskalierenden Instanz** fehle (vgl. Z. 47 f.).

schwindender
Einfluss

Die Autorin sieht zudem eine **Abkehr von Bündnistreue** und langjähriger Zusammenarbeit zugunsten kurzfristiger Zweckbündnisse. Dies führe zum Teil zu sich widersprechenden Handlungen einzelner Staaten (vgl. Z. 49 ff.). Eine Konfliktlösung werde zudem durch den Einsatz von **nichtstaatlichen Akteuren** wie Milizen außenstehender Mächte erschwert, die **eigene Interessen** entwickelten und auch nach einem Friedensschluss weiter **destabilisierend** wirkten, da sich niemand für diese verantwortlich zeige (Z. 57 ff.).

fehlende
Bündnistreue

Milizeneinsatz

Gerade der Syrien-Krieg habe das **internationale Ordnungs- und Konfliktlösungssystem** so **geschwächt**, dass sich einzelne Machthaber kaum noch an internationales Recht und Konventionen gebunden fühlten (vgl. Z. 70 ff.). Zuletzt sieht Helberg die **Systemfrage** zwischen **liberaler Demokratie** und **autokratischen Systemen** wie in Russland oder China neu gestellt (vgl. Z. 76 ff.).

Schwächung
gegebener
Institutionen

Systemfrage

Nach ihrer Auffassung seien die westlichen Systeme daran gescheitert, Syrien zu befrieden, und hätten dabei ihre Glaubwürdigkeit verspielt (vgl. Z. 99 ff.). Autokratische Machthaber hingegen seien sehr viel schneller in der Lage, Entscheidungen zu treffen und außenpolitische Interessen effektiv zu verfolgen (Z. 94 ff.). Während die liberale Demokratie sich teilweise **selbst blockiere**, erlangten autokratische Machthaber immer mehr **Zuspruch** ihres Volkes (vgl. Z. 86 ff.).

Scheitern liberaler
Demokratien
gegenüber
Autokratie

2   *Anforderungsbereich: II, Gewichtung in Prozent: 25*

Der Operator fordert von Ihnen, dass Sie die Möglichkeiten der UN mit dem entsprechend in der Aufgabenstellung geforderten Fokus auf die Friedenssicherung und Konfliktbewältigung so darlegen, dass die institutionellen Grundlagen und Bedingungen sowie die jeweiligen Möglichkeiten und Grenzen deutlich werden. Sie müssen also Ihr Vorwissen anbringen und durch eine logische Struktur dem Leser vermitteln. Wichtig sind auch hier Textbezüge. Achten Sie ganz besonders auf den inhaltlichen Schwerpunkt der Aufgabenstellung und schweifen Sie nicht ab.

Kristin Helberg sieht die UN im Zusammenhang mit dem Syrien-Konflikt politisch (vgl. Z. 10), diplomatisch (vgl. Z. 16) und vor allem auch juristisch (vgl. Z. 20 ff.) als weitgehend gescheitert an. Dabei verweist sie auf **zentrale Interventionsmöglichkeiten** der UN bei bewaffneten Konflikten. Sie nennt **Resolutionen** des Sicherheitsrats, **diplomatische Missionen** sowie ein **juristisches Vorgehen** gegen vertragsbrüchige Mitgliedsstaaten. *(Textbezug und Problemlage)*

Grundlage der Handlungsfähigkeit der UN ist die **UN-Charta**. Durch Unterschrift haben sich die Mitgliedsstaaten dazu verpflichtet, grundlegende **Menschenrechte** zu achten, Konflikte **friedlich** und auf dem **Verhandlungsweg** auszutragen sowie die **innere Souveränität** der Mitgliedsstaaten zu respektieren. Sie geben das Recht auf unilaterale Gewaltanwendung auf und gliedern sich in ein **multilateral organisiertes System kollektiver Sicherheit** ein. *(Selbstverpflichtung in UN-Charta)*

Sollte ein Staat vertragsbrüchig werden, gibt die Charta ein Verfahren – festgelegt vor allem im **Kapitel VII** – vor, welches bis zum Einsatz militärischer Zwangsmittel reicht. Die Entscheidungen werden dabei nach einer **festgelegten Eskalationsabstufung** vom Sicherheitsrat getroffen. Allerdings, und auf dieses zentrale Problem verweist auch die Autorin (vgl. Z. 10 f.), müssen alle fünf **ständigen Mitglieder** einer Resolution zustimmen. *(Maßnahmen nach Artikel VII)* *(Vetorecht)*

Als konkrete Maßnahmen der Konfliktintervention haben sich in der Praxis die Maßnahmen der **vorbeugenden Diplomatie**, des **peacemaking**, des **peacekeeping**, des **peace enforcement** (der Friedenserzwingung) sowie des **post conflict peacebuilding** etabliert. *(Benennung der Interventionstypen)*

Durch die Aufrechterhaltung der **Kommunikation** soll im Rahmen vorbeugender Diplomatie sowie des peacemaking eine **Verhandlungslösung** schneller erreicht werden. Dies setzt jedoch den Willen der am Konflikt Beteiligten voraus. *(Vorbeugung und peacemaking)*

Das peacekeeping beinhaltet die Bereitstellung **leicht bewaffneter Truppen bzw. von Polizeieinheiten**, um friedensrelevante Einrichtungen und Vorgänge wie z. B. Wahlen zu schützen. Schon deutlich robuster, d. h. unter **Einschluss militärischer Kräfte**, ist etwa die vom Sicherheitsrat angeordnete Durchsetzung von Flugverbotszonen. **Direkte militärische Handlungen** auf der Grundlage eines UN-Mandats können gemäß der Charta im Rahmen von Einsätzen zur **Friedenserzwingung** erfolgen. Hier kommt es zu militärischen Handlungen seitens der von den UN **legitimierten Truppenkontingente**, wodurch die UN aber sehr viel stärker als bei reinen Blauhelmeinsätzen zum **Konfliktakteur** werden.

Zentral ist, dass alle Maßnahmen nur legitimiert sind, sofern der Sicherheitsrat mit mindestens neun Mitgliedern, darunter **alle fünf** „**Vetomächte**", zustimmt. Zudem müssen die Mitgliedsstaaten gegebenenfalls Truppen- und Polizeikontingente stellen, da die UN selbst über **keine entsprechenden Machtmittel** verfügen. Hier war in der Vergangenheit die Bereitschaft zur Abstellung militärischer Kapazitäten begrenzt.

Sollte der Sicherheitsrat wie in der Syrienfrage blockiert sein, kommt der **Generalversammlung** eine größere Rolle zu. Sie kann zwar nicht per Resolution Maßnahmen beschließen, steht aber eine deutliche Mehrheit hinter einer solchen Resolution, erzeugt dies einen **verstärkten politischen Druck** auf den Sicherheitsrat. Zudem könnte eine spätere Anklage von Kriegsverbrechen vor dem **Internationalen Strafgerichtshof** gefordert werden. Dieser ist aber kein Teil der UN-Strukturen. Hinsichtlich der juristischen Aufarbeitung sind weiterhin **UN-Sondertribunale** möglich, die aber ebenfalls vom Sicherheitsrat einzurichten wären. Die „anhaltende Straffreiheit für Verbrechen" (Z. 23) wie im Syrienkonflikt ist nach Helberg vielleicht das folgenreichste politische Versagen.

Besonders problematisch bei innerstaatlichen Konflikten wie in Syrien ist die in der Charta garantierte **innere Souveränität** der Staaten. So konnte Putin stets darauf verweisen, dass die syrische Regierung Russland aufgefordert habe, sie beim Kampf gegen die innerstaatlichen Terroristen zu unterstützen, wohingegen andere eingreifende Mächte, wie etwa die USA, nicht legitimiert seien. Allerdings hat sich mit der sogenannten **responsibility to protect** eine Vorstellung etabliert, nach der Verbrechen gegen die Menschlichkeit bzw. Kriegsverbrechen, die von der Regierung bzw. von Konfliktparteien gegen die eigene Zivilbevölkerung verübt werden, von den UN auch **gegen den Willen der betroffenen Akteure durch Zwangsmaßnahmen** beendet werden können. Es bedarf jedoch auch hierfür einer Resolution des Sicherheitsrats und einer entsprechenden Umsetzung seitens hierzu ermächtigter Staaten bzw. Organisationen.

peacekeeping

peace-enforcement

Legitimationsgrundlage

fehlende eigene Truppenkontingente

Rolle der Generalversammlung

Einbezug weiterer Organe

Syrienkonflikt und UN-Charta

R2P

Rolle des Sicherheitsrats

Gehen Sie zunächst auf die in der Aufgabenstellung genannte Textpassage ein, um davon ausgehend Ihre Darlegung des Sachverhalts zu strukturieren. Fassen Sie im ersten Schritt die im Hinblick auf die Parteien relevanten Ausführungen der Autorin zusammen. Wenn Sie anschließend die Funktionen der Parteien darlegen, denken Sie daran, die Ebenen Verfassungsnorm und Verfassungswirklichkeit mit den Textpassagen in Verbindung zu bringen und Hintergründe darzustellen. Vermeiden Sie wertende Aussagen.

Die Journalistin geht im letzten Textabschnitt auf die Unzulänglichkeiten westlicher Demokratien ein und kritisiert auch explizit politische Parteien, die **kaum unterscheidbar** geworden seien und die Parlamente **lähmten** (vgl. Z. 92 f.). Anders als in autokratischen Regimen werde der politische **Entscheidungsprozess verlangsamt** oder gar blockiert, weil die **öffentliche Meinung** zu respektieren sei und **Parlamentsmehrheiten** organisiert werden müssten (vgl. Z. 96 f.). *(Textbezüge)*

Politische Parteien nehmen im politischen System der Bundesrepublik Deutschland eine zentrale Rolle ein. Deutschland ist eine **Parteiendemokratie**, ohne Parteien wäre das hochkomplexe Staatssystem nicht regelbar. **Artikel 21 GG** gibt ihnen **Verfassungsrang**. *(Parteiendemokratie)*

Das **Grundgesetz (Art. 21)** und das **Parteiengesetz** legen Regeln fest, die politische Parteien einhalten müssen, um als Partei anerkannt zu werden. So dürfen sie die **freiheitlich demokratische Grundordnung** nicht ablehnen, ihre innerparteiliche Willensbildung muss **demokratisch** erfolgen, sie müssen öffentlich über ihre finanziellen Mittel **Rechenschaft** ablegen sowie regelmäßig zu **Wahlen** antreten. Nur unter diesen Voraussetzungen haben sie auch Anspruch auf finanzielle Unterstützung durch den Staat. *(Einschränkungen: Bezug auf GG Art. 21 und Parteiengesetz)*

Gemäß dem Grundgesetz wirken Parteien bei der politischen **Willensbildung** des Volkes mit. Da es keinen Volksentscheid auf Bundesebene gibt, kommt den Parteien hier eine Schlüsselposition zu. *(politische Willensbildung)*

Das Parteiengesetz definiert Parteien als **auf Dauer angelegte** Organisationen, die im politischen System zentrale Grundfunktionen übernehmen. So sind sie für die Auswahl von geeignetem Personal zuständig (**Personalrekrutierungsfunktion**). Wenn Helberg abgehobene politische Eliten (vgl. Z. 91 f.) bemängelt, wirft sie den Parteien hier ein Versagen vor. Spitzenämter sollen durch innerparteiliche Auswahlprozesse so besetzt werden, dass sich die fähigsten Bewerber durchsetzen. Durch **innerparteiliche Wahlen** findet eine **Kontrolle** statt, da bei Parteiämtern auch Abwahlen möglich sind. *(Personalrekrutierung)*

Politische Parteien sind immer auch Vertreter **gesellschaftlicher Partikularinteressen.** Sie definieren zunächst intern ihre Interessen und bündeln diese (**Selektion**), um sie dann in den politischen Willensbildungsprozess und die Gesellschaft einzubringen (**Artikulation**). Dies muss auf eine Weise erfolgen, die es den Bürger*innen ermöglicht, die vertretenen politischen Anliegen zu durchdringen und politisch handlungsfähig zu werden (**Interessenvertretungsfunktion**). Das Parteiengesetz spricht hier auch von der Förderung **politischer Teilhabe** der Bürger*innen und einem Einfluss auf die öffentliche Meinung. Helberg bemängelt, dass die Volksparteien sich zu ähnlich geworden seien (vgl. Z. 92 f.). Da in der Bundesrepublik jedoch ein **breiter politischer Grundkonsens** besteht, repräsentieren die Parteien mit dem Anspruch einer „Volkspartei" aber auch eine breite Mehrheit, weshalb die Kritik der Autorin nur bedingt zutreffend ist. *(Selektion und Artikulation von Interessen)* *(Interessenvertretung)*

Weiter kritisiert die Autorin, dass im parlamentarischen Prozess **Mehrheiten** immer erst **organisiert** werden müssen (Z. 96 f.). Tatsächlich kommt es beim politischen Aushandlungsprozess teils zu einem **langwierigen Parteienstreit**, der nach bestimmten, allgemein akzeptierten Regeln verläuft. Nach einer Regierungsperiode von vier Jahren können die regierenden Parteien per Wahlvotum durch Oppositionsparteien ersetzt werden. Die Parteien sind also gezwungen, ihre Positionen und Entscheidungen **transparent** zu machen. Genau dieses demokratische System der Abstimmung legitimiert jedoch die bestehende Ordnung (**Legitimationsfunktion**). Auch hinsichtlich des von Helberg angeführten Aspekts, dass in liberalen Demokratien stets die öffentliche Meinung berücksichtigt werden müsse, lässt sich auf das Parteiengesetz verweisen. Darin wird genau diese **stetige Verbindung** des Staates mit den Bürgern gefordert, wobei die politischen Parteien hier die **Mittlerfunktion** übernehmen. *(Legitimation)* *(Parteien als Mittler)*

4 [TIPP] *Anforderungsbereich: III, Gewichtung in Prozent: 25*

Der Operator „Erörtern" fordert von Ihnen eine eigene Sach- und Werturteilsbildung unter explizitem Einbezug der Pro- und Kontra-Argumente. Auch hier ist ein Textbezug – die dargestellte Wirkungslosigkeit der UN bei Lösung des Syrienkonflikts – die Grundlage. Wichtig ist, dass Sie eine wertende Haltung einnehmen. Nennen Sie also nicht nur Reformmöglichkeiten der UN, sondern bewerten und problematisieren Sie diese auch. Nutzen Sie explizit auch die Kategorien der politischen Urteilsbildung Legitimität und Effizienz zur Strukturierung Ihres eigenen Textes. Am Ende sollten Sie eine zusammenfassende Einschätzung formulieren.

Helberg kritisiert die UNO hinsichtlich ihres Versagens im Syrien-Konflikt auf **politischer** und **diplomatischer Ebene**. Wie bereits angeführt, sieht sie den UN-Sicherheitsrat **als handlungsunfähig** an, weil er sich selbst blockiert. Weiter kritisiert sie die **Wirkungslosigkeit** der diplomatischen Maßnahmen (vgl. Z. 16 ff.). Textbezug

Schon länger werden **Reformen des UN-Sicherheitsrats** diskutiert, sie scheiterten bisher aber alle an den **Interessen** der ständigen Sicherheitsratsmitglieder und der **Uneinigkeit** der „einfachen" Mitglieder in der Generalversammlung, die einer Änderung mit Zweidrittelmehrheit zustimmen müssten. politische Einordnung

Bei allen Bestrebungen sind einige Gegebenheiten zu bedenken, die eine Reform der UN mindestens erschweren. Die Vereinten Nationen wurden vor dem Hintergrund des **Zweiten Weltkriegs** und des Beginns des **Kalten Krieges** geschaffen. Die **Zusammensetzung** und die **Machtposition der ständigen Mitglieder** des Sicherheitsrats spiegeln diese Situation wider – das Vetorecht war zwingende Bedingung der USA für die Teilnahme an diesem **multilateralen, institutionalistischen System**. Der multilaterale-institutionalistische Ansatz gerät jedoch gegenwärtig aufgrund eines **verstärkten Nationalismus** in den internationalen Beziehungen und der **veränderten Konfliktstrukturen**, insbesondere seit Ende des Kalten Krieges, verstärkt unter Druck. historischer Hintergrund Nationalismus als Problem

Wenn Helberg dem UN-Sicherheitsrat Versagen vorwirft, da eine Einigung auf Resolutionen bzw. deren Durchsetzung kaum möglich scheint, ist ein Reformansatz, der das **Vetorecht abschafft**, von vornherein ausgeschlossen, da die ständigen Mitglieder nicht zustimmen werden bzw. deren Länderparlamente eine solche Reform nicht ratifizieren würden. Daher wird eine Reform angestrebt, die den Sicherheitsrat auf eine **breitere Basis** stellt, um zumindest dessen Entscheidungsgewalt etwas **demokratischer** und **repräsentativer** zu gestalten. Dies könnte infolge einer höheren Akzeptanz auch die **Wirkung diplomatischer Bemühungen** erhöhen. Vetorecht als Reformgrenze

Es existieren unterschiedliche Ansätze, die alle eine **Vergrößerung** dieses Gremiums anvisieren.

So schlagen Deutschland, Japan, Brasilien und Indien („G4-Staaten") vor, den Sicherheitsrat um **sechs ständige** (**ohne Vetorecht**) und **elf nichtständige Mitglieder** (**ohne Vetorecht**) zu erweitern. Sie fordern dabei jeweils für sich einen der ständigen Sitze. Mit Deutschland wäre einer der größten **Beitragszahler**, mit Indien das **zweitbevölkerungsreichste Land**, mit Japan eine der **größten Volkswirtschaften** und mit Brasilien die **wirtschaftlich stärkste Macht Südamerikas** im Sicherheitsrat vertreten. Zwei weitere ständige Sitze sollen auf **Länder des afrikanischen Kontinents** entfallen. Vorstellung des Vorschlags der G4

Dieser Vorschlag wäre durchaus durch die UN-Charta gedeckt, da gerade die Beitragszahlungen ein zentrales Kriterium für etwaige Sitzvergaben darstellen.

Verweis auf Legalität

Besonders kritisiert wird allgemein die **mangelnde Legitimität** des Sicherheitsrates, da er die gegenwärtigen globalen Verhältnisse nicht repräsentiert. Weite Teile der Welt sind nur durch wechselnde Sitze bei den nichtständigen Mitgliedern vertreten. Der Vorschlag der G4 sieht eine gewisse Abhilfe vor, da nach dieser Konstruktion **fehlende Kontinente** mit einem ständigen Sitz vertreten wären.

Legitimität des SR als Problem

Im Sinne einer **breiteren Interessenberücksichtigung** und mehr Fairness wäre diese Maßnahme sicherlich **legitimitätssteigernd**, auch wenn weiterhin nur fünf Mitglieder ein Vetorecht hätten. Es ist jedoch fraglich, ob nicht Konflikte neu ausbrechen würden, da keiner der vorgeschlagenen Staaten konkurrenzlos ist. In nicht berücksichtigten Regionen könnte entsprechend auch ein **Legitimationsverlust** der Sicherheitsratsentscheidungen erfolgen. Eine Sicherheitsrat-Mitgliedschaft internationaler Organisationen als Kompromisslösung ist gemäß UN-Charta Kapitel II Art. 4 nicht möglich.

Pro

Contra

Insgesamt betrachtet würde die Berücksichtigung noch fehlender Erdteile bei den ständigen Mitgliedern, wie es der Vorschlag der G4-Staaten vorsieht, die **Legitimation von Entscheidungen** des Sicherheitsrats jedoch auf jeden Fall steigern.

zusammenfassendes Werturteil

Hinsichtlich der **Effizienz** stellen sich ebenfalls Herausforderungen. So ist eine Entscheidungsfindung bereits gegenwärtig aufgrund der unterschiedlichen Interessenslagen sehr schwierig. Eine Aufstockung der Anzahl der Sicherheitsratsmitglieder könnte hier zu **weiteren Reibungsverlusten** führen, sodass die **Schnelligkeit** der Entscheidungsfindung und auch die **Reichweite** der Entscheidungen beeinträchtigt würden. Allerdings stünden die neuen Mitglieder sicherlich mit ihren Regionen und Organisationen, wie etwa mit der Afrikanischen Union und der EU, im ständigen Austausch, sodass auch eine **beschleunigte Entscheidungsfindung** bei **höherer Nachhaltigkeit** daraus resultieren könnte. Auch die Bereitschaft der Mitgliedsstaaten, die UN bei Missionen mit **Einsatzkräften zu unterstützen**, könnte bei einer gerechteren Repräsentation steigen.

Effizienz Contra

Pro

Eine Reform des UN-Sicherheitsrats im Sinne der G4 erscheint in Anbetracht aller Umstände aktuell **schwer durchsetzbar**, wenngleich sie sicherlich unter den aufgezeigten Grenzen zu einer **höheren Legitimität** des Sicherheitsrats beitrüge. Ob damit aber das Problem der **langwierigen Entscheidungsfindung** bzw. **-blockade** angesichts der sehr heterogenen Interessen der Vetomächte, wie Helberg zurecht kritisiert, gelöst würde, ist zumindest zu bezweifeln.

abschließendes eigenes Sach- und Werturteil

PRÜFUNGSAUFGABEN

POLITISCHE PARTIZIPATION
(12/1: Politische Partizipation zwischen Anspruch und Wirklichkeit; 12/2: Soziale
Marktwirtschaft zwischen Anspruch und Wirklichkeit)

Thema: Politische Partizipation und Umweltpolitik

Aufgabenstellung

1 Fassen Sie Robert Habecks Aussagen zur politischen und wirtschaftlichen Situation
junger Menschen in Deutschland zusammen.

2 Erläutern Sie mit Textbezügen Funktionen politischer Partizipation in der Demokratie.

3 Erörtern Sie ausgehend von Robert Habecks Forderung, „Hilfen zum Wiederaufbau
[…] an Klimaschutz zu knüpfen" (Z. 59), Möglichkeiten und Grenzen umweltpolitischer Instrumente.

M   Robert Habeck: Jung und mündig

Bald, in den nächsten Wochen, wäre die Zeit da: Man bekommt feierlich das Zeugnis
für den Schulabschluss, umgeben von Familie und Freunden. Das letzte Foto mit dem
Jahrgang. Die letzten Wochen mit Freunden, der melancholische Übermut, Tanzen im
Mai, Jobben im Sommer. Das letzte Mal die Treppen im Schulgebäude runter, zur Tür
5 raus, mit der Schule im Rücken auf in eine neue Welt, voller Vorwärtsdrang, vielleicht
auch ein bisschen ängstlich, wissend, dass man jetzt sein Leben selbst in die Hand
nimmt. Vielleicht eine Ausbildung zum Hotelfachmann, zur Tontechnikerin, zum
Steward. Oder ein Studium. Oder ein Freiwilliges Soziales Jahr oder erstmal Reisen.
Aber dieses Jahr ist alles anders. Schule, Unis sind lahmgelegt, fahren höchstens im
10 Notbetrieb. Zusagen für Ausbildungen geraten ins Wanken. Der Aufbruch ins Leben
ist verschoben, man ist doch wieder aufs Elternhaus zurückgeworfen, und die Zukunft
ist unsicherer als zuvor.
   Wer heute jung ist, wächst ohnehin in eine Welt der Klimakrise hinein. Zudem in
eine sich radikal verändernde Arbeitswelt, in der das, was man heute lernt, in 20 Jahren
15 nicht mehr gilt. Und die heutige Jugend wird vor extremen ökonomischen Belastungen
stehen. Sie wird für eine Vielzahl von Rentnern Beiträge zahlen müssen, weit mehr
Menschen als in ihrer eigenen Generation. Das alles schon ganz ohne Corona. Und nun
liegen darüber noch die dunklen Wolken einer weltweiten Rezession: Betriebe kündi-

gen an, weniger auszubilden. Jobangebote für Berufseinsteigerinnen gehen zurück. Be-
20 rufsanfänger mit befristeten Verträgen sind die ersten, die die Arbeit verlieren. Es ist
die junge Generation, die am längsten die Folgen tragen wird.

Aber geredet wird kaum darüber, geschweige denn, dass Bedürfnisse dieser Generation zu einem politischen Schwerpunkt erklärt werden. In einer großen Jugendstudie
der Universität Hildesheim war die wichtigste Rückmeldung der Jungen: Wir fühlen
25 uns nicht gehört und gesehen. Ähnlich wie bei „den Alten", wo immer nur von „denen"
gesprochen wird (die isoliert oder geschützt werden müssen), ergeht es vielen Jugend-
lichen. Man spricht höchstens über sie und über ihre gesellschaftliche Funktion (Prüflinge), aber niemand fragt sie, wie sie auf die Situation blicken, wie es ihnen geht. Sie
werden vom Staat, von der Gesellschaft übergangen. Sie stehen im Schatten.
30 Dabei waren es die jungen Leute, die sich in den letzten Monaten als erwachsen
erwiesen haben. Sie haben klaglos ihr Leben, ihre eigenen Interessen hinten angestellt.
Keine Besuche von Freunden, keine Reisen mehr und Tanzen höchstens allein. Keine
großen Demos mehr für Klimaschutz. Und nachdem im letzten Jahr zahllose Erwachsene den Untergang des Abendlandes beschworen haben, weil Schülerinnen und Schü-
35 ler freitags beharrlich für Klima und Zukunft auf die Straße statt zum Unterricht gin-
gen, wurden vor zehn Wochen die Schulen dichtgemacht. Bildung für Kopf und
vielleicht noch Herz und Zukunft? Wurscht, Biergarten first. Aber auch den Verlust
von Schule als ihrem Raum haben die jungen Menschen still hingenommen.

Jugendliche haben aus Solidarität mit der älteren Generation, ihren Großeltern,
40 Großonkeln und -tanten, die durch Corona besonders gefährdet sind, auf unfassbar viel
verzichtet. Dieselbe Solidarität steht der jungen Generation zu. Wir müssen anerken-
nen, was ihnen aufgebürdet wurde und honorieren, welche politische Reife und Mündigkeit sie bewiesen haben, und das nicht, indem nur warme Dankesworte gespendet,
sondern konkrete politische Maßnahmen unternommen werden. […]
45 Die junge Generation hat schon mit den friedlichen Klimastreiks und spätestens
jetzt in dieser Krise gezeigt, welche Verantwortung sie zu übernehmen bereit ist. Diese
politische Reife rechtfertigt allemal, das Wahlalter auf 16 Jahre zu senken, und zwar
schon für die nächste Bundestagswahl. Dann können sie mitbestimmen, wenn es um
die Gestaltung der Nach-Corona-Zeit und damit um ihre Zukunft geht.
50 Wir haben in der Corona-Krise gesehen, dass Handeln und politische Entscheidungen mit großer Reichweite möglich sind. Mit derselben Entschlusskraft müssen wir
beim Klima handeln. Und zwar jetzt. So werden Gelder zur Bekämpfung der wirtschaftlichen Folgen mobilisiert, an die vor einem Jahr zur Bekämpfung der Klimakrise
nicht zu denken gewesen wäre. Diese hohen Summen werden wir nicht beliebig oft
55 ausgeben können.

Das Geld muss eine doppelte Dividende abwerfen. Wir müssen die Corona-Krise
und die Klimakrise zusammen bekämpfen. Sonst hinterlassen wir der jungen Generation neben den Haushaltsschulden obendrein Klimaschulden, die am Ende nicht mehr
bezahlbar sind. Das heißt: Hilfen zum Wiederaufbau sind an Klimaschutz zu knüpfen,
60 von Anfang an. Sie müssen in den Ausbau der Erneuerbaren, die Verringerung von
CO_2, eine andere Mobilität, Industrie und Konsum einzahlen, nicht in Abwrackprämien für Benziner und Diesel[1]. Wenn jetzt in eine „alte Normalität" investiert wird,

fehlt das Geld morgen. Dass die Bundesregierung das schon mal bei den Hilfen für Lufthansa nicht tut, ist ein schwerer Fehler.[2] [...]

65 Junge Menschen tragen wenig bis keine Verantwortung dafür, dass die Welt so ist, wie sie ist, aber sie müssen die Kosten der Zukunft tragen: Klima, Rezession, soziale Folgen. Sie haben meist noch nicht viel Vermögen und Einkommen. Sie sind die Zukunft einer Gesellschaft. Sie brauchen eine Zukunft. Und diese Generation hat nun mehr als einmal bewiesen, dass sie die Verantwortung dafür übernehmen kann und

70 will.

Robert Habeck: Jung und mündig – Agenda für die Jugend, robert-habeck.de vom 26.05.2020, https://www.robert-habeck.de/texte/blog/agenda-jugend/

Anmerkungen
Das Textmaterial ist ein Blog-Eintrag von Robert Habeck, der auf dessen eigener Homepage veröffentlicht wurde. Gemeinsam mit Annalena Baerbock ist Habeck Bundesvorsitzender der Grünen. In seinem Blog veröffentlicht er in unregelmäßigen Abständen seine Gedanken und Positionen zu aktuellen gesellschaftlichen, politischen und wirtschaftlichen Entwicklungen. Der vorliegende Text wurde zu Beginn der Corona-Pandemie verfasst.

1 Die Abwrackprämie wurde im Jahr 2009 im Rahmen eines Konjunkturpakets in Reaktion auf eine Wirtschaftskrise eingeführt. Es handelte sich um eine staatliche Prämie in Höhe von 2 500 Euro. Sie wurde in Deutschland gewährt, wenn Konsumenten ihr altes Kraftfahrzeug verschrotten ließen und ein Neu- oder Jahreswagen auf ihren Namen zugelassen wurde.
2 Zur Einordnung: Wie der gesamten Luftfahrtbranche setzten weltweite Reisebeschränkungen während der Corona-Pandemie auch der Lufthansa stark zu. Die Bundesregierung schnürte daraufhin ein milliardenschweres Rettungspaket für die größte deutsche Fluggesellschaft.

Hilfsmittel
Grundgesetz für die Bundesrepublik Deutschland

Lösungsvorschlag

1 **TIPP** Anforderungsbereich: I, Gewichtung in Prozent: 30

Der Operator „zusammenfassen" erfordert eine eigenständig formulierte und verständliche Darlegung der Aussagen des Textes zu den in der Aufgabenstellung genannten Aspekten (politische und wirtschaftliche Situation junger Menschen). Die im Blog thematisierten Sachverhalte sind auf wesentliche Gesichtspunkte zu reduzieren und sprachlich distanziert, strukturiert und unkommentiert wiederzugeben. Zeilenangaben zu einzelnen Textaussagen erleichtern die Strukturierung und Orientierung.

Robert Habeck, Co-Bundesvorsitzender der Grünen, thematisiert in einem Blog-Eintrag („Jung und mündig") vom 26.05.2020 die sich für junge Menschen in der **Corona-Krise** ergebenden schwierigen Begleitumstände. Angesichts zukünftiger Herausforderungen seien **junge Menschen langfristig überfordert** (vgl. Z. 13 ff.). Deshalb müsse die Wirtschafts- und Klimapolitik konsequent an den **Interessen der Jugend** ausgerichtet werden (vgl. Z. 56 ff.). *(Einleitung: Quelle, Thematik, Forderungen)*

Die Corona-Krise hat Habeck zufolge zu gravierenden Einschränkungen der Jugend geführt und individuelle Entwicklungsmöglichkeiten beeinflusst oder gar verhindert. *(negative Lebensumstände: Einschränkungen)*

Trotz der massiven Beeinträchtigungen fänden die Bedürfnisse der jungen Generation **in Politik und Gesellschaft** während der Corona-Krise **kein Gehör** (vgl. Z. 22 ff.). Zusätzlich sei die Jugend durch die coronabedingte Schließung der Schulen ihrer **Bildungschancen beraubt** worden (vgl. Z. 33 ff.). Junge Menschen fühlten sich laut einer Studie **politisch nicht wahrgenommen** bzw. nicht berücksichtigt (vgl. Z. 23 ff.). In Zeiten der Corona-Pandemie sei auch die politische **Partizipation junger Menschen erschwert** (vgl. Z. 32 f.), sodass sie **mehr Mitsprache- und Mitbestimmungsmöglichkeiten** verdienten (vgl. Z. 41 ff., 68 ff.). Habeck sieht im solidarischen Handeln der Jugend während der Pandemie deren Verantwortungsbewusstsein sowie deren „politische Reife und Mündigkeit" (Z. 42 f.) bestätigt und fordert deshalb die **Senkung des Wahlalters** auf 16 Jahre schon vor der kommenden Bundestagswahl. Dadurch hätte die Jugend die Möglichkeit, über zukünftige Maßnahmen in der „Nach-Corona-Zeit" (Z. 49) mitzubestimmen. *(geringe politische Bedeutung)* *(Forderungen: Ausweitung der politischen Partizipation)* *(Senkung des Wahlalters)*

In Bezug auf die **wirtschaftliche Situation** junger Menschen in Deutschland verweist Habeck auf große **Unsicherheiten** hinsichtlich ihrer **Berufs- und Ausbildungssituation** infolge des durch die Corona-Pandemie bedingten wirtschaftlichen Abschwungs (vgl. Z. 9 f., 17 ff.). Trotz ihrer in der Regel ohnehin **geringen finanziellen Res-** *(wirtschaftliche Situation: Unsicherheiten und enorme Belastungen)*

sourcen (vgl. Z. 67) am Anfang der Berufslaufbahn und der unsicheren wirtschaftlichen Entwicklung ständen sie vor der großen Herausforderung, zukünftige **ökonomische Belastungen** infolge des demografischen Wandels sowie infolge der Klima- und Corona-Krise zu bewältigen (vgl. Z. 15 ff., 57 ff.).

2 | TIPP ▸ *Anforderungsbereich: II, Gewichtung in Prozent: 40*

Der Operator „erläutern" fordert hier eine – am Text orientierte – fundierte und sprachlich nachvollziehbare Darstellung der wesentlichen Funktionen politischer Partizipation in der Demokratie. Diese sind an einzelnen Beispielen zu verdeutlichen. Es bietet sich an, mit Bezug auf das Grundgesetz zunächst auf die grundsätzliche Bedeutung von Partizipation in einer funktionierenden Demokratie einzugehen, dann die verschiedenen Möglichkeiten von Partizipation darzustellen und schließlich einzelne Funktionen abzuleiten.

Demokratie erfährt ihre Begründung über die Zustimmung der Bürgerinnen und Bürger. Neben Bürgerrechten, politischem Wettbewerb, Gewaltenteilung und -kontrolle sowie der Möglichkeit zum Macht- und Regierungswechsel gilt das **Ausmaß politischer Beteiligung** gemeinhin als **Maßstab für eine funktionierende Demokratie**. Individuen oder Gruppen können ihre grundgesetzlich garantierten Partizipationsrechte nutzen und ihre Interessen (öffentlich) vertreten, z. B. durch das Prinzip der freien Religionsausübung (Art. 4 GG) sowie durch Meinungs-, Informations-, Presse- (Art. 5 GG) und Versammlungsfreiheit (Art. 8 GG).

(Randnotiz: funktionierende Demokratie: GG-Garantien / Grundrechte)

Für die Bürgerinnen und Bürger gibt es unterschiedliche Möglichkeiten, auf gesellschaftspolitische Prozesse einzuwirken und daran zu partizipieren. Neben der Mitgliedschaft und Mitarbeit in **Verbänden** und **Bürgerinitiativen** besteht z. B. die Möglichkeit, sich **öffentlich zu äußern** (Leserbrief, soziale Medien), an einer **Demonstration** teilzunehmen oder **grundgesetzlich garantierte Verfahren** (Petitionen, Verfassungsbeschwerde, Eingaben an den Bundespräsidenten) zu nutzen.

(Randnotiz: Partizipationsmöglichkeiten / Bedeutung von Wahlen)

Die verbreitetste Form demokratischer Teilhabe ist die **Wahlteilnahme**. Bundestags-, Landtags- und Kommunalwahlen sind von zentraler Bedeutung, weil die Wahlberechtigten im Sinne von Art. 20 II GG („vom Volke" ausgehende „Staatsgewalt") direkt oder indirekt die Zusammensetzung der Staatsorgane mitbestimmen.

Weitere Möglichkeiten der Partizipation sind die **Mitgliedschaft und Mitarbeit in Parteien**. Gemäß Art. 21 I GG wird Parteien in der repräsentativen Demokratie als Mittler zwischen Gesellschaft und Staat eine besondere Rolle bei der „politischen Willensbildung des Volkes" zugeschrieben.

(Randnotiz: Mitgliedschaft und Mitarbeit in Parteien)

Aus Habecks Überlegungen zur Bedeutung der politischen Partizipation für junge Menschen lassen sich neben der **Legitimationsfunktion** verallgemeinernd folgende – wechselseitig aufeinander bezogene – Funktionen politischer Teilhabe ableiten. Sie gelten mit unterschiedlichen Akzentuierungen und Ausprägungen für verschiedene Formen demokratischer Partizipation.

Die **Artikulationsfunktion** politischer Partizipation bedeutet, dass Bürger z. B. in Bürgerbewegungen/-initiativen bzw. auf Demonstrationen ihre Meinungen, Einstellungen und Interessen öffentlich bzw. öffentlichkeitswirksam äußern können (vgl. Z. 33 ff.). Habeck erwähnt die Beteiligung der Jugend an „friedlichen Klimastreiks" (Z. 45) und betont deren dadurch zum Ausdruck kommendes gesellschaftliches und politisches Engagement sowie deren Verantwortungsbewusstsein.

Die **Integrationsfunktion** besagt, dass sich die Bürger als Teil des demokratischen Systems „gehört und gesehen" (Z. 25) fühlen und mit anderen Individuen gemeinsame Werte (z. B. individuelle Freiheiten) teilen. Ihrer jeweiligen Lebenssituation entsprechend erhalten sie angemessene bzw. realistische Beteiligungsmöglichkeiten, z. B. durch Wahlberechtigung. Von einer aus seiner Sicht notwendigen zügigen Änderung des aktiven Wahlrechts für Bundestagswahlen (Senkung des Wahlalters auf 16 Jahre) erwartet Habeck, dass die von (zukünftigen) politischen Entscheidungen besonders Betroffenen noch stärker in Entscheidungsprozesse eingebunden werden (vgl. Z. 46 ff.).

Im Sinne der **Kontrollfunktion** politischer Partizipation erhalten die Bürger die Möglichkeit, das Handeln politischer Entscheidungsträger zu kontrollieren, was vor allem durch die Teilnahme an Wahlen erfolgen kann (vgl. Z. 48 f.). Dadurch besteht z. B. die Möglichkeit, eine Regierung abzuwählen.

Der **Repräsentationsfunktion** zufolge sollen in einer indirekten Demokratie vom Anspruch her die Interessen bzw. „Bedürfnisse" (Z. 22) der Bürger durch gewählte „Vertreter des ganzen Volkes" (Art. 38 I GG), die zeitlich befristet eigenverantwortlich handeln, bzw. durch demokratisch legitimierte Institutionen angemessen repräsentiert werden (vgl. Z. 23 ff.).

Die Aufgabenstellung erfordert entsprechend des Operators „erörtern" eine explizite Pro- und Kontra-Argumentation zu Robert Habecks Forderung „Hilfen zum Wiederaufbau […] an Klimaschutz zu knüpfen" (Z. 59). Hierbei sind semesterübergreifend Themen und Inhalte aus Q 1/2 (Soziale Marktwirtschaft zwischen Anspruch und Wirklichkeit) zu berücksichtigen und dabei Möglichkeiten und Grenzen (d. h. Schwierigkeiten, Probleme) umweltpolitischer Instrumente abzuwägen. Schließen Sie Ihre Ausführungen mit einem eigenständigen, kriterienorientierten (z. B. Effizienz, Verteilung) und schlüssig hergeleiteten politischen Sach- und/oder Werturteil. Innerhalb dieses Rahmens ist die Schwerpunktsetzung nicht vorgegeben. Es ist allerdings hilfreich, zunächst die Forderung Habecks zusammenzufassen und konzeptionell einzuordnen. Weitere Inhalte des Vorlagetextes sowie einzelne Aspekte der Bearbeitung zu Aufgabe 2 sind ggf. in die Erörterung einzubeziehen. Aufgrund der thematischen Komplexität kann hier nur beispielhaft auf einzelne Aspekte einer Abwägung zwischen Möglichkeiten und Grenzen der Anwendung umweltpolitischer Instrumente eingegangen werden.

Um die Folgen der Corona-Krise einzudämmen und im Sinne einer „doppelte[n] Dividende" (Z. 56) zugleich den Klimaschutz zu fördern, fordert Robert Habeck ein konsequent an **ökologischer Nachhaltigkeit** ausgerichtetes, zukunftsorientiertes wirtschaftspolitisches Vorgehen in Form hoher Investitionen. Habeck lehnt Anreizsysteme im Sinne von „Abwrackprämien für Benziner und Diesel" (Z. 61 f.) ab und kritisiert finanzielle Hilfen des Staates, die seiner Ansicht nach durch die **fehlende Verknüpfung mit Klimaschutz** Investitionen in eine „alte Normalität" (Z. 62) darstellten und künftige Investitionen in den Umweltschutz gefährdeten (vgl. Z. 62 ff.).

Einleitung / Forderung: klimaneutrale Investitionen

Diese Problemsicht zeigt sich im Kern auch in dem 2021 verkündeten Bundesverfassungsgerichtsurteil zur Ausgestaltung der deutschen Klimapolitik bis 2050. Das 2019 verabschiedete Klimaschutzgesetz sah vor, dass Deutschland entsprechend einem Stufenplan bis 2050 [inzwischen 2045! Anm. des Autors] klimaneutral wird. Das Verfassungsgericht kritisierte, dass durch die im Gesetz vorgesehenen Regelungen bereits 2030 neunzig Prozent der Treibhausgasemissionen anfallen würden. In der Folge entstünden zukünftigen Generationen durch später notwendige Maßnahmen unverhältnismäßige Nachteile.

BVerfG: Klimapolitik und Freiheitsrechte zukünftiger Generationen

In Abgrenzung zum „radikalen" Konzept einer **Postwachstumsökonomie** vertritt Habeck die Auffassung, dass Ökonomie und Ökologie in der Marktwirtschaft verknüpft werden können, indem vor allem durch die **Entkoppelung von Ressourcenverbrauch und Wirtschaftswachstum** ein **qualitatives Wirtschaftswachstum** erzeugt wird. Seine Forderung der gemeinsamen Bekämpfung von Wirtschafts- und Klimakrise zielt darauf ab, durch einen **aktiven Staat**

ökologische Wirtschaftsordnung / aktiver Staat

eine an **Nachhaltigkeit** ausgerichtete Ökonomie zu realisieren und auf diese Weise die für junge Menschen zu erwartenden „Kosten der Zukunft" (Z. 66) zu minimieren.

Staatliche Umwelt-, Energie- und Klimapolitik beeinflusst durch den **Einsatz** verschiedener **umweltpolitischer Instrumente** die komplexen Wechselbeziehungen zwischen Ökonomie, Ökologie, Staat und Gesellschaft. Neben **Umweltstandards und -auflagen** „steuert" die Politik durch (staatlich kontrollierte) **Ge- und Verbote** die umweltbelastenden Aktivitäten von Produzenten und Konsumenten. Zu den **marktwirtschaftlichen Instrumenten** gehören z. B. Umweltabgaben wie die Öko-Steuer, finanzielle und steuerliche Anreize, Umweltzertifikate, Kompensationsregelungen sowie freiwillige Vereinbarungen, z. B. zwischen Wirtschaft und Staat. Diese Umweltpolitik zielt darauf ab, die **Kosten der Nutzung / Bereitstellung öffentlich verfügbarer Güter** (Luft, Wasser, Boden, Wälder, Biodiversität) zu **internalisieren** und so die Wirtschaftssubjekte zu veranlassen, Kosten zu minimieren (**Anreizwirkung**). umweltpolitische Instrumente

Das inzwischen wichtigste marktwirtschaftliche Instrument ist – als eine Art Öko-Steuer – der seit 2021 auf den fossilen Energieverbrauch (**Kohle, Öl, Gas**) erhobene **CO_2-Preis**. Dessen **Lenkungswirkung** besteht u. a. darin, dass sich die Verteuerung fossiler Energien in einem geringeren Verbrauch niederschlägt, technische Innovationen angeregt werden und der Umstieg auf klimaneutrale Mobilität oder Energieeinsparung, z. B. in Gebäuden, ermöglicht wird. Lenkungswirkung des CO_2-Preises

Allerdings führt ein ansteigender CO_2-Preis für einzelne Bevölkerungsgruppen zu gravierenden **finanziellen Belastungen**. Ein staatlicher Sozialausgleich könnte z. B. über ein „Energiegeld", „Klimaschecks" oder die Senkung des Preises für „grünen" Strom erfolgen. Außerdem müssen weitere **Anreize und Förderstrukturen**, staatliche Unterstützungsmaßnahmen für Verbraucher und (energieintensive) Industriebetriebe, aber auch **ordnungsrechtliche Vorgaben** – z. B. Ausstiegsdaten für PKWs mit Verbrennungsmotor oder ein Tempolimit – bedacht und ggf. trotz Widerständen gegen Verbote und Überregulation („Ökodiktatur") umgesetzt werden. soziales Dilemma

Da die Möglichkeiten der Bürger, ihr Konsumverhalten nachhaltiger auszurichten, begrenzt sind, muss staatliches Handeln auf die **Veränderung der Rahmenbedingungen** für Produzenten und Konsumenten hinwirken. Klimaschutz und Umweltpolitik erfordern einen **Umbau der Industriegesellschaft** und zahlreiche weitergehende **strukturelle Veränderungen** (u. a. im Energie- und Verkehrsbereich). Umbau der Industriegesellschaft / Strukturwandel

Angesichts der komplexen Herausforderungen einer veränderten Wirtschafts-, aber auch Sozialpolitik sind **sozialpolitische Verteilungskonflikte** zu erwarten. Der oft geforderte schnellere **Ausstieg aus der Kohleverstromung (Dekarbonisierung)** wirft z. B. die Fra- Verteilungskonflikte ge nach den dann wegfallenden Arbeitsplätzen (in einzelnen Regionen) auf. Mehr Investitionen in den öffentlichen Personennahverkehr wiederum würden, wenn sie wirksam sein sollen, unweigerlich die Automobilindustrie belasten.

Um z. B. Unternehmen Planungsprozesse und Investitionsentscheidungen zu ermöglichen, ist ein (noch) schnellerer **Ausbau der erneuerbaren Energien** notwendig. Dieser Ausbau stößt aber vielfach an **Grenzen**: lange Genehmigungsverfahren, Widerstände von Anwohnern und Naturschützern, bürokratische Hemmnisse oder mangelnde Koordination aufgrund föderaler Zuständigkeiten (z. B. bei der Errichtung von Windkraft- und Solaranlagen). Wegen fehlender Gesetze (z. B. Gebäudestandards, höhere CO_2-Preise, niedrigere Strompreise) und zu langsamer Umsetzung notwendiger Maßnahmen (z. B. Ladeinfrastruktur für Elektrofahrzeuge) erweist sich **staatliches Handeln** vielfach als **ineffizient**. erneuerbare Energien: Grenzen / Ineffizienz staatlichen Handelns

Diese **Vollzugsdefizite führen** – zumindest in einer Übergangsphase – **zu widersprüchlichen Entwicklungen** und **Zielkonflikten**. Zum Beispiel ergeben sich trotz verschärfter CO_2-Vorgaben der EU für Neuwagen und staatlicher Subventionierung der E-Mobilität insofern ökologische Probleme, als sich angesichts einer zu geringen Produktion „grüner" Energie E-Mobilität teilweise nur mittels zusätzlichen Stroms aus Gas- und Kohlekraftwerken ermöglichen lässt. Die realen CO_2-Emissionen können durch E-Mobilität also noch steigen und das Erreichen von Klimazielen gefährden. Beispiel E-Mobilität: Zielkonflikte / Nebenfolgen / eingeschränkte Wirksamkeit

Die von Habeck propagierte (neue) **wirtschaftspolitische Nachhaltigkeitsstrategie** kann nach optimistischer Auffassung zum ökonomischen und sozialpolitischen **Erfolgsmodell** werden, wenn es gelingt, qualitatives Wachstum zu erreichen und **energieeffiziente Produkte und Lösungen** (auch für den **Export**) zu entwickeln. Sach- und Werturteil

Die **ökologische Modernisierung** birgt allerdings auch die Gefahr, dass es sowohl Gewinner als auch Verlierer gibt und sich die gesellschaftliche Polarisierung (zwischen Arm und Reich, Jung und Alt) verfestigt. Habeck fordert keinen behutsamen Wandel, sondern – von zahlreichen Klimaforschern unterstützt – eine schnelle(re) und konsequente(re) Bekämpfung der Klimakrise. Nicht auszuschließen ist, dass mit den dadurch zu erwartenden drastischen **wirtschaftlichen und sozialen Konsequenzen**, z. B. wegen stark steigender Energiepreise, auch die Demokratie Schaden nimmt. ökologische Modernisierung: Erfolgsmodell oder Problemfall?

Vor dem Hintergrund der durch die Corona-Bekämpfung gestiegenen Staatsverschuldung muss verantwortungsvolle Politik auch die **Finanzierung** der sozialen Kompensationen, der notwendigen Unterstützungsangebote und der staatlichen Investitionen sicherstellen. Sowohl Steuererhöhungen (Steuersätze, Vermögenssteuer, Erbschaftssteuer etc.) als auch die Lockerung der in Art. 115 GG festgelegten Schuldenbremse sind politisch brisant. Kosten / Finanzierung / politische Durchsetzbarkeit

FRIEDENSSICHERUNG

(13/1: Friedenssicherung als nationale und internationale Herausforderung; 12/1:
Politische Partizipation zwischen Anspruch und Wirklichkeit)

**Thema: Herausforderungen der Konfliktbewältigung und Partizipation in der
Demokratie**

Aufgabenstellung

1 Fassen Sie die Aussagen Simone Schnabels zur politischen und gesellschaftlichen
Lage in Burkina Faso zusammen.

2 Charakterisieren Sie ausgehend vom Text Herausforderungen der Konfliktbewältigung in Burkina Faso.

3 Erörtern Sie ausgehend vom Text die Bedeutung demokratischer Wahlen für die
Konfliktbewältigung in Demokratien.

M   Simone Schnabel: Mehr als Wahlen. Burkina Faso wählt friedlich, doch der Frieden ist weit entfernt

Für Burkina Faso, einen kleinen Binnenstaat in Westafrika, sind die Wahlen ein wichtiger Schritt. […] Lange Zeit war unklar, ob und wie die Präsidentschafts- und Parlamentswahlen 2020 überhaupt stattfinden können. Burkina Faso ist in den vergangenen
zwei Jahren zum Epizentrum der Gewalt in der Sahelregion geworden. […]

5 Regierung und Opposition haben sich dennoch darauf geeinigt, die Wahlen stattfinden zu lassen […]. In der internationalen Debatte um die Wahlen in Burkina Faso
wurde vor allem der Ausschluss der ca. 400 000 wahlberechtigten Bürgerinnen und
Bürger, die aus den nördlichen Regionen fliehen mussten, thematisiert. Lokalen Ana-
lysen zufolge hätte eine Aufschiebung der Wahlen ins Ungewisse jedoch eine (noch
10 größere) politische Krise riskiert. […]

Selbst wenn derzeit alle auf die angespannte Sicherheitslage schauen, sind die Ursachen der (sicherheits-)politischen Krise auch und vor allem eines: hausgemacht. Aus
konfliktanalytischer Sicht ist es in den nächsten fünf Jahren Regierungszeit unter Roch
Kaboré besonders wichtig, weitere Missstände im Auge zu behalten, die zum Teil so-
15 wohl Konsequenz als auch Trigger[1] von Gewalt sind. Das ist zum einen die Frage des
Zugangs zu Land, der Landrechte und -nutzung. In den letzten zwei Jahrzehnten hat
die Liberalisierung des Landerwerbs zu einer Konzentration von Eigentum in erster
Linie unter wohlhabenden städtischen Eliten geführt. Das hinderte vor allem die jün-

gere ländliche Generation daran, Land für Landwirtschaft zu erwerben, und hat darüber hinaus Potenzial, Konflikte sowohl zwischen den Generationen, zwischen Stadt
und Land, sowie – ähnlich wie in Zentralmali – zwischen Vieh- und Ackerbauern zu
verschärfen. […]

Der im ländlichen Raum kaum präsente Staat hat auf diese soziale Marginalisierung[2] bisher vor allem mit Kriminalisierung und Gewalt reagiert: zum einen durch
strategische Militäroperationen, die wiederum zu Menschenrechtsverletzungen, außer-
ordentlichen Hinrichtungen und weiterer Gewalt führten, zum anderen durch die Alli-
anz mit lokalen Selbstverteidigungsgruppen, die in einigen Gemeinden zwar zu einer
Reduzierung der Gewalt beitragen konnten, [was] jedoch eine gefährliche Privatisierung von Gerichtsbarkeit und Gewaltausübung auf lokaler Ebene in Gang gesetzt hat.

Die gesellschaftliche und politische Marginalisierung ländlicher Regionen ist, ähnlich wie in Zentralmali, Nährboden für die Verbreitung jihadistischer Gruppen, die mit
Drohung, Zwang und detaillierter Kenntnis der lokalen Situation – insbesondere der
Missstände des kaum präsenten staatlichen Systems – agieren. Dadurch sind ganze
Landesteile im Norden, Osten und Südwesten – dem Grenzgebiet zu Mali – quasi unregierbar geworden: Die Bürgermeister als letzte lokale Repräsentanten des Systems
sind geflohen, die Armee ist, wenn überhaupt, nur durch punktuelle militärische Einsätze präsent.

Doch die gesellschaftlichen Konflikte beschränken sich nicht nur auf den ländlichen
Raum, auch in den Städten lassen die sozialen Proteste nicht nach. Gewerkschaften
und zivilgesellschaftliche Organisationen rufen zu Demonstrationen gegen prekäre Lebensbedingungen und das Ausbleiben wirtschaftlicher Reformen auf. Insgesamt gab
es 2019 landesweit über 150 Proteste und Aufstände, die seit dem Frühjahr 2020 aufgrund der Ausbreitung von Covid-19 massiv eingeschränkt wurden. Mit den langfristig
zu erwartenden wirtschaftlichen Folgen der Pandemie dürfte diese Unzufriedenheit
weiter wachsen. So glaubte einer Afrobarometer-Umfrage zufolge bereits 2019 knapp
die Hälfte der Bevölkerung, die ökonomische Situation habe sich im Vergleich zum
Vorjahr verschlechtert, und zwei Drittel befand, das Land sei auf dem falschen Weg.

Mit Kaboré wird es vor allem ein „Weiter so" im vermeintlichen Versuch der „Stabilisierung" des Landes geben. Er zählt zu den Gründungsvätern der G5 Sahel-Allianz,
einem Bündnis der Regierungen Malis, Burkina Fasos, Mauretaniens, des Niger und
Tschads. In Militäroperationen entlang der gemeinsamen Grenzen wird vor allem mit
operativer Unterstützung des französischen Militärs versucht, die Terroristen zurück-
zudrängen. Trotz vereinzelter Erfolge konnte dieser militärische Ansatz die Gewalt in
der Region aber nicht stoppen, geschweige denn ihre Ursachen bekämpfen. […]

Stattdessen braucht es eine langfristige friedens- und sicherheitspolitische Strategie
für das Land. Aus den Reihen von Kaborés Kontrahentinnen und Kontrahenten im
Wahlkampf gab es einige gute Vorschläge in Richtung ziviler Konfliktlösungsansätze.
So hat beispielsweise der bis dato Oppositionsführer und bei den Wahlen mit knapp
13 % der Stimmen drittstärkste Kandidat, Zéphirin Diabré, den Dialog mit jihadisti-
schen Gewaltakteuren gefordert, was von Roch Kaboré entschieden abgelehnt wurde.
[…] Die einzige Kontrahentin, Monique Yéli Kam, schlug ein Dialogforum vor, in
dem neben staatlichen auch religiöse und traditionelle Autoritäten vertreten sind. Das

alles sind zwar noch keine ausgereiften Ideen, sie deuten aber in eine wichtige Richtung: Dass es in den nächsten fünf Jahren kein „Weiter so" geben kann, sondern es
65 politische (Dialog-)Prozesse zur Konfliktlösung braucht, die auch andere, vor allem zivile Instrumente der Konfliktbewältigung in Erwägung ziehen.

Ebenso braucht es eine langfristige Strategie für den Aufbau funktionsfähiger staatlicher Strukturen und Dienstleistungen, die auf einem gesellschaftlichen Konsens beruhen. […] Ziel einer nachhaltigen Friedensstrategie muss sein, dass staatliche Institu-
70 tionen für die burkinische Gesellschaft wieder präsent und relevant werden. Genau hier liegt auch die Ambivalenz der Wahlen. Dass sie durchgeführt und dabei die Regeln eingehalten wurden, ist einerseits Ergebnis jahrzehntelanger zivilgesellschaftlicher Kämpfe. Gleichzeitig sind sie eben auch nur ein kleines Rad in einem System, in das die Menschen größtenteils nicht (mehr) vertrauen.

Schnabel, Simone: Mehr als Wahlen. Burkina Faso wählt friedlich, doch der Frieden ist weit entfernt. Aus: Leibniz Institut – Hessische Stiftung Friedens- und Konfliktforschung (Hrsg.): PRIF Spotlight 16/2020, Frankfurt/M., 27. November 2020, https://www.hsfk.de/fileadmin/HSFK/hsfk_publikationen/Spotlight1620.pdf

Anmerkungen
Die Autorin Simone Schnabel reagiert mit ihrem Text auf die Wahlen in Burkina Faso vom 22. 11. 2020, aus denen der amtierende Präsident Roch Marc Christian Kaboré, der das Land seit 2015 regiert, als Wahlsieger hervorgegangen ist. Kaboré wurde 2015 erstmals in das Amt gewählt, nachdem nach monatelangen Massenprotesten im Oktober 2014 das 27 Jahre andauernde Regime seines Vorgängers Blaise Compaoré gestürzt und zunächst eine einjährige Übergangsphase eingeleitet worden war, die mit der Wahl von 2015 endete.
Simone Schnabel ist Wissenschaftliche Mitarbeiterin am Leibniz Institut – Hessische Stiftung Friedens- und Konfliktforschung in Frankfurt (HSFK). Die Quelle PRIF-Spotlight ist vom HSFK herausgegeben.

1 Trigger: englisch für „Auslöser"
2 Soziale Marginalisierung (von lateinisch *margo* „Rand": Abschiebung ins Abseits) ist ein Vorgang, bei dem Bevölkerungsgruppen an den „Rand der Gesellschaft" gedrängt werden und dadurch nur wenig am wirtschaftlichen, kulturellen und politischen Leben teilnehmen können.

Hilfsmittel
Grundgesetz für die Bundesrepublik Deutschland

Lösungsvorschlag

1

TIPP *Anforderungsbereich: I, Gewichtung in Prozent: 30*

Der Operator „zusammenfassen" verlangt eine reduzierte und wertfreie Wiedergabe relevanter Textpassagen zu einem vorgegebenen Thema. Gemäß der Aufgabenstellung sollen Sie sich auf die Aspekte zur politischen und gesellschaftlichen Lage in Burkina Faso fokussieren. Lassen Sie alle Informationen, die für die Aufgabenstellung inhaltlich nicht relevant sind, außer Acht.

Eine gelungene Zusammenfassung erfordert die Formulierung eines Einleitungssatzes (Autor, Titel, Datum der Veröffentlichung, Textsorte, Quellenangabe, Thema) und die strukturierte Aufführung wesentlicher Aspekte. Dabei ist die Wahrung der sprachlichen Distanz von hoher Relevanz, sodass Sie folglich mit dem Konjunktiv und der indirekten Rede arbeiten müssen. Wählen Sie weitgehend eigene Formulierungen und vermeiden Sie wörtliche Zitate.

Vor dem Hintergrund der Präsidentschafts- und Parlamentswahlen in Burkina Faso am 22.11.2020 problematisiert die Autorin Simone Schnabel in ihrer fünf Tage nach der Wahl erschienenen Publikation „Mehr als Wahlen. Burkina Faso wählt friedlich, doch der Frieden ist weit entfernt", veröffentlicht und herausgegeben von der Hessischen Stiftung Friedens- und Konfliktforschung, **die politische und gesellschaftliche Lage** des westafrikanischen Staats. *[Einleitung (Autor, Titel, Datum der Veröffentlichung, Quellenangabe, Thema)]*

Trotz einer hohen Anzahl **burkinischer Binnenflüchtlinge** und einer **angespannten Sicherheitslage** sei die Durchführung der **Wahlen ein notwendiger Schritt** für das von Gewalt geprägte Land gewesen (vgl. Z. 1 ff.). Die Regierung solle nun nach der Wiederwahl von Roch Kaboré den Fokus auf die Ursachen und Folgen der im Land **herrschenden Missstände** legen (vgl. Z. 12 ff.). Diesbezüglich müsse unter anderem die **Problematik der Landrechte und -nutzung** thematisiert werden. Aufgrund der Liberalisierung und der damit einhergehenden Bevorteilung der städtischen Eliten werde die junge Landbevölkerung **am Landerwerb gehindert**. Folglich könne diese Gruppe zum einen keine Landwirtschaft betreiben und zum anderen erzeuge dieser Zustand ein **hohes Konfliktpotenzial zwischen den jeweiligen Bevölkerungsgruppen** (vgl. Z. 15 ff.). *[Situation vor den Wahlen: Binnenflüchtlinge, angespannte Sicherheitslage]* *[Probleme: hohes Konfliktpotenzial zwischen den Bevölkerungsgruppen]*

Der wenig präsente Staat habe mit **Kriminalisierung und Gewalt** auf die soziale Marginalisierung der Landbevölkerung reagiert, was laut Schnabel zu einem **Anstieg der Gewalt**, zu **Menschenrechtsverletzungen** und zur **Privatisierung des Gewaltmonopols** auf regionaler Ebene führte (vgl. Z. 23 ff.). Dieser Zustand und die fragile Staatlichkeit seien die Gründe für die **Präsenz jihadistischer Gruppen**, wodurch Landesteile im Grenzgebiet zu Mali unregierbar geworden seien (vgl. Z. 30 ff.). *[Anstieg der Gewalt u. a. durch die Verbreitung jihadistischer Gruppen]*

Auch im urbanen Raum sei es bereits vor der Corona-Pandemie zu zahlreichen **sozialen Protesten gegen die prekäre wirtschaftliche Situation der Bevölkerung** und die **mangelnde Reformbereitschaft** gekommen (vgl. Z. 38 ff.). Ausgehend von einer Afrobarometer-Umfrage aus dem Jahr 2019 sei zu erwarten, dass die Unzufriedenheit aufgrund der Pandemie weiterhin wachse (vgl. Z. 43 ff.). Präsident Kaboré, einer der Gründungsväter der **G5-Sahel-Allianz**, versuche mithilfe des Bündnisses, die politische und gesellschaftliche Lage des Landes militärisch zu stabilisieren, wobei bisher **nur geringe Erfolge** erzielt worden seien (vgl. Z. 48 ff.). Schnabel fordert eine **nachhaltige friedens- und sicherheitspolitische Strategie**, um die Konflikte zu bewältigen (vgl. Z. 55 f.). Darüber hinaus verlangt die Autorin eine Strategie zur Errichtung funktionierender Staatlichkeit, um die **Präsenz und Relevanz staatlicher Institutionen** für die Menschen in Burkina Faso zu erhöhen (vgl. Z. 67 ff.).

<aside>prekäre wirtschaftliche Lage auch in Städten</aside>

<aside>geringe Erfolge des militärischen Ansatzes</aside>

<aside>Forderung nach nachhaltigen Strategien</aside>

---

2 **TIPP** *Anforderungsbereich: II, Gewichtung in Prozent: 40*

Der Operator „charakterisieren" erfordert hier, ausgehend vom Text die Herausforderungen der Konfliktbewältigung in Burkina Faso in ihren Eigenarten zu beschreiben und typische Merkmale zu kennzeichnen. Mithilfe eines Fazits sollen die Aspekte zusammengeführt werden.
Greifen Sie auf das Ihnen aus dem Unterricht bekannte „Zivilisatorische Hexagon" als Modell der Konfliktbewältigung zurück. Dies erleichtert eine sinnvolle Strukturierung Ihres Textes.

Simone Schnabel umschreibt in ihrer Publikation eine Reihe von Herausforderungen für die Konfliktbewältigung in Burkina Faso. Um diese zu charakterisieren, wird im Folgenden das **Zivilisatorische Hexagon** herangezogen, in welchem der Friedensforscher Dieter Senghaas **sechs Bedingungen** aufstellt, die den sozialen Frieden und somit ein geregeltes Zusammenleben von Menschen mit verschiedenen Interessen gewährleisten sollen. Dazu gehören neben einem **staatlichen Gewaltmonopol Rechtsstaatlichkeit, soziale Gerechtigkeit, Interdependenz und Affektkontrolle**, eine **konstruktive Konfliktkultur** sowie **demokratische Partizipation**. Diese Bedingungen müssen zur Erreichung eines zivilisierten und friedvollen Miteinanders in Burkina Faso **wechselseitig zusammenwirken**.
Zunächst kann der westafrikanische Binnenstaat als **fragiler Staat** bezeichnet werden, da er Grundfunktionen wie Sicherheit, Rechtsstaatlichkeit und Grundversorgung wegen seiner schwachen staatlichen Institutionen nicht erfüllt und somit elementare staatliche Leistungen nicht erbringt. Dies wird mitunter in Schnabels Forderung

<aside>Zivilisatorisches Hexagon</aside>

<aside>fragile Staatlichkeit</aside>

nach einer „Strategie für den Aufbau funktionsfähiger staatlicher Strukturen und Dienstleistungen" (Z. 67 f.) deutlich.

Die fragile Staatlichkeit Burkina Fasos verhindert, dass das **Gewaltmonopol beim Staat** liegt, was nach Senghaas für den Zivilisierungsprozess wesentlich wäre, um durch die Entwaffnung der Einwohner ein gewaltfreies Miteinander innerhalb der Gesellschaft zu garantieren. Durch die Marginalisierung in Burkina Faso ist es zu einer Verbreitung dominanter jihadistischer Gruppen gekommen (vgl. Z. 30 ff.). Teile des Landes sind laut Schnabel unregierbar (vgl. Z. 33 ff.) und militärische Einsätze sind nur teilweise erfolgreich (vgl. Z. 51 ff.). Folglich zeigt sich an dieser Stelle eine von Terrormilizen ausgehende **Gefährdung der inneren Sicherheit durch Gewalt und Terrorismus**. Die mangelnde Durchsetzung eines staatlichen Gewaltmonopols und die nicht funktionierenden staatlichen Strukturen verhindern auch die im Zivilisatorischen Hexagon aufgeführte **Rechtsstaatlichkeit**, die durch einen verbindlichen rechtlichen Rahmen die Basis für eine faire Konfliktaustragung bilden würde.

Eine weitere Bedingung zur Durchsetzung eines zivilisierten Zusammenlebens ist die **soziale Gerechtigkeit**, die ein von der Politik hergestelltes Mindestmaß an Bedarfs-, Chancen- und Verteilungsgerechtigkeit impliziert. Dass in dem westafrikanischen Staat eine **soziale Ungleichheit** vorliegt, wird zu Beginn des Textes deutlich. Die Autorin weist auf die **Liberalisierung des Landerwerbs** hin, durch der der **Zugang zu Land für die jüngere ländliche Generation erschwert** sei. Dieser Zustand und die damit einhergehende Marginalisierung erhöhen das **Konfliktpotenzial zwischen den Generationen sowie zwischen Stadt und Land**. Sie sind die Ursache und der Auslöser von Gewalt (vgl. Z. 15 ff.). Hierdurch ist der soziale Frieden gefährdet. Außerdem verweist Schnabel auf die im urbanen Raum stattfindenden Demonstrationen „gegen [die] prekäre[n] Lebensbedingungen und das Ausbleiben wirtschaftlicher Reformen" (Z. 40 f.). Diese **ökonomische Unzufriedenheit** wird sich wohl auch nach der Corona-Pandemie nicht verbessern (vgl. Z. 43 ff.). Die damit verbundene **mangelnde wirtschaftliche Verflechtung** und die **Anwesenheit jihadistischer Gruppierungen** zeigen zudem, dass innerhalb des Landes die Bedingung der **Interdependenz und Affektkontrolle** nicht ausreichend erfüllt wird.

Die Autorin erwähnt Vorschläge zu **Konfliktlösungsansätzen**, zu denen unter anderem ein Dialogforum in Anwesenheit traditioneller, religiöser und staatlicher Autoritäten gehört (vgl. Z. 61 f.). Um Probleme in einer vom Pluralismus geprägten Gesellschaft zu artikulieren, wären solche multiperspektivischen Auseinandersetzungen notwendig. Da aber etwaige **Dialoge in Burkina Faso bisher nicht**

Mangel an Durchsetzung des Gewaltmonopols

Gefährdung der inneren Sicherheit durch Terrorismus

mangelnde Rechtsstaatlichkeit

soziale Ungleichheit

Konfliktpotenzial zwischen der Bevölkerung durch Liberalisierung des Landerwerbs

ökonomische Unzufriedenheit

fehlende Konfliktkultur

stattgefunden haben, mangelt es dort an einer **konstruktiven Konfliktkultur.**

Weiter ist gemäß dem Zivilisatorischen Hexagon die **demokratische Partizipation** ein relevanter Baustein, der die Möglichkeit der Interessenartikulation und des Einbringens in den politischen Prozess einschließt. Zur Zeit der Präsidentschafts- und Parlamentswahl 2020 blieb jedoch Hunderttausenden **Binnenflüchtlingen die Wahlteilnahme verwehrt.** Hier wird deutlich, dass es der Regierung an **Legitimation mangelt,** da ein hoher Anteil der Wahlberechtigten nicht an diesem demokratischen Akt teilnehmen konnte.

mangelnde demokratische Legitimation

Zusammenfassend zeigen sich anhand des Zivilisatorischen Hexagons einige zentrale Herausforderungen, die eine Konfliktbewältigung in Burkina Faso erschweren. So betont Schnabel neben einer mangelnden demokratischen Legitimation der Herrschaft das fehlende staatliche Gewaltmonopol, die soziale Ungleichheit, ökonomische Missstände, die Gefährdung der inneren Sicherheit und Defizite in der konstruktiven Konfliktkultur.

Fazit

---

3 **TIPP** *Anforderungsbereich: III, Gewichtung in Prozent: 30*

In dieser Teilaufgabe erfolgt der Übergriff auf Themen und Inhalte aus Q1/1 (Politische Partizipation zwischen Anspruch und Wirklichkeit).

Der Operator „erörtern" verlangt eine reflektierte Auseinandersetzung mit einem Problem und führt zu einem Sach- und/oder Werturteil. Unter Bezugnahme auf Ihr Fachwissen zur Bedeutung von Wahlen in einer Demokratie sollen Sie die Situation in Burkina Faso in den Kontext einbetten. Dabei ist es wichtig, dass Sie mit den Kategorien Effizienz, Legitimität und Grundwerte arbeiten und die Argumente kriteriengeleitet (Legitimität: Repräsentativität, Partizipation; Effizienz: politische Durchsetzbarkeit, Wirksamkeit usw.) aufführen.

In einer Erörterung müssen zwingend Pro- und Kontra-Argumente angebracht werden. Dabei können Sie das Sanduhrenmodell (erst Pro-, dann Kontraargumente) oder wie hier im Beispiel eine eher dialektische Erörterung nutzen. Am Ende müssen Sie auf Grundlage der Argumente im Hauptteil Ihre Meinung in einem abschließenden Urteil äußern.

Simone Schnabel problematisiert die Situation in Burkina Faso, die durch politische, soziale und ökonomische Missstände geprägt ist (siehe Aufgabe 2). Sie berichtet eingangs über den **Ausschluss von ca. 400 000 Binnenflüchtlingen** bei den Präsidentschafts- und Parlamentswahlen in Burkina Faso, die sie als „wichtige[n] Schritt" (Z. 1 f.) und gleichzeitig als „kleines Rad" (Z. 73) im System bezeichnet. Die Tatsache, dass Bürgern des Landes die Teilnahme an diesem demokratischen Akt verwehrt wurde, impliziert eine **fehlende Legitimation** der amtierenden Regierung unter Roch Kaboré.

Einleitung
politische Situation

Hierbei stellt sich die Frage, ob die **Wahlbeteiligung der Binnen-flüchtlinge die politische Situation nachhaltig verbessert** hätte. Im Folgenden soll daher die **Bedeutung von Wahlen für die Kon-fliktbewältigung** in Demokratien erörtert werden.

Wahlen sind ein relevantes Mittel der **Partizipation**. Durch die Wahlteilnahme haben Bürger in einer Demokratie die Möglichkeit, ihre **Repräsentanten** zu wählen oder sich selbst zur Wahl zu stellen. So soll gewährleistet werden, dass die Interessen aller Bevölke-rungsgruppen vertreten sind. Außerdem wird **durch Wahlen das politische System legitimiert**. Die gewählten Politiker treffen im Parlament im Namen der Bevölkerung politische Entscheidungen. Dieser Aspekt ist hinsichtlich des sozialen Friedens von großer Be-deutung, da die **demokratische Legitimation die Grundlage für die Bewältigung innenpolitischer Konflikte** bildet.

Wahlen als Mittel der Partizipation

Legitimation und Responsivität

In dieser Hinsicht haben Wahlen in einem fragilen Staat wie Burkina Faso kaum eine Bedeutung. Den Binnenflüchtlingen wurde durch die **Nichtteilnahme an den Wahlen der Einfluss auf die Regie-rungsbildung verwehrt** (vgl. Z. 6 ff.). Die Folgen sind eine fehlen-de Identifikation mit der Regierung sowie **Politikverdrossenheit**. **Gewalt und fehlende Sicherheit begleiten den Alltag**, weswegen sich die Zahl der Binnenflüchtlinge, die auch bei der nächsten Wahl nicht beteiligt sind, nicht verringern wird. So wird **keine demokra-tisch legitimierte Herrschaft** herbeigeführt. Die Interessen der bur-kinischen Bürger werden nicht umfänglich oder gar nicht repräsen-tiert und die Konfliktbewältigung nicht vorangetrieben. Das politi-sche System ist zudem von Missständen geprägt, da Teile des Lan-des aufgrund der Anwesenheit jihadistischer Gruppen **unregierbar** sind und lokale Repräsentanten geflohen sind (vgl. Z. 33 ff.). Das **Gewaltmonopol liegt nicht beim Staat**. Entsprechend **einge-schränkt sind die Einflussmöglichkeiten** einer gewählten Volks-vertretung und damit die Bedeutung der Parlaments- und Präsident-schaftswahl für die Bürger des Landes und die **innenpolitische Kon-fliktbewältigung**.

Burkina Faso: keine Partizipa-tionsmöglichkeit für Binnenflücht-linge; fehlendes Gewaltmonopol

Wahlen ermöglichen in Demokratien weiterhin die **Kontrolle der politischen Herrschaft durch die Opposition**, die sich in das par-lamentarische Verfahren einbringen kann. Politische Probleme las-sen sich so zwischen den Interessengruppen innerhalb der Volks-vertretung artikulieren. Dies **verhindert eine außerparlamentarische Ausfechtung** und trägt zum friedlichen Miteinander bei.

Kontrolle des politischen Systems

Die Strukturen in Burkina Faso sind jedoch allein wegen der ökono-mischen Probleme und der Gewaltausbreitung durch Terrormilizen so komplex, dass Wahlen allein die **Konfliktursachen nicht direkt verändern** und deswegen eine geringere Bedeutung für das Land haben. Im Text werden entsprechend **Reformen** als elementar ange-sehen, durch welche die Konfliktbewältigung zumindest politisch

Burkina Faso: keine Bekämp-fung der Konflikt-ursache durch Wahlen

durchsetzbarer wäre. Allein die **Schaffung ökonomischer und öffentlicher Sicherheit** könnte bereits zielführend sein, denn sobald den burkinischen Bürgern diese Sicherheiten gewährt werden, würden Unzufriedenheit und Gewaltbereitschaft im Land sinken.

Schnabel schreibt von Kontrahenten Kaborés, die in den Wahlkampf **verschiedene Formen des Dialogs zur Konfliktbewältigung** eingebracht haben (vgl. Z. 56 ff.). Wahlen ermöglichen einen vom Pluralismus geprägten Diskurs durch untereinander konkurrierende **alternative Sachprogramme**. Hier ergibt sich die Chance, Ideen und Alternativen einzubringen, die einen Beitrag zur Konfliktbewältigung leisten, sodass die Partizipation aller Interessengruppen ermöglicht wird. An dieser Stelle fungieren Wahlen als **Verbindung der politischen Institutionen mit den Präferenzen der Wählerschaft**, die durch einen Wahlkampf dazu mobilisiert wird, sich für ihre Interessen einzusetzen. Neben den im urbanen Raum stattfindenden Demonstrationen (vgl. Z. 38 ff.) gäbe es somit eine **weitere Form der politischen Partizipation**. Wahlkampf als Möglichkeit des politischen Austauschs

Die im Beitrag angesprochene **Diskurs- und Dialogstruktur** zur Konfliktlösung **setzt jedoch keine demokratischen Wahlen voraus** (vgl. Z. 64 ff.). Etwaige Gespräche in Anwesenheit verschiedenster Interessengruppen – auch außerhalb des politischen Systems – sind die Basis für eine nachhaltige Förderung der **Kommunikationskultur**. Erst dann könnten tieferliegende innenpolitische Probleme gelöst werden und Wahlen würden ihren demokratischen Effekt erzielen. Burkina Faso: Entwicklung einer Diskurs- und Dialogstruktur essenziell

Demokratische Wahlen scheinen in einem fragilen Staat wie Burkina Faso von **geringer Bedeutung** zu sein, sind aber dennoch **wichtig:** Die mangelnde Durchsetzung eines staatlichen Gewaltmonopols begrenzt zwar den Einfluss der demokratisch legitimierten Herrschaft, die Durchführung einer Wahl erhöht aber die **Repräsentativität** der unterschiedlichen Interessen. Wahlen verschaffen der Bevölkerung einen **Partizipationsspielraum**, der zur **Konfliktlösung** beitragen kann. Es ist jedoch fraglich, ob Wahlen, die in **funktionierenden Demokratien unabdingbar** sind, die Konflikte in fragilen Staaten bewältigen können. Dort sind sie unbestritten ein **relevanter politischer Akt**, aber es bedarf politischer Veränderungen in Form von Reformen, um die vorhandenen Probleme zu bewältigen. Die angestrebte **Diskurs- und Dialogkultur** in Burkina Faso ist zunächst eine Möglichkeit der Annäherung verschiedener Interessengruppen. **abschließendes Urteil** unter Einbezug der Argumente aus den Kategorien „Effizienz" und „Legitimität"

WIRTSCHAFTSPOLITIK IN DER SOZIALEN MARKTWIRTSCHAFT
(12/2: Soziale Marktwirtschaft zwischen Anspruch und Wirklichkeit; 12/1: Politische Partizipation zwischen Anspruch und Wirklichkeit)

Thema: Soziale Marktwirtschaft und politische Partizipation

Aufgabenstellung

1 Fassen Sie Tilman Santarius' Einschätzung des Regierungshandelns in der Coronakrise zusammen.

2 Arbeiten Sie Santarius' Auffassung von der Rolle des Staates in der sozialen Marktwirtschaft heraus.

3 Erläutern Sie ausgehend vom Text unterschiedliche Formen politischer Partizipation in Deutschland.

4 Erörtern Sie ausgehend vom Text (Z. 67–80) Santarius' Forderung, ein Grundeinkommen einzuführen, vor dem Hintergrund von Grundwerten der sozialen Marktwirtschaft.

M   **Tilman Santarius: Die Lehre aus Corona: Weniger Wachstum wagen!**

Aufgrund der Dominanz der ökonomischen Folgen der Coronakrise wird eines weitgehend verdrängt: Aus ökologischer Sicht macht die Rückschau auf die erste Welle von Sars-CoV-2 und das politische Management der Krise durchaus einige Hoffnung. Deutschland hat Anfang April rund 26 Prozent weniger CO_2 als üblich emittiert.
5 Für das ganze Jahr 2020 prognostizieren Klimaforscher*innen einen Rückgang der globalen Emissionen um 4,2 bis 7,5 Prozent. Es lässt sich kaum bezweifeln: Selten ist der industrielle Teil der Weltgesellschaft mittels demokratisch eingeführter Maßnahmen einen solchen Schritt in Richtung ökologische Nachhaltigkeit gegangen. Der nationale wie internationale Flugverkehr war in den letzten Monaten beinahe vollständig
10 heruntergeregelt worden. Auf den Straßen fuhren gemäß Bundesanstalt für Straßenwesen zeitweise rund 80 Prozent weniger Busse und 70 Prozent weniger Pkw, in der Gesamtbetrachtung aller Kraftfahrzeuge ging der Verkehr um mehr als 50 Prozent zurück. Alles zusammen hat zu deutlich besserer Luft in den Städten und weit weniger klimaschädlichen Treibhausgasemissionen geführt – zumal auch in der Industrie die
15 Emissionen um 20 Prozent zurückgegangen sind. […] Das politische Management in Deutschland kann im Großen und Ganzen für sich beanspruchen, mit Solidarität und öffentlicher Hilfe den Lebensunterhalt der meisten Bürger*innen gesichert und gleichzeitig einen einzigartigen Beitrag zur ökologischen Nachhaltigkeit geleistet zu haben.

Auch wenn sich die meisten Bürger*innen derzeit zweifellos wünschen, dass wir in
der Öffentlichkeit bald wieder ohne Mund-Nasen-Bedeckung auftreten dürfen, stellt
sich daher die grundlegende Frage: Kann eine derart politisch gesteuerte Mäßigung
des Verkehrs, der Wirtschaftsleistung und ergo der Treibhausgasemissionen bei
gleichzeitiger finanzieller und politischer Solidarität zur Wahrung eines würdigen Lebens aller Bürger*innen nicht ein Modell für eine zukunftsfähige Gesellschaft sein?

Mitnichten – meint offenbar die große Mehrzahl der Expert*innen. Wie die fast
einhellige Zustimmung zum gewaltigen Konjunkturprogramm der Bundesregierung
zeigt, scheint es eine stille Übereinkunft unter Deutschlands Ökonom*innen, Politiker*innen und sogar vielen Vertreter*innen der Zivilgesellschaft zu geben, möglichst
bald zum Status quo vor der Krise zurückzukehren. Ob rechts oder links, ob Umwelt-
oder Sozialverbände: Die meisten Stimmen im gegenwärtigen öffentlichen Diskurs
plädieren für massive staatliche Neuverschuldung, um möglichst rasch die Produktion
und den Konsum wieder zum Brummen zu bringen und die Wachstumswirtschaft wieder herzustellen – inklusive fortlaufend steigendem Produktivitätsdruck und Zeitstress
für die Einzelnen. Von dem historisch beispiellosen Mut aber, mit dem die Regierung
erst vor drei Monaten dem Gemeinwohl klar den Vorrang vor der Sicherung von Un-
ternehmensgewinnen und Arbeitsplätzen eingeräumt hat, ist nur noch Mittelmaß
übriggeblieben. Statt das politische Management der Coronakrise als Einstand für den
Übergang in eine solidarische und umweltfreundliche Ökonomie zu betrachten, geht
es darum, möglichst schnell in die „schöne alte Welt" zurückzukehren. Ein bisschen
Geld für Elektroautos und ein paar andere Ingredienzien eines Green Deal[1] sollen dabei den Rückschritt als Fortschritt kaschieren. [...]

Die massiven Unsicherheiten, wie es mit der von Corona ausgehenden Gefahr wei-
tergehen wird, sind [...] ein trefflicher Anlass, den aus jeder Wirtschaftskrise bekann-
ten Ruf nach öffentlich finanzierter Ankurbelung der Konjunktur in Frage zu stellen.
Viel sinnvoller könnte es sein, die knappen öffentlichen Mittel für strukturelle Maßnahmen einzusetzen, um die Wirtschaft auf einem insgesamt niedrigeren Niveau des
Bruttoinlandsprodukts funktionsfähig zu halten. [...] Denn in Zeiten zunehmenden
Klimawandels, schwindender Ressourcen bei steigender Weltbevölkerung sowie
einem beispiellosen Verlust der Artenvielfalt [...] dürften uns noch ganz andere (Wirt-
schafts-)Krisen bevorstehen. Wenn sie alle mit milliardenschweren Konjunkturpake-
ten kuriert werden sollen, werden die Wurzeln des Problems nie angegangen und zugleich den kommenden Generationen eine noch übermächtigere Schuldenlast aufgebürdet. Nur grundlegende strukturelle Maßnahmen können für die ganze Bevölkerung
Einkommen, Arbeitsplätze und eine stabile Versorgung insbesondere durch die sozialen Sicherungssysteme garantieren, ohne dass ein Zwang zu fortlaufendem Wirtschaftswachstum besteht.

Die gute Nachricht ist: Aus volkswirtschaftlicher Sicht kann eine Wirtschaft auch
auf einer niedrigeren Produktionsebene und ohne Wachstum stabil und funktionsfähig
sein – und dabei die Umwelt weitaus weniger belasten. [...] Um das zu erzielen, bedarf
es erstens einer Reduktion der gesamtwirtschaftlichen Arbeitsmenge. Das kann durch
eine allgemeine Arbeitszeitverkürzung im Sinne einer „Kurzen Vollzeit" umgesetzt
werden. So könnte eine 32-Stunden- oder eine 24-Stunden-Woche die bisherige Vollarbeitszeit von rund 40 Stunden pro Woche ersetzen – eine Situation, die während der

letzten Monate des Corona-Shutdowns ohnehin für viele galt und an die sich etliche
gar nicht so ungern gewöhnt haben.

Bei einem insgesamt niedrigeren BIP wird der Bedarf der Unternehmen an Arbeitnehmer*innen abnehmen und die Arbeitslosigkeit steigen. Daher muss zweitens endlich ein allgemeines Grundeinkommen eingeführt werden, das soziale Sicherung,
(Klein-)Unternehmertum und selbstständiges Tätigsein unabhängig von einer krisen-
bedingt schwankenden Konjunktur und nach Abschied der (alten) Vollarbeitszeit insbesondere für Geringverdienende garantiert. Das Grundeinkommen dürfte nicht lediglich auf dem Niveau bestehender Existenzsicherungen wie Hartz IV und Mindestrente
liegen und müsste in der Auszahlung möglichst wenig Bürokratie erfordern. Mehrere
Petitionen mit einer überwältigenden Summe an Unterschriften haben in der kurzen
Zeit seit Corona deutlich gemacht, dass die Zeit dafür mehr als reif ist.

Auch die Finanzierung des Grundeinkommens kann auf den Zusammenhalt bauen,
den die Bevölkerung in der Coronakrise bewiesen hat. Die erforderlichen Einnahmen
können durch eine Solidaritätssteuer von Besserverdienenden und Vermögenden be-
stritten werden, zum Beispiel […] durch einen höheren Spitzensteuersatz von 70 oder
80 Prozent und eine höhere und progressive Besteuerung von Vermögen.

Anstatt die Lösung der Coronakrise durch exorbitante Schulden faktisch in die Zukunft zu verlagern, würde die Krise so in der Gegenwart bekämpft. […] Meist scheitern drastische Steuererhöhungen an den realpolitischen Kräfteverhältnissen und der
allgemeinen Mutlosigkeit vieler Politiker*innen in der sogenannten politischen Mitte.
Nun aber besteht „dank Corona" ein Fenster der Möglichkeiten, in dieser höchst unge-
wöhnlichen Situation ungewöhnliche Maßnahmen einzuführen. […]

Tilman Santarius: Die Lehre aus Corona: Weniger Wachstum wagen!, in: Blätter für deutsche und
internationale Politik 7/2020, S. 9–12, www.blaetter.de

Anmerkungen

1 Green Deal: Begriff für ein wirtschaftspolitisches Konzept, um umweltpolitische Ziele zu
   erreichen, wie z. B. die Reduktion des Ausstoßes von klimaschädlichen Treibhausgasen.

Das Textmaterial stammt aus der politikwissenschaftlichen Fachzeitschrift „Blätter für deutsche und
internationale Politik" und erschien im Juli 2020 nach der ersten Welle der Corona-Pandemie in
Deutschland. Tilman Santarius ist Professor für sozial-ökologische Transformation und nachhaltige
Digitalisierung an der Technischen Universität Berlin und Mitglied im Aufsichtsrat der Umwelt-
schutzorganisation Greenpeace.

Hilfsmittel
Grundgesetz für die Bundesrepublik Deutschland

Lösungsvorschlag

1 **TIPP** *Anforderungsbereich: I, Gewichtung in Prozent: 20*

Der Operator „zusammenfassen" verlangt hier von Ihnen eine knappe, strukturierte und inhaltlich fokussierte Darstellung der wesentlichen Aspekte des Textes. Dabei sollen Sie selektiv vorgehen und sich nur auf den Aspekt der Bewertung des Regierungshandelns in der Coronakrise durch den Autor konzentrieren. Achten Sie auf eine sprachlich distanzierte und unkommentierte Darstellungsweise, am besten durch Verwendung des Konjunktivs. Verzichten Sie auf lange Zitate, belegen Sie aber Ihre Ausführungen mit den passenden Zeilenangaben.

Tilman Santarius, Professor für sozial-ökologische Transformation und nachhaltige Digitalisierung sowie Mitglied im Aufsichtsrat von *Greenpeace*, bewertet in seinem Artikel „Die Lehre aus Corona: Weniger Wachstum wagen!" aus „Blätter für deutsche und internationale Politik" 07/2020, S. 9–12, das **Handeln der (Bundes-)Regierung zwiespältig**. Zunächst schätzt er die Maßnahmen zur Überwindung der ersten Welle der Corona-Pandemie **positiv** ein (vgl. Z. 2 ff.), kritisiert anschließend jedoch massiv die **geplanten Aktionen** zur Überwindung der **ökonomischen Folgen** (vgl. Z. 34 ff.).

(Randnotiz: Einleitung: Quelle, zentrale These)

Er erkennt an, dass die politischen Maßnahmen zu einer erheblichen **Reduktion des CO$_2$-Ausstoßes** geführt (vgl. Z. 4) und somit deutlich zum Ziel der **ökologischen Nachhaltigkeit** beigetragen hätten (vgl. Z. 18). Gleichzeitig sei es gelungen, die **wirtschaftlichen Existenzgrundlagen** derjenigen Bevölkerungsteile, die von den einschränkenden Regelungen betroffen waren, **hinreichend zu sichern** (vgl. Z. 15 ff.). Die geplanten Maßnahmen zur Überwindung der hieraus resultierenden negativen wirtschaftlichen Folgen lehnt er allerdings als **rückwärtsgewandt** (vgl. Z. 41 f.) und **nicht zukunftsweisend** ab. Statt den Weg der **Reduktion von umweltbelastendem wirtschaftlichem Wachstum** weiter zu beschreiten und als **Zukunftsmodell** zu betrachten (vgl. Z. 21 ff.), verfolge die Regierung das gegenteilige Ziel: Die geschrumpfte Wirtschaftsleistung solle durch ein gigantisches **kreditfinanziertes Konjunkturprogramm** angekurbelt werden, insbesondere über eine deutliche Steigerung des Konsums mit den damit verbundenen vermeintlich positiven Folgen für die wirtschaftliche Entwicklung (vgl. Z. 25 ff.). Der Regierung fehlt laut Santarius der Mut, die **Ursachen** gegenwärtiger und zukünftiger Probleme wie Klimawandel und Endlichkeit der Ressourcen anzugehen und einen **grundlegenden Kurswechsel** hin zu einem **solidarischen und umweltfreundlichen Wirtschaftssystem** zu vollziehen. Sie falle zurück und setze weiter auf eine **wachstumsorientierte Konjunkturpolitik** (vgl. Z. 37 ff.).

(Randnotiz: Begründung der ambivalenten Beurteilung ökologische Nachhaltigkeit, individuelle wirtschaftliche Sicherheit)

(Randnotiz: Rückkehr zur Konsum- und Wachstumsorientierung)

> In dieser Aufgabe müssen Sie aus dem Material die Auffassung des Autors von der Rolle des Staates in der Sozialen Marktwirtschaft herausarbeiten und die einzelnen Aspekte zueinander in Beziehung setzen. Hierbei sollten Sie ggf. auch implizite, d. h. nicht ausdrücklich genannte, dem Text aber zugrunde liegende Sachverhalte berücksichtigen.

Der Autor setzt in seinen Ausführungen durchgängig einen sehr **aktiven Staat** im Bereich des wirtschaftspolitischen Handelns voraus. Dies zeigt sich sowohl in der positiven Bewertung der einschneidenden Eingriffe der Regierung in wirtschaftliche Prozesse während der ersten Corona-Welle als auch in seinen Forderungen nach Beibehaltung bzw. Weiterentwicklung dieser Eingriffe nach einem (möglichen) Ende der Corona-Pandemie.

Staat als wirtschaftspolitischer Akteur

Implizit anknüpfend an die wirtschaftspolitischen Ziele des **Magischen Sechsecks** sowie an zentrale **Grundwerte der Sozialen Marktwirtschaft** fordert er zahlreiche einschneidende Korrekturen problematischer Marktergebnisse.

Ziele des Magischen Sechsecks und Grundwerte

Dem Staat kommt die Aufgabe zu, den wirtschaftlichen **Ordnungsrahmen** für das gesellschaftliche Leben zu gestalten, auch um mögliche Probleme und Krisen zu entschärfen oder abzuwenden. In diesem Zusammenhang lassen sich die staatlichen Regulierungsmaßnahmen zu Beginn der Pandemie 2020, wie z. B. die Reduktion von Mobilität (z. B. Flugreisen) und die Einschränkung infektionsrelevanter wirtschaftlicher Leistungen (z. B. Einzelhandel, Restaurantangebote), einordnen. Ziel dieser Eingriffe war die Gewährleistung von **Sicherheit** (Gesundheit) als zentraler Wert der Sozialen Marktwirtschaft, woraus sich allerdings ein **starker Zielkonflikt** mit einem ihrer anderen Grundwerte, der **Freiheit**, ergab.

ordnungspolitischer Rahmen

Grundwerte: Sicherheit und Freiheit

Santarius möchte es aber nicht dabei belassen, sondern die ergriffenen Maßnahmen als künftiges Modell für staatliches Regulierungshandeln verstanden wissen, als „Einstand für den Übergang in eine solidarische und umweltfreundliche Ökonomie" (Z. 37 f.). Implizit knüpft er dabei an die **qualitativen Ziele** des **Magischen Sechsecks** an: den **Schutz der Umwelt** und die **gerechte Einkommens- und Vermögensverteilung**. Zielkonflikte mit anderen, quantitativen Zielen des Sechsecks wie Wachstum und Vollbeschäftigung sieht er nicht, weil er weiteres Wirtschaftswachstum für schädlich sowie für nicht notwendig erachtet (vgl. Z. 57 ff.) und als Belastung für die Beschäftigten versteht (vgl. Z. 33 f.).

neues Wirtschaftsmodell

qualitative Ziele: Umweltschutz und soziale Gerechtigkeit

Der **Schutz der Umwelt** und somit der Schutz der natürlichen Lebensgrundlagen stehen für den Autor als Ziel staatlicher Wirtschaftspolitik im Fokus. Die hierzu notwendigen Reduktionen der CO_2-

Emissionen erfordern staatliche Maßnahmen, wie sie in der Corona-Pandemie erfolgreich ergriffen wurden (vgl. Z. 4 ff.). Statt zügellosem Wirtschaftswachstum sollte das BIP insgesamt **abgesenkt bleiben**, z. B. durch grundlegende **strukturpolitische Maßnahmen** wie die allgemeine Verkürzung der Arbeitszeit (vgl. Z. 59 ff.).

Senkung des BIP durch strukturelle Maßnahmen

Der damit verbundene Einkommensverlust, der insbesondere Geringverdiener betreffen würde, kann nach Santarius durch ein „**allgemeines Grundeinkommen**" (Z. 68), das Hartz IV und Mindestrente deutlich übersteigt, ausgeglichen werden (Berücksichtigung des Grundwerts der **sozialen Sicherheit** und des Sozialprinzips). Die Finanzierung wäre durch eine „Solidaritätssteuer von Besserverdienenden und Vermögenden" (Z. 78) gewährleistet, wodurch gleichzeitig ein qualitatives Ziel des Magischen Sechsecks, die **gerechte Einkommens- und Vermögensverteilung**, gefördert würde.

allgemeines Grundeinkommen

Der Autor sieht die geforderten Maßnahmen **nicht im Widerspruch zur Funktionsfähigkeit** des Marktes und erkennt somit ein wesentliches Prinzip der Sozialen Marktwirtschaft, das **Marktkonformitätsprinzip**, als wichtig an (vgl. Z. 57 ff.). Insbesondere der Hinweis auf die extreme Verschuldung der öffentlichen Haushalte, mit der in alter Gewohnheit (Wirtschafts-)Krisen kuriert werden sollen, deutet darauf hin. Zunehmende Verschuldung **ohne grundlegenden Strukturwandel** werde den Handlungsspielraum künftiger Generationen weiter einengen, ohne die Wirtschaft auf Dauer zu stabilisieren (vgl. Z. 50 ff.).

Marktkonformität der Maßnahmen

Notwendigkeit eines Strukturwandels

3 **TIPP** *Anforderungsbereich: II, Gewichtung in Prozent: 20*

Diese Aufgabe erfordert einen Übergriff vom Themenbereich „Soziale Marktwirtschaft zwischen Anspruch und Wirklichkeit" (12/2) auf das Kursthema „Politische Partizipation zwischen Anspruch und Wirklichkeit" (12/1). Sie sollen Kenntnisse aus dem 1. Semester der Qualifikationsphase mit passenden Passagen des Textes in Verbindung bringen, indem Sie verschiedene Möglichkeiten der politischen Partizipation in Deutschland anhand von Beispielen, die u. a. an den Text anknüpfen, aufzeigen. Sofern es sich anbietet, könnte die Einbeziehung politischer Theorien Ihre Darstellung vertiefen.

Santarius' Ausführungen zum Regierungshandeln während und nach der ersten Corona-Welle deuten an einigen Stellen verschiedene Möglichkeiten politischer Teilhabe und Mitbestimmung an, die sich durch das Grundgesetz legitimieren.

Formen politischer Teilhabe

So spricht er indirekt das **Parteiensystem** an, indem er dessen durchgehende Tendenz zur Unterstützung althergebrachter Vorgehensweisen zur Wiederherstellung der Situation vor der Krise kritisiert (vgl. Z. 29 ff.). Art. 21 GG misst den politischen Parteien eine besonders hervorgehobene Rolle im politischen Willensbildungs- und Entscheidungsprozess bei. Die einseitige Sichtweise moniert Santarius auch bei zahlreichen **Verbänden**, die der Bevölkerung zusätzlich über eine Mitgliedschaft oder ein Engagement die Möglichkeit bieten, ihre Interessen und Positionen wirkungsvoll darzustellen und ggf. durchzusetzen. Der Autor benennt explizit **Umwelt- und Sozialverbände** (vgl. Z. 29 f.), deren Wirken durch Art. 9 I GG gesichert ist. Besonders bedeutsam sind im Kontext der Wirtschaftspolitik darüber hinaus die **Gewerkschaften** und **Arbeitgeberverbände**, über deren Lobbyarbeit insbesondere Konjunkturspritzen zur Ankurbelung des Wirtschaftswachstums mit vermeintlich positiven Folgen für die Unternehmensgewinne sowie die Beschäftigungsquote durchgesetzt werden können. Nach Art. 9 III GG haben diese Verbände einen besonders **hohen Verfassungsrang** (Recht zu Arbeitskampfmaßnahmen wie Streiks oder Aussperrung) im Vergleich zu anderen Verbänden. Sie stellen aufgrund der **Nähe zu einigen Parteien** sowie aufgrund ihrer großen **Bedeutung für den gesellschaftlichen Wohlstand** einen gewichtigen Machtfaktor dar.

Mitgliedschaft und Mitarbeit in Parteien

Engagement in Verbänden

Im Kontext seiner Kritik an der Forderung nach einer Rückkehr zu einer Wachstumsorientierung nennt Santarius auch Vertreter der **Zivilgesellschaft** (vgl. Z. 28), die sich in sozialen, ökonomischen, kirchlichen oder ähnlichen Bewegungen für ihre Ziele engagieren. Sie können beispielsweise über medienwirksame öffentliche Veranstaltungen, die u. a. durch das **Demonstrationsrecht** nach Art. 8 GG abgesichert sind, den politischen Willensbildungs- und Entscheidungsprozess nachhaltig beeinflussen.

Bürgerinitiativen und soziale Bewegungen

Demgegenüber erscheint die vom Autor angeführte Möglichkeit, über das **Petitionsrecht** (vgl. Z. 73 ff.), verfassungsrechtlich gesichert in Art. 17 GG, politischen Einfluss zu nehmen, bescheidener. Durch Petitionen können Bürger konkrete **Vorschläge** zu einem Problemfeld, wie z. B. zum allgemeinen Grundeinkommen, vorbringen oder auch direkt **Beschwerden** an politische Entscheidungsträger richten. Durch eine hohe Zahl an Unterschriften kann sicherlich zumindest ein gewisser Druck gegenüber den Regierenden aufgebaut oder eine Sensibilisierung erreicht werden.

Petitionsrecht

Eine relativ neue, aber zunehmend bedeutende Form der Partizipation stellen die verschiedenen **Plattformen der digitalen/sozialen Medien** dar, in denen schnell und zielgerichtet politische Meinungen kundgetan werden können. Hierauf geht der Autor nicht ein.

soziale Medien

Die Möglichkeit der Bürger, politischen Einfluss über **Wahlen und Abstimmungen** (vgl. Art. 20 sowie Art. 38 GG) auszuüben, wird

Wahlen und Abstimmungen

von Santarius nur indirekt aufgegriffen, indem seine Ausführungen nahelegen, dass notwendige unpopuläre Maßnahmen wie drastische Steuererhöhungen aus **Angst vor Wahlniederlagen** nicht durchgesetzt würden (vgl. Z. 82 ff.). Diese Überlegung zeigt, dass politische Entscheidungsträger abwägen müssen, wie ihre Maßnahmen bei der Wählerschaft ankommen. Somit ist das **Wahlrecht** ein besonders **mächtiges Instrument** der Bürger, um Einfluss auf das politische Geschehen auszuüben. Dieser Aspekt gewinnt noch weiter dadurch an Bedeutung, dass Art. 20 II GG auch ausdrücklich die Möglichkeit vorsieht, dass das Volk durch **Abstimmungen**, also nicht nur durch Wahlen von Repräsentanten, seine **Souveränitätsrechte** ausüben kann, wenngleich die gegenwärtige politische Wirklichkeit in Deutschland hierzu noch wenig Raum bietet.

4 | TIPP | *Anforderungsbereich: III, Gewichtung in Prozent: 30*

Der Operator „erörtern" erwartet von Ihnen eine reflektierte, abwägende Auseinandersetzung mit Santarius' Forderung, ein Grundeinkommen einzuführen. Ausgangspunkt ist der Textabschnitt Z. 67–80. Ihre Ausführungen sollen sich an den Grundwerten der Sozialen Marktwirtschaft orientieren, was Ihnen die Strukturierung der Bearbeitung erleichtert.

Hinsichtlich der grundsätzlichen Vorgehensweise erscheint es bei dieser Aufgabenstellung sinnvoll, zunächst nochmals knapp auf die Ausführungen des Autors im benannten Textabschnitt einzugehen. Entwickeln Sie anschließend anhand der o. g. Grundwerte Argumente, welche seine Forderung nach der Einführung eines Grundeinkommens stützen. In einem zweiten Schritt unterziehen Sie diese Position einer fundierten Kritik, ebenfalls vor dem Hintergrund der Grundwerte der Sozialen Marktwirtschaft. Darauf aufbauend sollten Sie zu einem eigenständigen, differenziert begründeten Urteil gelangen, in dem sowohl Aspekte des Sach- als auch des Werturteils Berücksichtigung finden.

Der Autor entwickelt ein **sozial-ökologisches Konzept**, welches einen **grundlegenden Wandel** in der Ausrichtung der Wirtschaftspolitik zum Inhalt hat. Die angestrebte Senkung des BIP würde aufgrund der geringeren Wirtschaftsaktivität einen Anstieg der Arbeitslosigkeit zur Folge haben, die durch die Einführung eines **garantierten Grundeinkommens** sozial abzufedern sei. Insbesondere Geringverdiener, Kleinunternehmer und selbstständig Tätige sollten dadurch eine **gesicherte Existenz** erhalten (vgl. Z. 67 ff.). Die Zahlungen sollen höher sein als die gegenwärtige Existenzsicherung über Hartz IV und Mindestrente sowie unbürokratisch erfolgen. Zur Finanzierung sei eine „Solidaritätssteuer von Besserverdienenden und Vermögenden" (Z. 78) heranzuziehen.

Grundeinkommen im Kontext des sozial-ökologischen Umgestaltungskonzepts

Zunächst scheint es so, dass Santarius' Forderung im Kontext seines Konzepts den **zentralen Grundwerten** der Sozialen Marktwirtschaft in besonderer Weise entspricht.

Pro-Argumente: soziale Grundwerte

Ein Grundeinkommen dient dem Bedürfnis nach **Sicherung der materiellen und ökologischen Lebensgrundlagen.** Ein über die gegenwärtige Existenzsicherung hinausgehendes Grundeinkommen kann einem infolge reduzierter Arbeitszeit deutlich gesunkenem Einkommen entgegenwirken. Gleichzeitig wird indirekt wegen der **ökologischen Nachhaltigkeit** des Konzepts auch dem Bedürfnis nach **sicheren ökologischen Lebensbedingungen** entsprochen und der **soziale Friede** gefördert.

Sicherheit

ökologische Nachhaltigkeit

sozialer Friede

Das allgemeine Grundeinkommen ermöglicht ein höheres Maß an **Freiheit** und **Selbstverwirklichung**, da schlecht bezahlte Arbeitsangebote oder Angebote mit schlechten Arbeitsbedingungen nicht angenommen werden müssten. Arbeit würde ausschließlich freiwillig aufgenommen, was insgesamt zu einer gesamtgesellschaftlich höheren Leistung und sozialem Frieden führen könnte. Dies wiederum fördert effektiv das **Gemeinwohl**.

Freiheit und Selbstverwirklichung

Gemeinwohl

Das allgemeine Grundeinkommen wertet insbesondere auch die Arbeit **jenseits von Erwerbseinkommen** auf. Dies können sowohl häusliche Arbeiten wie Kindererziehung als auch (ehrenamtliche) soziale und kulturelle Tätigkeiten sein. Somit wird dem Aspekt der **Leistungsgerechtigkeit** in umfassenderer Weise als bisher entsprochen. Selbstredend fördert die anvisierte Finanzierung über eine Umverteilung „von Oben nach Unten" die **Bedarfs-** wie auch die **Verteilungsgerechtigkeit.**

Aufwertung unentgeltlicher Arbeit

Leistungs-, Bedarfs- und Verteilungsgerechtigkeit

Auf der Grundlage dieser Einschätzung erweist sich die Einführung des Grundeinkommens auf der **Werteebene** als **gerecht und solidarisch** und ermöglicht **mehr gesellschaftliche Partizipation**. Gleichzeitig kann ein Grundeinkommen auf der **Effektivitätsebene** wirksam und zügig wünschenswerte Wirkungen wie die Steigerung sozialer, kultureller und wirtschaftlicher Aktivität anregen und damit einen nachhaltigen Wohlstand erzeugen.

Genauere Betrachtungen lassen jedoch erhebliche Zweifel hinsichtlich der **Legitimität** wie auch der **Wirksamkeit** der angestrebten Maßnahme aufkommen. Zunächst lässt sich grundsätzlich feststellen, dass der Autor hinsichtlich der Umsetzung seiner Forderung recht vage bleibt. Weder werden Art (anscheinend bedingungslos?) und Höhe des Grundeinkommens genauer angegeben, noch wird der Bürokratieabbau konkretisiert.

Kontra-Argumente: Umsetzung

In Bezug auf den Grundwert **Sicherheit** fällt dies besonders ins Gewicht, denn die **Kosten** seines Vorhabens sind schwer kalkulierbar. Es stellt sich die Frage, inwieweit die ohnehin stark belasteten öffentlichen Haushalte diese überhaupt schultern können. Insbesondere erscheint es ökonomisch eher widersinnig, wenn der Autor die

Finanzierung

Wirtschaftsleistung extrem herunterfahren will (vgl. Z. 60 ff.) und gleichzeitig die **Staatsausgaben** für ein relativ üppiges Grundeinkommen **extrem ansteigen**. Ein Kollaps der Staatsfinanzen würde die Wirksamkeit der Maßnahme konterkarieren und letztlich den angestrebten Grundwert **Sicherheit** verfehlen.

Hinsichtlich der Verwirklichung von **Freiheit** ist anzumerken, dass sich diese in einer Gesellschaft immer im Kontext der Freiheitsrechte des Umfeldes zu vollziehen hat und nicht grenzenlos sein kann. Einer Teilgruppe zuzugestehen, auf Arbeit gänzlich zu verzichten und sich den Lebensunterhalt vollständig von der Arbeit der anderen finanzieren zu lassen, beschränkt die Freiheitsrechte Letzterer und widerspricht dem Grundgedanken des **Gemeinwohls**. Somit stellt ein bedingungsloses Grundeinkommen auf hohem Niveau einen **Fehlanreiz** dar, da es eher Inaktivität fördert als ein eigeninitiatives Verhalten, das darauf ausgelegt ist, die persönliche soziale und ökonomische Situation zu verbessern. Sinnvoller wäre es, die Leistungen von Geringverdienern durch eine deutliche **Erhöhung des Mindestlohns** angemessener sozial und ökonomisch zu würdigen. Auch darin liegt ein Aspekt menschlicher Würde. Zudem bringt Unterbeschäftigung nicht nur ökonomische, sondern auch psycho-soziale Probleme mit sich.

Der Grundwert der **Gerechtigkeit** wird gerade von linken politischen Kreisen als Argument für die Einführung des allgemeinen, bedingungslosen Grundeinkommens angeführt, insbesondere weil für dessen Finanzierung eine stärkere Belastung höherer Einkommen und Vermögen vorgeschlagen wird. Allerdings differenziert dieser Gerechtigkeitsbegriff nicht zwischen den unterschiedlichen Formen von Gerechtigkeit. Soll die Auszahlung mit „möglichst wenig Bürokratie" (Z. 73) erfolgen, kann eine passgenaue Ermittlung der individuellen Bedarfe kaum erfolgen. Die Mittel würden also nach dem Gießkannenprinzip verteilt und dem **Prinzip der Bedarfsgerechtigkeit würde nicht entsprochen**. Der recht populären Forderung nach extremer Besteuerung von Besserverdienenden und Vermögenden fehlt es ebenfalls an angemessener **Genauigkeit**. Soll eine „Solidaritätssteuer" (Z. 78) die zu erwartenden hohen Zusatzkosten für das Grundeinkommen bei gleichzeitig sinkenden Staatseinnahmen infolge geringerer Wirtschaftsaktivität decken, müsste diese große Teile der derzeitigen Mittelschicht betreffen und könnte deren **Leistungsmotivation deutlich herabsetzen**.

Zudem wird schon heute durch das **linear-progressive Einkommensteuersystem** eine drastische **Umverteilung** der Einkommen erreicht. Eine Steigerung des Spitzensteuersatzes von derzeit 45 auf 80 Prozent würde in deutlichem Konflikt zum Aspekt der **Leistungsgerechtigkeit** stehen.

EA 2021-10

Randnotizen:

Verteilung der Lasten

Fehlanreiz

bessere Lösung: angemessene Entlohnung

Verfehlung des Prinzips der Bedarfsgerechtigkeit

hohe Belastung durch „Solidaritätssteuer"

Missachtung des Prinzips der Leistungsgerechtigkeit

Individuelle Leistung und hohe Qualifikation stellen die entscheidende Ressource der deutschen Volkswirtschaft dar. Ein Exodus von Ärzten, Ingenieuren und anderen Hochqualifizierten könnte die fatale **unerwünschte Folge** sein. Außerdem stellt sich die Frage, ob ein Steuersatz in dieser Höhe nicht einer **Enteignung** gleichkäme und mit dem Eigentumsschutz des Grundgesetzes unvereinbar wäre. Abschließend muss dem Autor zugestanden werden, dass er mit der Forderung nach einem allgemeinen Grundeinkommen zunächst **zentrale Grundwerte** der Sozialen Marktwirtschaft bedient. Bei näherer Betrachtung im ökonomischen wie im sozialen Gesamtkontext muss aber dessen tatsächliche **Wirksamkeit mit Blick auf die Verwirklichung der Grundwerte angezweifelt werden**. Dies gilt insbesondere für die o. g. unerwünschten Nebenwirkungen der Maßnahme. Neben diesen Aspekten der **Effektivität (Sachurteilsebene)** werden aber auch zentrale Elemente der **Legitimität (Werturteilsebene)** zu wenig beachtet, z. B. wenn es um die Verwirklichung von Gemeinwohl oder Bedarfs- sowie Leistungsgerechtigkeit geht.

Besonders problematisch erscheint die Einführung eines kostenträchtigen Grundeinkommens im Zusammenhang mit der Forderung nach einer **wirtschaftlichen Schrumpfung**, um **ökologische Nachhaltigkeit** zu erreichen. Wirtschaftliches Wachstum schadet **nicht per se** der Umwelt und dem Klima. Ein **qualitatives Wachstum** hat sich bereits im Bereich der Entwicklung und Produktion umweltfreundlicher Technologien vollzogen. Diese Entwicklung erfordert aber weiterhin hochqualifizierte Arbeitskräfte. Diese sollten nicht durch überbordende Abgaben demotiviert oder zum Exodus aus Deutschland bewogen werden.

Marginalien:
Steuerflucht
Eigentumsschutz
Fazit/eigenes Urteil
Effektivität
Legitimität
qualitatives Wachstum zur Realisierung eines nachhaltigen Wirtschaftsmodells

INTERNATIONALE KONFLIKTE UND POLITISCHE PARTIZIPATION
(13/1: Friedenssicherung als nationale und internationale Herausforderung;
12/1: Politische Partizipation zwischen Anspruch und Wirklichkeit)

Thema: Internationale Konflikte und politische Partizipation

Aufgabenstellung

1 Geben Sie die Aussagen des Autors zu den Ursachen der Situation in Mali wieder.

2 Charakterisieren Sie ausgehend vom Text sogenannte „neue Kriege".

3 Erklären Sie ausgehend von den Zeilen 51–67 die Legitimierung von Herrschaft in der Demokratie.

4 Entwickeln Sie ausgehend vom Text und unter Berücksichtigung von Aspekten des zivilisatorischen Hexagons Ansätze zur Konfliktlösung.

M   **Claus-Dieter König: Ein untypischer Putsch**

Es ist ein Sieg der breiten, oppositionellen Bewegung des 5. Juni (M5/RFP). In Mali ist der Präsident Ibrahim Boubacar Keita zurückgetreten und hat gleichzeitig die Auflösung der Regierung und des Parlaments verkündet. Militärs haben vergangenen Dienstag die Macht übernommen, die sie als Comité National pour le Salut du Peuple
5 (CNSP) unter der Führung von Oberst Assimi Goita ausüben. In der Nacht zum Mittwoch haben sie ihre erste Erklärung durch das staatliche Fernsehen senden lassen. Der Kernsatz der siebenminütigen Ausführungen: „Die Zivilgesellschaft und die soziopolitischen Bewegungen sind eingeladen, mit uns zusammen mittels einer Roadmap[1], die die Basis für ein neues Mali gründet, die besten Bedingungen für einen zivilen politi-
10 schen Übergangsprozess zu schaffen, der in allgemeinen Wahlen zur Ausübung der Demokratie mündet." Dieses Angebot wurde von der M5/RFP angenommen, deren Sprecher Choguel Maiga im Interview mit Radio France International auch nicht von einem typischen Putsch spricht, sondern von einer Umsetzung der Forderungen der Proteste der letzten drei Monate. Die Zusammenarbeit der M5/RFP mit dem CNSP
15 solle sich am im Juli veröffentlichten Memorandum der Bewegung orientieren.[2]
    Schon seit drei Monaten protestieren die Menschen auf Malis Straßen. Die Bewegung des 5. Juni hatte auch am 11. August wieder Hunderttausende in der Hauptstadt Bamako und den anderen Städten des Landes mobilisiert. Die Demonstrierenden kommen aus allen Teilen der Gesellschaft und verschiedensten politischen Lagern. […]

20 Die Forderung des Rücktritts des Präsidenten begründet die Bewegung damit, dass er unfähig sei, das Land zu regieren und es in eine immer tiefere Krise reite.

Es ist richtig, Keita ist gescheitert, aber nicht hauptsächlich wegen persönlicher Unfähigkeit. Vielmehr steht er symbolisch für die falschen Lösungsansätze für eine Krise, in der Mali seit der Rebellion und dem Putsch von 2012 steckt. Beides hatte seine Ursachen lange vor 2012 und diese sind tief in den Strukturen des Staates verwurzelt. Um nur einige zu nennen: Perspektivlosigkeit vor allem für die Jugend nicht nur im Norden, dort aber eklatant. Staatliche Dienstleistungen wie vor allem Gesundheitsversorgung und Bildung sind prekär, zudem gibt es keine Polizei, die ihren Aufgaben gewissenhaft nachkommt: der Bekämpfung von Kriminalität durch Vorbeugung und Verfolgung. Es gibt keine Judikative, in die die Bevölkerung Vertrauen hat. Verschiedene Formen illegaler Ökonomien stützen die Macht der Milizen: Drogenhandel, Entführungen.

Die fehlende Sicherheit vor Gewaltakten organisiert die Gesellschaft neu: Menschen schließen sich religiös und ethnisch formierten bewaffneten Gruppen an. Spaltungen und Differenzen entstehen, wo jahrzehntelang religiöse Toleranz stark und ethnische Zugehörigkeit oft nur diffus war. Gewalt und Terror sind nun auch im Zentrum des Landes, im fruchtbaren Binnendelta des Niger, bestimmende Elemente des Alltags.

Zu den innermalischen Konfliktlinien kommt hinzu, dass in Mali internationale Konflikte ausgetragen werden. Al-Qaida im islamischen Maghreb (AQMI)[3] entstand aus salafistischen Gruppen, die im algerischen Bürgerkrieg gekämpft haben. Die MNLA (Mouvement National de Libération de l'Azawad)[4] als nichtreligiöse separatistische Miliz des Nordens wird von Frankreich gefördert. Das Hineintragen internationaler Konflikte führt dazu, dass in Mali nicht verhandelt wird, wo dies für einen Weg zu Versöhnung und Frieden sonst möglich und notwendig wäre. Der „Kampf gegen den Terror" schließt Gruppen vom Verhandlungstisch aus, die für einen Friedensprozess am Tisch sitzen müssten.

Die militärische Intervention Frankreichs und seiner Partner gehorcht dieser Logik des internationalen Konfliktes und hat deshalb zur Verschärfung des Terrors und der militärischen Gewalt in Mali und in den Nachbarländern beigetragen. Das militärische Eingreifen aus Europa wird inzwischen von großen Teilen der Bevölkerung abgelehnt.

Diese Konflikte und Krisen werden nicht durch einen Wechsel an der Spitze des Staates gelöst. Jetzt schnelle Neuwahlen und dann geht es weiter wie bisher – das ist das Standardmodell für Situationen wie diese. Schon fordert die westafrikanische Staatengemeinschaft Ecowas den unverzüglichen Übergang zur verfassungsmäßigen Ordnung. Ebenso die europäischen Staaten, die durch ihr militärisches Engagement Einfluss ausüben. Das Modell wird aber wieder scheitern in Mali, denn es fußt auf der mehrfach widerlegten Annahme, dass das aktuelle Wahlsystem in Mali legitime Regierungen zur Folge hat. Das ist nicht der Fall. Liberale Demokratie mit Mehrheitswahlen für den Präsidenten und die Nationalversammlung, daraus ergibt sich in diesem Land keine handlungsfähige und schon gar keine legitime Regierung. Es werden dieselben Eliten in etwas neuer Konstellation kaum anders weiter regieren als bisher. Schon seit Jahrzehnten signalisiert die Wahlbeteiligung die fehlende Legitimität dieses Systems. Seit 1991 haben sich nie mehr als 30 Prozent der Wahlberechtigten beteiligt. Herausgekommen sind dabei immer Regime, die das Enteignungssystem neoliberalen

65 Wirtschaftens vertieft und sich selbst dabei bereichert haben. Für die Menschen war der Staat nicht da, von den Menschen gestaltet war er auch nicht und folglich auch nicht demokratisch. Wahlen suggerierten Demokratie, mehr nicht.

Könnte stattdessen eine Nationalkonferenz, wie sie bereits 1991 im Land zu einer neuen Verfassung geführt hatte, eine Alternative bieten? Eine solche wurde in den ver-
70 gangenen Jahren von vielen Akteurinnen und Akteuren gefordert. Damals kam eine neue Verfassung mit anschließenden Neuwahlen heraus. Dieses Mal müsste es mehr sein. Es bedarf eines längeren Prozesses der ökonomischen und sozialen Neufundierung des Landes.

Die M5 / RFP schlägt als Agenda für die Zusammenarbeit mit dem CNSP das eigene
75 Memorandum vor, das einen Transitionsprozess unter Einbeziehung aller gesellschaftlichen Kräfte des Landes fordert. Eine Übergangsregierung, geführt von einer / einem zivilen Premierminister*in, die einen Fahrplan zur Neugründung des Staates und Rettung der Demokratie umsetzen soll, wird in dem Memorandum gefordert. Entscheidend ist, wie tiefgreifend und substanziell die Veränderung ist, die in Mali nun viel-
80 leicht beginnt. Dies zu gewährleisten, ist nun die Arbeit der Zivilgesellschaft und soziopolitischen Bewegungen wie der M5 / RFP. [...]

Quelle: Claus-Dieter König: Ein untypischer Putsch – Mali: Oppositionsbewegung nimmt Angebot der Militärs für Übergangsprozess an, Neues Deutschland vom 21.08.2020, https://www.neuesdeutschland.de/artikel/1140757.mali-ein-untypischer-putsch.html

Anmerkungen
1 Roadmap: Gemeint ist hier eine Strategie.
2 Das Memorandum (Denkschrift) schlägt Eckpunkte für den Übergang zu einer neuen demokratischen Ordnung vor, unter anderem die Einrichtung einer vorübergehenden gesetzgebenden Institution, die Bildung einer Übergangsregierung und einen Zeitplan zur Neuordnung des Staates.
3 AQMI: Terroristische islamistische Gruppe algerischen Ursprungs, die in Nordwestafrika (Maghreb) aktiv ist.
4 Die Nationale Bewegung zur Befreiung des Azawad (MNLA) kämpft für einen von Mali unabhängigen Staat in der Region Azawad.

Das Textmaterial stammt aus der überregionalen Tageszeitung *Neues Deutschland*. Der Autor Claus-Dieter König ist Politikwissenschaftler und Afrikanist und leitet das Auslandsbüro der Rosa-Luxemburg-Stiftung in Dakar (Senegal). Die Stiftung steht der Partei *Die Linke* nahe.
Der Artikel erschien nach einem Putsch in Mali im August 2020, bei dem das Militär die Macht übernahm. Vorangegangen waren Proteste der gesellschaftlich breit aufgestellten „Bewegung des 5. Juni / Sammlung der patriotischen Kräfte" („M5 / RFP") gegen die gewählte Regierung. An der Macht ist zum Zeitpunkt der Veröffentlichung das „Comité National pour le Salut du Peuple" („Nationalkomitee für die Errettung des Volkes", CNSP).

Hilfsmittel
Grundgesetz für die Bundesrepublik Deutschland

Lösungsvorschlag

1 *Anforderungsbereich: I, Gewichtung in Prozent: 20*

Der Operator „wiedergeben" fordert von Ihnen eine distanzierte Wiedergabe der relevanten Aussagen des Autors zu den Ursachen der Situation in Mali. Benennen Sie in der Einleitung zunächst den Inhalt. Achten Sie bei der weiteren Bearbeitung vor allem darauf, nur die im Hinblick auf die Aufgabenstellung relevanten Aspekte anzugeben. Für die Bewertung sind die nicht berücksichtigten, für die Aufgabenstellung irrelevanten Textelemente genauso entscheidend wie die angeführten Aussagen. Nutzen Sie möglichst den Konjunktiv I und fügen Sie Textbelege an.

Im Zeitungsartikel „Ein untypischer Putsch", der auf der Onlineseite der Tageszeitung *Neues Deutschland* am 22.8.2020 erschienen ist, geht der Politikwissenschaftler, Afrikanist und Leiter des Auslandsbüros der Rosa-Luxemburg-Stiftung in Dakar Claus-Dieter König auf die **gegenwärtige Situation in Mali** sowie deren **Ursachen** ein. Hintergrund ist der **Militärputsch in Mali**, der kurz vor Erscheinen des Artikels erfolgte und aus der Protestbewegung „Bewegung des 5. Juni / Sammlung der patriotischen Kräfte (M5/RFP)" erwuchs. Zur Zeit der Veröffentlichung regiert das „Nationalkomitee für die Errettung des Volkes (CNSP)". — *bibliografische Angaben*

Die Ursachen für die Situation in Mali sieht der Autor vor allem in längerfristigen **systemimmanenten Problemen** (vgl. Z. 24 f.). Die Kritik der Protestbewegung an dem gewählten Präsidenten sieht König daher eher als Ausdruck eines **Symptoms der Krise**, die offensichtlich mit dem Militärputsch im Jahr 2012 begann, deren eigentliche Ursachen aber in längeren Entwicklungslinien begründet lägen (vgl. Z. 20 ff.). — *Benennung der Ursachen: längerfristige Entwicklung*

Zunächst sieht er **strukturelle Staatsprobleme**. Neben der wirtschaftlich bedingten **Perspektivlosigkeit der Jugend** gerade auch im umkämpften Norden fehle es vor allem an **staatlichen Dienstleistungen** wie Gesundheitsversorgung und Bildung. Darüber hinaus gebe es keine funktionierende Polizei und Justiz. Stattdessen habe sich eine **illegale Ökonomie** etabliert, die unterschiedliche Milizen in Mali mit Drogenhandel und Entführungen stütze (vgl. Z. 24 ff.). — *strukturelle Staatsprobleme* / *Etablierung einer illegalen Ökonomie*

Zudem sei Mali **Austragungsort internationaler Konflikte**, wobei der Autor explizit das Wirken der terroristischen islamistischen Gruppe al-Qaida und das militärische Eingreifen Frankreichs nennt (vgl. Z. 38 ff.). Dieser Kampf gegen den Terror verhindere auch eine mögliche Verhandlungslösung für die innerstaatlichen Probleme, da — *Eingriffe internationaler Akteure* wesentliche Akteure von vornherein nicht eingebunden würden (vgl. Z. 44 ff.).

Als weiteres ursächliches Problem erachtet König das **bestehende Wahlsystem**, das **keine handlungsfähige und legitime Regierung** hervorbringe. Neuwahlen stellten entsprechend keine Lösung der gegenwärtigen innerstaatlichen Probleme dar. Das Wahlsystem habe in der Vergangenheit immer nur die **alten Eliten an die Macht** gebracht, die sich vor allem selbst bereichert hätten (vgl. Z. 56 ff.). Bei einer Wahlbeteiligung von maximal 30 % seit 1991 führe dies nicht zu einer demokratisch legitimierten Regierung, sondern diene ausschließlich der **Wahrung eines demokratischen Anscheins** (vgl. Z. 67). Die Bevölkerung würde vom Regime **nicht berücksichtigt** und das sich immer weiter verstärkende „Enteignungssystem neoliberalen Wirtschaftens" (Z. 64 f.) habe ihr nie gedient.

Kritik am Wahlsystem

Elitenreproduktion

mangelnde Legitimität

mangelnde Berücksichtigung des Volkes

---

2 TIPP *Anforderungsbereich: II, Gewichtung in Prozent: 20*

Der Operator „charakterisieren" verlangt, dass Sie die Eigenarten und typischen Ausprägungen des Konzepts der „neuen Kriege" beschreiben und diese in Beziehung zu den Aussagen des Textes setzen. Arbeiten Sie also mit dem Material. Hinweis: Der hier in der Lösung benannte Konflikt mit den Tuareg wird zwar im Artikel nicht explizit benannt, es kann aber sinnvoll sein, derartiges Zusatzwissen an geeigneter Stelle einfließen zu lassen.

Ausgehend von der Diagnose, dass die zu beobachtenden gegenwärtigen Konflikte und kriegerischen Auseinandersetzungen mit der **klassischen Definition von Krieg**, bei der sich zwei Staaten gegenüberstehen, nicht mehr angemessen beschrieben werden können, versucht das Konzept der „**neuen Kriege**" diese konzeptionell und analytisch fassbar zu machen.

Einleitung: Ansatz des Modells der „neuen Kriege"

In Mali kämpfen **unterschiedliche lokale Akteure und Gruppen** um die Vorherrschaft bzw. um eine angemessene gesellschaftliche Repräsentation. So erwähnt der Autor mit der CNSP, M5/RFP, al-Qaida, der MNLA einige beteiligte Gruppen. Auch spricht er davon, dass sich die Bürger aufgrund der anhaltenden Sicherheitsprobleme im Land verstärkt **ethnischen und religiösen bewaffneten Gruppierungen** zuwenden. Damit geht es um eine **innerstaatliche Auseinandersetzung** mit bürgerkriegsähnlichen Zuständen, wobei auch ein **ethnisch motivierter Konflikt** mit den im Norden des Landes lebenden Tuareg angedeutet wird (vgl. Z. 33 ff.). Diese Entwicklungen sind typisch für die „neuen Kriege".

Situation in Mali

Eine Voraussetzung für die Entstehung und Fortdauer dieser „neuen Kriege" bildet der **staatliche Verfall**. Ein Staat muss, will er dauerhaft stabil bestehen, **soziale Dienstleistungen** für die Bevölkerung

Bedingung: staatlicher Zerfall

bereitstellen, das **Gewaltmonopol** innehaben sowie mittels politischer Verfahren als **legitim** anerkannt werden. Sind diese Anforderungen nicht mehr erfüllt, entwickelt sich der Staat zu einem **fragilen Staat**, in letzter Konsequenz zu einem „**failed state**".

Der Autor konstatiert für Mali eine entsprechende Entwicklung. Die **Milizen bewaffneten** sich (vgl. Z. 33 ff.), die Bevölkerung habe das **Vertrauen in den politischen Prozess**, angezeigt etwa durch die niedrige Wahlbeteiligung (vgl. Z. 63), **verloren**, das **Gewaltmonopol** liege spätestens seit dem Militärputsch **nicht allein beim Staat** (vgl. Z. 22 ff.) und die Erfüllung zentraler staatlicher **Versorgungsaufgaben** sei **gescheitert** (vgl. Z. 27 ff.). Perspektivlosigkeit und Armut in weiten Teilen der Bevölkerung sind wesentliche **Voraussetzungen für die Entstehung eines „neuen Krieges"** und bringen auch Formen illegaler Ökonomie hervor.

Textbezüge mit Diagnose Königs

Voraussetzungen in Mali erfüllt

Der Autor schreibt von Milizen, die sich mittels Drogenhandel und Entführungen finanzieren (vgl. Z. 30 ff.) und bereichern. Durch diese **Kriegsökonomie** sinkt das Interesse der entsprechenden Milizen an einer Lösung des Konflikts, da die „neuen Kriege" relativ günstig sind. Als weitere typische Form der Finanzierung der Konfliktparteien sind **Zuwendungen aus dem Ausland** zentral. So erwähnt König hier zum einen die al-Qaida im islamischen Maghreb sowie Frankreich, das mit der MNLA eine säkulare Miliz im umkämpften Norden des Landes stütze (vgl. Z. 39 ff.).

Kriegsökonomie

Beteiligung des Auslands

Daraus resultiert eine **Internationalisierung des Konflikts**, was auch eine typische Eigenschaft der „neuen Kriege" darstellt. König stellt diesbezüglich fest, dass vor allem die **Intervention Frankreichs** und seiner Verbündeter zu einer **Ausweitung der kämpferischen Auseinandersetzungen** sowohl in Mali als auch in den umliegenden Staaten geführt habe (vgl. Z. 47 ff.).

Internationalisierung des Konflikts

Der Autor sieht **Gewalt und Terror** im ganzen Land als Teil des Alltags der Menschen. Es stehen sich Bürger eines Staates gegenüber, die in unterschiedlichen Milizen gegeneinander kämpfen, grundsätzlich aber alle **Teil der Zivilgesellschaft** sind. Es entsteht ein „**low intensity war**", bei dem die Übergänge zwischen Kombatant und Zivilist **verschwimmen** und sich damit immer auch Rückzugsmöglichkeiten ergeben.

Bürgerkrieg / Milizen

Insgesamt zeigen sich die relevanten Merkmale „neuer Kriege" auch am Beispiel Malis. Es handelt sich vor allem um einen „**low intensity war**" einhergehend mit der Ausbildung einer **Kriegsökonomie**, die sich begünstigt durch einen **fragilen Staat** stets weiterentwickelt und eine Beendigung des Konflikts immer schwieriger macht. Ein Scheitern Malis als Staat würde massive Auswirkungen auf die Region wie auch auf die Migrationsprozesse nach Europa mit sich bringen.

besondere Herausforderung des „low intensity wars"

3 *Anforderungsbereich: II, Gewichtung in Prozent: 30*

Der Operator „erklären" fordert von Ihnen, dass Sie die Grundlagen und Bedingungen der demokratischen Legitimation politischer Herrschaft darlegen. Nutzen Sie hierfür unbedingt die entsprechenden Fachbegriffe und Fachkonzepte. Gefordert ist auch hier ein Textbezug, wobei Ihnen die entsprechende Textpassage vorgegeben ist. Halten Sie sich unbedingt an diese Vorgabe. Nutzen Sie eine distanzierte Sprache, wenn Sie sich auf den Text beziehen.

Der Autor kritisiert in dem hier relevanten Abschnitt vor allem die Forderung der westafrikanischen Staatengemeinschaft sowie der beteiligten europäischen Staaten, schnellstmöglich **Neuwahlen** herbeizuführen, um so zu einer **verfassungsgemäßen Ordnung** zurückzukehren. König schreibt, dass Wahlen in Mali auch in der Vergangenheit **keine Legitimation** des Staates zur Folge gehabt haben. Bei einer Wahlbeteiligung von weniger als 30 % der Wahlberechtigten habe sich letztlich immer die **gleiche Elite** durchgesetzt, die ihre Macht **nicht zum Wohle des Volkes**, sondern für die eigene Bereicherung genutzt und dabei das neoliberale Enteignungssystem (vgl. Z. 64) immer weiter ausgebaut habe. Da der Staat nicht seinen Bürgern diente bzw. von den Bürgern nicht mitgestaltet werden konnte, spricht König diesem System aufgrund **mangelnder Repräsentation** und **Partizipation** demokratische Legitimation ab. Die Wahlen **täuschten einen demokratischen Prozess** nur vor.
<small>Ausgangspunkt: relevante Textpassage</small>

Zentral für die Legitimation der Herrschaft in einer Demokratie sind das **Prinzip der Volkssouveränität** sowie die **Anerkennung der Pluralität** einer Gesellschaft. Zentrales Mittel der Herstellung und Rückversicherung der Legitimität stellen **demokratische Wahlen** dar.
<small>Grundprinzipien demokratischer Legitimation</small>

Demokratische Herrschaft setzt voraus, dass die Mehrheit der Beherrschten die **Herrschaft der Wenigen akzeptiert**. Hierzu sind eine funktionierende **Gewaltenteilung** sowie die **Rückbindung politischer Herrschaft an Recht und Gesetz** zentral. In der hier relevanten Passage geht es aber vor allem um die **Legitimation mittels Wahlen**, d. h. die Zuteilung von Macht auf Zeit.
<small>Grundbedingungen legitimer demokratischer Herrschaft</small>

Zunächst geht es bei Wahlen um die **Repräsentanz des Volkes**, d. h., darum, dass die gewählten Vertreter die Interessen des Volkes in ihrer Gesamtheit abbilden. Dabei ist von einer **pluralen Gesellschaft** auszugehen, in der sich alle gesellschaftlichen Gruppen um politische Herrschaft bemühen können. Unter diesen Bedingungen darf der Repräsentant der politischen Herrschaft **Entscheidungen im Namen aller** treffen.
<small>Wahlen als zentrales Mittel</small>

Wahlen weisen bestimmten Akteuren **Macht auf Zeit** zu. In der **Möglichkeit der Abwahl** besteht auch deren zentrale **Kontrollfunktion**. Wichtig sind dabei aber **echte (Wahl-)Alternativen**, die es in Mali anscheinend nicht gibt („dieselben Eliten", Z. 60 f.).

Macht auf Zeit

Durch die Stimmabgabe zeigt sich die **Willensbildung des Volkes**. Hier werden die pluralen Meinungen sichtbar und gleichzeitig durch die **Bildung einer Repräsentanz** (Regierung u. a.) als **Gemeinwillen** konstruiert. Auch wenn bestimmte gesellschaftliche Gruppen bei der Wahl zunächst keine Mehrheit erreichen, haben die Repräsentanten ein Interesse daran, auch deren Bedürfnisse mit in ihre politische Herrschaftsausübung einzubeziehen. Die Ergebnisse selbst sind damit **Ausdruck der Volkssouveränität**.

Pluralität und Gemeinwillen

Konkurrenz der Interessen

Für die Repräsentanten bedeutet dieses System, dass sie **nicht persönlich die Macht** innehaben, sondern nur als **Vertreter** in einer bestimmten Funktion. Durch die **Möglichkeit der Abwahl** sind sie darauf angewiesen, mit dem Volk zu kommunizieren und zu interagieren.

keine persönliche Macht

Zugleich können und sollen Vertreter anderer sozialer Gruppierungen ihre Interessen innerhalb des Systems einbringen, damit die Herrschaft legitim ist. Wichtig dabei ist, dass alle Akteure – im Sinne Ernst Fraenkels – die **grundsätzlichen Werte und Regeln der politischen Willensbildung** im Allgemeinen sowie der **Wahlen** im Besonderen akzeptieren. Hierzu gehört auch der **Minderheitenschutz**.

systemimmanente Auseinandersetzung; Akzeptanz der Spielregeln

Im Kontext von Mali zeigt sich, dass nur wenige Menschen (maximal 30 %) an den Wahlen teilnehmen, wodurch der **Volkswille** hier **kaum repräsentiert** scheint. Auch konstatiert der Autor, dass immer die **gleichen Eliten** an der Macht seien, was eben kein Ausdruck von Pluralität ist. Von daher besteht für die Repräsentanten auch keine Notwendigkeit, dem Volkswillen zu entsprechen. Diese Herrschaftspraxis **entspricht nicht dem Konzept einer legitimen demokratischen Herrschaft**.

Rückbezug auf Situation in Mali

---

4   TIPP ▸ *Anforderungsbereich: III, Gewichtung in Prozent: 30*

Der Operator „entwickeln" fordert hier von Ihnen die Entwicklung einer kreativen Problemlösung ausgehend vom Material. Dabei müssen Sie sich am Modell des zivilisatorischen Hexagons orientieren, das Sie zunächst auch knapp darlegen sollten. Es ist wichtig, dass Sie sich auch hier grundsätzlich an den Kategorien politischer Urteilsbildung orientieren, d. h., diese explizit aufgreifen und mit Textauszügen belegen. Gehen Sie exemplarisch vor, da Sie sonst Gefahr laufen, an der Oberfläche zu bleiben.

Im Hinblick auf die **Alternativen für eine friedliche Konfliktlösung** in Mali kritisiert der Autor, dass durch die **internationale Intervention** einige **relevante Konfliktparteien** von vornherein von den **Verhandlungen ausgeschlossen** seien (vgl. Z. 44 ff.). Auch der Forderung nach **Einberufung einer Nationalkonferenz**, wie bereits 1991 erfolgreich geschehen, steht er skeptisch gegenüber. Vielmehr müsse es in einem längeren Prozess vor allem um die **Entwicklung der sozio-ökonomischen Rahmenbedingungen** gehen (vgl. Z. 68 ff.). Auch die Etablierung einer von allen Konfliktparteien getragenen **Übergangsregierung**, die einen Plan für die Neugründung des Staates und die Rettung der Demokratie erstellt, sieht König nicht als alleinige Lösung, da es vor allem um **substanzielle und tiefgreifende Veränderungen** gehen müsse (vgl. Z. 76 ff.)

Textbezug

Entwicklung der sozio-ökonomischen Bedingungen

Die vom Autor angesprochenen Aspekte für eine friedliche Konfliktlösung – die Beteiligung aller relevanten Gruppen, der prozesshafte Charakter, die Entwicklung der sozio-ökonomischen Bedingungen sowie die Etablierung eines anerkannten Justiz- und Polizeiapparats – entsprechen im Wesentlichen den Dimensionen des **zivilisatorischen Hexagons** des Friedensforschers Dieter Senghaas. Dieses **Modell der Konfliktlösung** beinhaltet die **Bedingungen zur friedlichen Austragung von Konflikten** in einer Gesellschaft. Senghaas geht es dabei vor allem um einen **strukturellen Frieden**, d. h., er geht in seinem Ansatz weit über einen bloß negativen Friedensbegriff hinaus. Letztlich bedürfe es **sechs interdependenter Bedingungen**, um einen **stabilen Frieden** zu erreichen. So müsse der Staat seine Bürger **entwaffnen** und das **Gewaltmonopol** erlangen. Im Falle von Mali erscheint das schwierig, da diffuse ethnische Konflikte und ideologische Konfrontationen existieren. Zudem bedarf es laut Senghaas eines **funktionierenden Rechtsstaates**, was in Mali ebenfalls nicht gegeben ist. Senghaas würde dem Autor auch dahingehend zustimmen, dass für eine friedliche Konfliktlösung die **sozioökonomischen Bedingungen** dringend verbessert und zumindest die **Grundversorgung der Bevölkerung** gewährleistet werden müssten. Weitere Dimensionen des zivilisatorischen Hexagons stellen die **Affektkontrolle** sowie eine demokratische, also **institutionalisierte Interessenartikulationsmöglichkeit** und **Konfliktkultur** dar.

Modell des zivilisatorischen Hexagons

Es wird deutlich, dass in Mali alle Bedingungen nicht ausreichend erfüllt sind. Mali ist ein **fragiler Staat** mit entsprechend problematischer Interessenlage und organisierter Kriminalität in einem „low intensity war". Allerdings erscheint die **Durchsetzung eines Gewaltmonopols** als Voraussetzung für die weiteren Schritte durchaus **realistisch**. Weiterhin ist ein grundsätzlich funktionsfähiges Staatswesen, auch nach dem erneuten Militärputsch, vorhanden.

Ausgangslage als fragiler Staat

Durchsetzung des Gewaltmonopols

Es wäre daher effizient, zunächst zu versuchen, dieses Gewaltmonopol durch eine **Entwaffnung der Bevölkerung** anzustreben. Allerdings bedarf es hierfür eines **intensiven Dialogs**, getragen von der grundsätzlichen Bereitschaft, die Interessen des jeweiligen Gegenübers als **legitim** anzuerkennen. Da aber die Unterstützung der ausländischen Interventionskräfte seitens der Bevölkerung schwindet, sollte der notwendige Prozess, sei es in Form eines Nationalkongresses oder einer Einheitsregierung, **ohne internationale Vermittlung** erfolgen. Allerdings bedarf es in jedem Fall des **aktiven Interesses** der innerstaatlichen Akteure an einer friedlichen Lösung der Konflikte.

innerstaatlicher Dialog

Rückzug der internationalen Akteure

Ein weiterer zentraler Baustein sollte vor allem die **Bedürfnisbefriedigung** der Bevölkerung und das **Aufzeigen von Alternativen** vor allem für jüngere Menschen sein. Hier ist zunächst die künftige Regierung Malis gefragt, wie sie es in dem Memorandum anscheinend selbst von sich auch erwartet („good governance"). Sie sollte entschieden **gegen Korruption** vorgehen und der Bevölkerung in der Breite das Gefühl vermitteln, dass der Staat die Bedürfnisse seiner Bürger ernst nimmt und für eine gewisse **Chancengerechtigkeit** sorgt. Allerdings setzt dies eine starke, **funktionierende Exekutive** voraus, die auch im Sinne eines funktionierenden Rechtsstaats haftbar gemacht werden kann. Zusammen mit der Entwaffnung wäre somit eine **bessere Affektkontrolle** möglich, was einen weiteren Schritt in Richtung eines stabilen inneren Friedens bedeuten würde.

Bedürfnisbefriedigung als vorrangiges Ziel

Einbezug der Bevölkerung: Sicherheit und Chancengerechtigkeit

Affektkontrolle

Die Zukunft Malis erscheint **sehr unsicher** und **schwer vorauszusehen**. Die gesetzten Schwerpunkte des zivilisatorischen Hexagons stellen sicherlich die **Grundlage für eine bessere Zukunft** dar. Hier ist dem Autor unbedingt zuzustimmen, wenn er eine grundsätzliche Strukturreform fordert (vgl. Z. 71 ff., 78 ff.). Allerdings ist es fraglich, inwiefern am Ende tatsächlich eine **Demokratie westlichen Typs** stehen wird. Zentral werden sicherlich die **Repräsentanz** und die **Artikulationsmöglichkeiten** der jeweiligen gesellschaftlichen Gruppen in einem als **legitim** angesehenen **Prozess der Entscheidungsfindung** sein.

Fazit, Ausblick und Kritik

eigenes Urteil

POLITISCHE PARTIZIPATION

(12/1: Politische Partizipation zwischen Anspruch und Wirklichkeit; 13/1: Friedenssicherung als nationale und internationale Herausforderung)

Thema: Politische Partizipation und Sicherheitspolitik

Aufgabenstellung

1 Fassen Sie die Aussagen von Hannes Koch (M 1) zur Bürgerbeteiligung in Bürgerräten zusammen.

2 Vergleichen Sie ausgehend von M 1 Bürgerräte und Parteien als Formen politischer Partizipation hinsichtlich ihrer Funktionen für die Demokratie.

3 Erörtern Sie ausgehend von M 1 und M 2, inwiefern Bürgerräte eine sinnvolle Ergänzung der politischen Partizipation im Bereich der Außen- und Sicherheitspolitik sind.

M 1 Hannes Koch: Bürgerräte in Deutschland – Retten sie die Demokratie?

Der Briefumschlag sieht aus wie Werbung, die Postkarte darin erweckt den Eindruck einer Unterschriftensammlung. Die Freiburger Politikstudentin Charlotte Felthöfer ist unsicher. [...] Doch im Umschlag findet sie auch eine Einladung mit der Unterschrift von Bundestagspräsident Wolfgang Schäuble. Felthöfer recherchiert, ist begeistert und
5 meldet sich bereits am nächsten Tag zu der in der Einladung genannten Bürgerversammlung an. Denn „die Demokratie braucht eine Ergänzung", davon ist sie überzeugt.

Der Schülerin Maya Loewe, 17 Jahre alt, geht es ähnlich. Nach einigem Überlegen nimmt auch sie die Einladung zu der Versammlung an. [...]
10 Felthöfer und Loewe gehören zu den rund 160 Bürger:innen, die Ende 2020 aus den Einwohnermelderegistern der Bundesrepublik ausgelost wurden, um in mehreren Sitzungen vom 13. Januar bis zum 20. Februar über „Deutschlands Rolle in der Welt" zu debattieren – und um am Ende eine Empfehlung dazu an den Bundestag zu formulieren.
15 An diesem Wochenende kommt der Bürgerrat zu seinem Abschlusstreffen zusammen und beendet damit ein erstaunliches Experiment zur Renovierung der parlamentarischen Demokratie. [...]

Ausgewählt wurden die Teilnehmer:innen durch eine computergesteuerte „Zufallsstichprobe" aus Gemeinden in ganz Deutschland. Die Organisator:innen schrieben

²⁰ knapp 4 400 Bürger:innen an, die durch Wohnort, Alter, Geschlecht, Herkunft und Bildungsstand einen einigermaßen repräsentativen Querschnitt der Bevölkerung bilden. Einige Hundert sagten zu – gut 160 nehmen schließlich teil.

Deutschlands Rolle in der Welt scheint der Großen Koalition besonders am Herzen zu liegen, weshalb der Ältestenrat[1] den zweiten bundesweiten Bürgerrat zu diesem
²⁵ Thema beschlossen hat. […]

Rechtspopulismus, Brexit, autoritäre Regierungen – die parlamentarische Demokratie steht von innen und außen unter Druck. Indem er die Schirmherrschaft über den Bürgerrat übernommen hat, zeigt Bundestagspräsident Wolfgang Schäuble, dass er dem Format für die Erneuerung des parlamentarischen Systems einiges an Bedeutung
³⁰ beimisst. Nur wenn die Demokratie offen sei für neue Verfahren, „bleibt sie stabil", sagte Schäuble in einer Pressekonferenz. […]

Soweit von den Teilnehmer:innen zu hören ist, werden konservativere Haltungen oder nationale Positionen kaum bis gar nicht geäußert. Im Verlauf der Veranstaltung zeichnet sich ab, dass die Empfehlungen des Bürgerrats am Ende tendenziell liberal,
³⁵ sozial, ökologisch und mittig ausfallen.

So plädiert die Gruppe „Frieden und Sicherheit"[2] etwa für eine kleine Bundeswehr, die eher defensiv und friedenssichernd ist und sich an den Menschenrechten orientiert. „Deutschland sollte sich nicht aus wirtschaftlichen Gründen militärisch engagieren", heißt es.

⁴⁰ Ein gepflegter Umgangston herrscht bei allen Debatten. […] Die meisten sind so gebildet, dass sie komplexe Zusammenhänge problemlos erfassen können. Organisatorin Claudine Nierth räumt ein, dass Menschen mit höheren Bildungsabschlüssen im Bürgerrat überrepräsentiert sind. Je niedriger der Bildungsstand, desto schwerer waren die Ausgelosten zur Teilnahme zu bewegen.

⁴⁵ Ein Grund ihrer Abwesenheit könnte sein, dass sie bei so einem Format gar nicht erst mitmachen. Wer eingeladen wurde, konnte auch absagen. […].

Doch vor allem in Ostdeutschland sei es schwierig gewesen, teilnahmewillige Menschen zu finden. Eine mögliche Erklärung könnte sein, dass das Misstrauen gegen den Staat und Formate wie den Bürgerrat im Osten größer ist als im Westen.

⁵⁰ […] Debatten wie im Bürgerrat [haben] grundsätzlich eher eine moderierende Wirkung. Die sachliche Diskussion unter professioneller Betreuung erzwingt rationale Pro-und-Kontra-Argumente. Man hört einander zu, muss sich mit den Sichtweisen der Gesprächspartner:innen beschäftigen und sieht die Welt wenigstens mal kurz aus einer anderen Perspektive.

⁵⁵ Ein Bürgerrat stärkt die politische Mitte, indem er die Ränder aufweicht. Das funktioniert auch deshalb, weil die Gemäßigten in solchen Gruppen in der Mehrheit sind und der einzelne Extremdenker nur wenig Einfluss auf die Positionsbestimmung hat. Wegen ihrer integrierenden Wirkung kommen Bürgerräte nun, da die Demokratie unter dem Druck der Radikalen steht, als Ergänzung zur konventionellen Entscheidungs-
⁶⁰ findung ins Spiel. Regelmäßig eingesetzt, könnten sie tatsächlich nicht nur gesellschaftliche Konflikte moderieren helfen, sondern dem parlamentarischen System zusätzliche Legitimität verschaffen.

Im Vergleich zu einer Volksabstimmung besteht bei einem Bürgerrat weniger die Gefahr, dass sich das politische Spektrum noch weiter polarisiert. Aber wohlgemerkt,

65 auch Bürgerräte als neue Form der Partizipation können nur die Leute erreichen, die sich auch einbinden lassen wollen. [...]

Nach der Bundestagswahl im September wird aus dem Experiment „Bürgerrat" womöglich eine permanente Institution. [...]

Vielleicht legt der nächste Bundestag ja sogar in seiner Geschäftsordnung fest, dass
70 er sich mit den Positionen der Rät:innen auseinandersetzen und begründen muss, warum er sie akzeptiert oder verwirft. Dass das Parlament sein Entscheidungsrecht wirklich mit den Laienpolitiker:innen teilt, ist hingegen kaum vorstellbar. [...]

Quelle: Koch, Hannes: Bürgerräte in Deutschland: Retten sie die Demokratie?, aus: „taz" (taz.de) vom 21.02.2021, abgerufen von https://taz.de/Buergerraete-in-Deutschland/!5749932 (Zugriff am 04.12.2021).

1 Ältestenrat: Bundestagsgremium, das den Bundestagspräsidenten bei der Geschäftsführung unterstützt
2 Der Bürgerrat gliedert sich in fünf Fachausschüsse; diese Gruppen befassen sich jeweils mit den Themen „Nachhaltige Entwicklung", „Wirtschaft und Handel", „Europa", „Frieden und Sicherheit" sowie „Demokratie und Rechtsstaat".

Anmerkungen
Bürgerräte (auch: Bürgerforum, Bürgerversammlung) sind neue Instrumente der Bürgerbeteiligung. 2019 nahm in Deutschland das „Modellprojekt Bürgerrat Demokratie" seine Arbeit auf. Der Bürgerrat war damit das erste Gremium in dieser Größenordnung und mit bundespolitischer Ausrichtung. Hannes Koch arbeitet als freier Autor und selbstständiger Wirtschaftskorrespondent in Berlin. Bis 2007 arbeitete er auch als Parlamentskorrespondent für die überregionale Tageszeitung „taz".

| **M 2** | **Empfehlungen für das Themenfeld Frieden und Sicherheit** |

[...] Die Verteidigung des eigenen Landes, der Schutz von Menschenrechten oder der Beistand für Bündnispartner sind Voraussetzungen für ein militärisches Engagement Deutschlands.
* Voraussetzung für ein militärisches Engagement außerhalb Deutschlands ist ein
5   gültiges Mandat eines internationalen Bündnisses (wie z. B. UNO, NATO, EU), dem Deutschland angehört. Diplomatische Mittel müssen vor einem militärischen Einsatz ausgeschöpft werden. [...]
* Die Bundeswehr soll sich in Einsatzgebieten nach Möglichkeit in nicht-kämpfenden Bereichen (z. B. Gesundheit, Schutz ziviler Einsatzkräfte, Technik, Versorgung,
10 Cybersicherheit, Vermittlung zwischen Konfliktparteien, Diplomatie) engagieren und so die Erwartungen der Bündnispartner an Deutschland auf andere Weise erfüllen. [...]

Die Bundeswehr soll eine einsatzfähige, effiziente und moderne Verteidigungs- und Friedensarmee von Spezialist*innen sein, die flexibel auf aktuelle Bedrohun-
15 **gen und Notlagen reagieren kann.**
* [...] Auf autonome Waffensysteme, die Ziele ohne menschliches Zutun auswählen und bekämpfen, soll verzichtet werden. Deutschland soll darauf auch bei seinen Bündnispartnern hinwirken. [...]

Anmerkungen

Der zweite Bürgerrat „Deutschlands Rolle in der Welt" konnte aufgrund der Corona-Pandemie nur digital stattfinden und übergab im März 2021 Bundestagspräsident Wolfgang Schäuble Vorschläge in Form eines Bürgergutachtens. Bei Material 2 handelt es sich um einen Auszug aus Bürgergutachten zum Themenfeld „Frieden und Sicherheit". Der Bundestag hat die Möglichkeit, die Empfehlungen des Bürgerrates in seine Arbeit einzubeziehen.

Hilfsmittel

Grundgesetz für die Bundesrepublik Deutschland

Lösungsvorschlag

1 **TIPP** *Anforderungsbereich: I, Gewichtung in Prozent: 30*

Der Operator „Zusammenfassen" verlangt eine reduzierte und wertfreie Wiedergabe relevanter Textpassagen zu einem vorgegebenen Thema. Gemäß der Aufgabenstellung sollen Sie sich hier auf die Aussagen Kochs zur Bürgerbeteiligung in Bürgerräten fokussieren. Alle Informationen, die für die Aufgabenstellung inhaltlich nicht relevant sind, sollen Sie außer Acht lassen. Die Gliederung einer Zusammenfassung sieht die Formulierung eines Einleitungssatzes (Autor, Titel, Datum der Veröffentlichung, Textsorte, Quellenangabe, Thema) und die strukturierte Aufführung wesentlicher Aspekte vor. Dabei ist die Wahrung der sprachlichen Distanz von hoher Relevanz, sodass Sie mit dem Konjunktiv und der indirekten Rede arbeiten müssen. Wählen Sie weitgehend eigene Formulierungen und vermeiden Sie die Verwendung wörtlicher Zitate. Sinnvoll ist eine Vorstrukturierung der Zusammenfassung. Kennzeichnen und bündeln Sie hierzu im Vorfeld inhaltlich zueinander passende Textpassagen.

Hannes Koch problematisiert in seinem Kommentar, der am 21.02.2021 auf der Website der Tageszeitung „taz" veröffentlicht wurde, den durch Rechtspopulisten und Anti-Europäer entstandenen Druck auf die Demokratie und thematisiert Bürgerräte als eine Möglichkeit zur **Ergänzung konventioneller Entscheidungsverfahren** und zur **zusätzlichen Legitimierung** des politischen Systems. *(Einleitung)*

Aufgrund der **krisenhaften Lage** der parlamentarischen Demokratie, die mitunter aus dem Brexit und autoritären Regierungen resultiere, steht der Autor die Einführung des **zweiten bundesweiten Bürgerrats positiv gegenüber** (vgl. M 1, Z. 15 ff., 23 ff.). *(Position des Autors)*

Die Zusammensetzung des Bürgerrats solle die **Gesellschaft repräsentieren**. Die zuständige Organisation habe deshalb als Zufallsstichprobe ca. 4.400 **Bürger*innen unterschiedlichen Alters, Wohnorts, Geschlechts, Bildungsstands und unterschiedlicher Herkunft** dazu eingeladen, an gesellschaftsrelevanten Gesprächen und politischen Diskussionen teilzunehmen. (vgl. Z. 18 ff.). *(Organisation des Bürgerrats / hohe Repräsentativität)*

Allerdings folgten der Einladung nur wenige Bürger*innen mit **niedrigem Bildungsstand** (vgl. Z. 43 f.) und nur wenige Bürger*innen aus den **neuen Bundesländern**, was bei Letzteren möglicherweise im fehlenden Vertrauen in staatliche Formate begründet sei (vgl. Z. 47 ff.). Koch betont, dass ohnehin **nur diejenigen Teilnehmer*innen integriert werden können, die sich für diese neue Form der Partizipation motivieren lassen** (vgl. Z. 64 ff.). *(Probleme)*

Die unter professioneller Betreuung **durchgeführten Diskussionen würden sachlich und multiperspektivisch geführt**, wobei abseitige Meinungen weniger anschlussfähig seien, sodass die politische Mitte gestärkt werde und eine Polarisierung des politischen Spektrums ausbleibe (vgl. Z. 55 ff.). Ziel sei es, **gesellschaftliche Probleme zu beraten und Konflikte zu moderieren**, sodass die Positionen anschließend dem Bundestag vorgestellt werden können. Dies stärke die Legitimität des parlamentarischen Systems zusätzlich (vgl. Z. 60 ff.).

Stärkung der Mitte: Sachlichkeit und Perspektivwechsel

Ziel

Zwar betone der Bundestagspräsident Wolfgang Schäuble die Bedeutung der Bürgerräte als **Instrument zur Sicherung der Demokratie** (vgl. Z. 27 ff.), jedoch zweifelt Koch an der Effizienz der Institution, da er der Auffassung ist, dass der Bundestag **sein Entscheidungsrecht nicht dividieren wird** (vgl. Z. 71 f.).

Relevanz der Bürgerräte

2 **TIPP** *Anforderungsbereich: II, Gewichtung in Prozent: 40*

Der Operator „Vergleichen" erfordert die inhaltliche Abgrenzung von Bürgerräten und Parteien als Formate politischer Partizipation. Dabei sollen Sie Vergleichskriterien entwickeln, anhand derer Sie Gemeinsamkeiten, Ähnlichkeiten und Unterschiede herausarbeiten. In dieser Aufgabe empfiehlt sich eine Gegenüberstellung bezüglich einiger ausgewählter Funktionen von Parteien, die unter anderem aus dem Parteiengesetz hervorgehen.
Die Struktur des Vergleichs sollte folgendem Schema folgen: Einleitung, kriteriengeleiteter Vergleich im Hauptteil, abschließende Zusammenfassung.

Durch Partizipation nehmen die Bürger*innen **Einfluss auf politische Entscheidungen**. Zu den möglichen Aktivitäten gehören beispielsweise die Sammlung von Unterschriften, die Beteiligung an Wahlen, die Teilnahme an Demonstrationen oder die Mitgliedschaft in Bürgerinitiativen. Die **Vielzahl an Partizipationsmöglichkeiten** ermöglicht es allen Bürgern, sich politisch zu engagieren. Dabei unterscheidet man zwischen **institutionalisierten Formen**, wozu die Wahlbeteiligung oder die Mitgliedschaft in Parteien gehören, und **weniger bzw. nicht institutionalisierten Formen**, wozu das Unterzeichnen von Petitionen oder auch die Beteiligung an einer Demonstration zählen.

Einleitung

Im Folgenden werden Bürgerräte und Parteien als Formen politischer Partizipation verglichen, wobei ich mich in Anlehnung an die **rechtliche Stellung von Parteien im Parteiengesetz (PartG §§ 1 und 2) und im Grundgesetz (Art. 21 GG)** auf die Kategorien Repräsentation, Partizipation, Artikulation, Integration und Kontrolle beziehe.

Erläuterung des Vorgehens

Sowohl in Parteien als auch in Bürgerräten soll die deutsche Bevölkerung hinsichtlich Geschlecht, Bildungsabschluss und Alter **repräsentativ abgebildet** werden. Laut Koch ist jedoch der **Anteil der Teilnehmer*innen mit niedrigem Bildungsniveau und aus den neuen Bundesländern** in den Bürgerräten **geringer**, da diese weniger motiviert seien, sich politisch zu engagieren (vgl. M 1, Z. 41 ff.). Auch in Parteien zeichnet sich dieses Bild ab: Bestimmte soziale Gruppen sind unterrepräsentiert. Folglich werden nicht alle Partikularinteressen geltend gemacht, was bedeutet, dass die **Repräsentationsfunktion nur sehr eingeschränkt erfüllt** wird. Im Rahmen des politischen Diskurses werden entsprechend nicht alle Wünsche und Interessen kommuniziert. Sowohl Bürgerräten als auch Parteien fällt es schwer, Bürger*innen zur **politischen Teilhabe zu motivieren**, obwohl das Engagement zur Partizipation zentral für die Funktionsfähigkeit einer Demokratie ist.

Vergleichskriterien: Repräsentation und Partizipation

Unterschiede zwischen beiden Formen werden beim Kriterium **Artikulation** sichtbar. Parteien bündeln und gewichten ihre Interessen und entwickeln Ziele, die sie in einem **politischen Programm formulieren** und nach Außen kommunizieren. Im Bundestag ist eine politische Elite gewählter Parteien vertreten. Diese hat die Möglichkeit, die innerparteilichen Anliegen nicht nur gegenüber politischen Entscheidungsträgern zu äußern, sondern auch unmittelbar in die Parlamentsarbeit einfließen zu lassen. Somit haben Parteien einen **direkten Einfluss auf den Gesetzgebungsprozess**. Anders hingegen sieht dies bei Bürgerräten aus. Die in einem **Bürgergutachten** verfassten Positionen werden dem **Parlament** zwar **präsentiert**, sind aber **nicht verbindlich** und deren Einfluss auf die Arbeit des Bundestags bleibt **intransparent** (vgl. Z. 69 ff.).

Vergleichskriterium: Artikulation

Bürgerräte erfüllen eine **integrierende Funktion**, da im Rahmen des Diskurses die **politische Mitte gestärkt wird** und radikale Positionen relativiert werden (vgl. Z. 55 ff.). Ziel der Parteien ist die **Interessenbündelung**, jedoch wird dieses durch das **Fehlen von Repräsentanten bestimmter gesellschaftlicher Gruppen**, das auch mit dem Rückgang der Mitgliederzahlen innerhalb der Parteien zusammenhängt, erschwert.

Vergleichskriterium: Integration

Auch hinsichtlich der **Kontrollfunktion** bestehen Unterschiede. Der politische Prozess der Bundesrepublik Deutschland wird **rechtlich** durch das **Bundesverfassungsgericht** und **politisch** durch die **Parteien** kontrolliert. So können letztere Entscheidungen der **Regierung mitgestalten** oder diese als **Oppositionspartei** öffentlich **kritisieren und prüfen**. Die Kontrollfunktion von Bürgerräten ist durch die bloße Abgabe **nicht verbindlicher Empfehlungen** hingegen **begrenzt**. Nur wenn der Bundestag die Geschäftsordnung än-

Vergleichskriterium: Kontrolle

dern würde, könnte man ihn dazu verpflichten, sich mit den Interessen des Bürgerrats verbindlich auseinanderzusetzen, sodass ihm ein gewisses Maß an Kontrolle zugestanden wird (vgl. Z. 69 ff.).

Beim Vergleich von Bürgerräten und Parteien als Formen politischer Partizipation werden hinsichtlich der ausgewählten Kriterien **Gemeinsamkeiten und Unterschiede deutlich**. **Parallelen** zeigen sich bezüglich **Repräsentation** und **Partizipation**. Jedoch unterscheiden sich die beiden Formen der politischen Teilhabe insbesondere in der **Chance zur Interessendurchsetzung innerhalb des Parlaments**. Während durch das Bürgergutachten des Bürgerrats **unverbindliche** Empfehlungen eingereicht werden, haben Parteien einen **direkten Einfluss** auf den politischen Prozess und damit eine **höhere Partizipationsmacht**.

Fazit

---

3 **TIPP** *Anforderungsbereich: III, Gewichtung in Prozent: 30*

Der Operator „Erörtern" verlangt eine reflektierte Auseinandersetzung mit einem Problem und ein abschließendes Sach- und/oder Werturteil. Mit Bezugnahme auf Ihr Fachwissen über die Bürgerräte (vgl. Anmerkung und Fußnote 2, M 1) und die verfassungsrechtlichen Grundlagen militärischer Einsätze, die Gegenstand von M 2 sind, sollen Sie die Sinnhaftigkeit von Bürgerräten im Bereich der Sicherheits- und Außenpolitik erörtern. Dabei ist es wichtig, dass Sie mit den Kategorien Effizienz, Legitimität und Grundwerte arbeiten und die Argumente kriteriengeleitet (Legitimität: Verfassungsmäßigkeit, Partizipation; Effizienz: politische Durchsetzbarkeit; Grundwerte: Sicherheit usw.) aufführen.

In einer Erörterung müssen zwingend Pro- und Kontra-Argumente angebracht werden. Dabei können Sie das Sanduhrenmodell (erst Pro-, dann Kontra-Argumente) oder eine dialektische Erörterung (wie hier) nutzen. Am Ende wird zwingend die Darstellung Ihrer persönlichen Meinung als Fazit erwartet.

Seit dem Start des „Modellprojekts Bürgerrat Demokratie" 2019 sind Bürgerräte eine **neue Form politischer Partizipation**. In fünf **Fachausschüssen**, wozu beispielsweise „Nachhaltige Entwicklung" oder „Demokratie und Rechtsstaat" gehören, debattieren ausgewählte Teilnehmende über fachbezogene Fragestellungen, u. a. auch über die Gestaltung und Organisation der Bundeswehr.

Einleitung

Der **Fachausschuss „Frieden und Sicherheit" des Bürgerrats „Deutschlands Rolle in der Welt"** übergab seine Empfehlungen als Bürgergutachten an den zu dieser Zeit amtierenden Bundestagspräsidenten Wolfgang Schäuble. Darin sprechen sich die jeweiligen Teilnehmer*innen für eine kleine **friedenssichernde und defensive Bundeswehr** aus, die die Menschenrechte in ihren Aktivitäten wahrt (vgl. M 1, Z. 36 ff.). Die Bundeswehr solle ihren **Bündnispflichten**

Darstellung der Empfehlungen des Fachausschusses

in nicht-kämpferischen Bereichen, zu denen etwa die Versorgung oder die Vermittlung zwischen den Konfliktparteien gehören, nachkommen (vgl. M 2, Z. 8 ff.). Weiterhin spricht sich der Fachausschuss **gegen den Einsatz atomarer Waffensysteme** aus (vgl. M 2 Z. 16 f.).

Im Folgenden soll nun erörtert werden, ob Bürgerräte im Bereich der Außen- und Sicherheitspolitik eine sinnvolle Ergänzung der politischen Partizipation darstellen.

Der professionell betreute Austausch ermöglicht ein **hohes Maß an Konstruktivität**, wobei die Teilnehmenden die verschiedenen Sichtweisen kennenlernen und sich damit auseinandersetzen. Der im Bürgerrat vertretenen Bürgerschaft wird somit in dem sehr sensiblen Bereich der Außen- und Sicherheitspolitik politische Teilhabe und Einflussnahme auf Bundesebene ermöglicht. Der sachlich geführte und multiperspektivische Austausch innerhalb des Fachausschusses **legitimiert zudem politische Entscheidungen** hinsichtlich des militärischen Einsatzes der Bundeswehr im Ausland und erhöht zusätzlich deren **Transparenz.**

Allerdings könnte hierbei die fehlende Sachkenntnis der Teilnehmenden bemängelt werden. Immerhin handelt es sich um komplexe politische Themen im Bereich **internationale Sicherheit** oder um menschenrechtsorientierte Fragen, deren Beantwortung Fachwissen erfordert. Ausgehend davon, dass die Akteure Laien auf diesem Gebiet sind, ist eine sachlich fundierte Beurteilung von Bedrohungsszenarien schwierig. Dennoch wird durch Bürgerräte zumindest die **Meinungs- und Willensbildung der Teilnehmenden** gefördert. Sie werden durch den Austausch der Argumente zum Einsatz der Bundeswehr dazu angehalten, Meinungen anzuhören und unter persönlicher Gewichtung der einzelnen Aspekte politische Positionen zu entwickeln.

Ferner sind die Beteiligten des Fachausschusses „Frieden und Sicherheit" **Repräsentanten der deutschen Bevölkerung**, die Auslandseinsätze vielfach ablehnt. Gemäß der Empfehlung des Bürgerrats „Deutschlands Rolle in der Welt" wird dieser Wille projiziert. Allerdings werden in den geführten Diskussionen extremere Meinungen relativiert und es wird insbesondere die politische Mitte gestärkt, weswegen auch hier **nicht die Interessen aller sozialen Gruppen** berücksichtigt werden.

Bei militärischen Einsätzen ist insbesondere auch die **verfassungsrechtliche Legitimation** relevant. Auf Basis eines entsprechenden Mandats einer der Bündnisorganisationen (z. B. UNO, Nato) kann die Bundesregierung zusammen mit dem Bundesministerium für Verteidigung, dem Auswärtigen Amt und dem Bundeskanzleramt einen Mandatsentwurf über die Planung des Bundeswehreinsatzes entwerfen. Dieser muss dann vom Bundestag mit einer absoluten

Pro-Argumente: Partizipation

Wirksamkeit

Gegenargument: fehlendes Fachwissen

Pro-Argument: Wirksamkeit

Pro-Argumente: Repräsentation, Responsivität

Gegenargumente: Relativierung von Positionen jenseits der Mitte

Verfassungsmäßigkeit

Mehrheit beschlossen werden, bevor Soldaten in das jeweilige Gebiet entsendet werden. Bürgerräte bleiben in diesem Prozess unberücksichtigt und haben – auch **mangels demokratischer Legitimation** – **keinen verfassungsrechtlich legitimierten Einfluss** auf sicherheitspolitische Entscheidungen.

Bürgerräte bieten eine **Möglichkeit politischer Partizipation.** Im Rahmen eines gesellschaftlichen Austauschs werden in den Fachausschüssen viele verschiedene Meinungen angehört und diskutiert, sodass vor allem der Meinungs- und Willensbildungsprozess gefördert wird. Sicherheitspolitische Themen sind jedoch **sehr komplex** und erfordern ein **hohes Maß an Fachwissen.** Unabhängig davon erscheint ein Bürgerrat im Bereich der Außen- und Sicherheitspolitik insofern nicht sinnvoll, als dass die **verfassungsrechtlichen Gegebenheiten** einen Einfluss von Bürgerräten nicht vorsehen. Die Gestaltungsmacht für die Einsätze der Bundeswehr obliegt der **Bundesregierung** und die Durchführung steht unter **Parlamentsvorbehalt.** Der Bürgerrat hat weder eine **Entscheidungsbefugnis** noch muss der Bundestag eine **Nichtbeachtung der Position des Bürgerrats begründen.** Für eine sinnvolle und effiziente Ergänzung politischer Partizipation durch den Bürgerrat müsste vor allem dessen **Legitimation (Verfassungsmäßigkeit)** verankert werden, sodass den Teilnehmenden Mittel der Einflussnahme – z. B. eine Anhörung bei einer Lesung im Bundestag – gewährleistet werden.

Fazit

SOZIALE MARKTWIRTSCHAFT
(12/2: Soziale Marktwirtschaft zwischen Anspruch und Wirklichkeit;13/2: Chancen und Risiken weltwirtschaftlicher Verflechtungen)

Thema: Soziale Marktwirtschaft und weltwirtschaftliche Verflechtungen

Aufgabenstellung

1 Fassen Sie die Aussagen der Autoren zu Markt und Staat in der Sozialen Marktwirtschaft vor dem Hintergrund der Corona-Pandemie zusammen.

2 Erläutern Sie ausgehend vom Text Leitbilder der Außenhandelspolitik und deren Instrumente.

3 Setzen Sie sich mit der Position der Autoren zum Verhältnis von Markt und Staat in der sozialen Marktwirtschaft auseinander.

M   Johannes Vogel und Konstantin Kuhle: Lasst den Markt in Frieden!

[E]s wird behauptet, die Pandemie sei das zentrale Argument für das notwendige Ende von Marktwirtschaft und Globalisierung.

Diese Thesen sind nicht nur falsch, sondern kommen auch ohne jede tiefere Begründung dafür aus, warum das alles eigentlich so sein soll. Das ist nicht nur intellek-
5 tuell unbefriedigend – es bringt uns auch politisch nicht weiter.

Wir alle haben in dieser schweren Pandemie Angst um die eigenen Lieben. Wir alle sehen schmerzlich, dass wir nicht in einer perfekten Welt leben. Aber nichts wird besser, wenn man sich selbst und anderen einredet, das Virus lege nur die umfassende Verdorbenheit unserer Welt offen. Nicht nur US-Präsident Donald Trump[1] nutzt die
10 Seuche, um Feindbilder zu nähren. Auch in Deutschland werden Stereotype und alte ideologische Parolen zelebriert – am leidenschaftlichsten, wenn es gegen die Marktwirtschaft geht, denn dafür gibt es immer ein Schulterklopfen. Auf diesem Niveau Feindbilder zu pflegen, statt nach Lösungen zu suchen, ist aber nur ein Rückzug ins eigene Weltbild und eine gefährliche Flucht vor Verantwortung.
15 Natürlich „regelt der Markt" nicht die Antwort unseres Gemeinwesens auf die Corona-Pandemie. Aber wer hätte das je behauptet? Natürlich muss jetzt der Staat die Krankheit bekämpfen, massive Wirtschaftshilfen für Unternehmen und Selbstständige ausbezahlen, die heimische Produktion von Gesundheitsartikeln koordinieren sowie die Jobs von Arbeitnehmerinnen und Arbeitnehmern mit der Kurzarbeit stabilisieren.
20 Das ändert aber nichts daran, dass Deutschland zum Glück eine Marktwirtschaft ist und dies auch noch nach der Corona Krise sein wird.

Die Folgen der Pandemie treffen die Bürgerinnen und Bürger hart. Am Arbeitsplatz stehen Maschinen und Computer still, weil internationale Märkte geschlossen und die Grenzen dicht sind. „Die Wirtschaft" bekommt auch in der nackten Existenznot der
25 Selbstständigen, Freiberufler, Künstler und Kulturschaffenden ein Gesicht. Aber selbst in dieser Ausnahmesituation zeigen sich Innovation, Kreativität und Optimierung. Das sind die Grundzutaten von Wettbewerb und Wachstum, mit denen sich zum Beispiel gerade Industriebetriebe auf die Maskenproduktion umstellen, mit denen neuartige Lieferdienste ausprobiert und Dienstleistungen über das Internet angeboten und er-
30 bracht werden. Denn nur in einem freiheitlichen und deshalb marktwirtschaftlichen System gibt es viele Chancen, als Gesellschaft über sich selbst hinauszuwachsen. [...]
Natürlich, auch bei uns bleibt viel zu tun. Wir brauchen eine bessere Bezahlung und bessere Arbeitsbedingungen für die Beschäftigten, die sich vom Applaus in der akuten Corona-Krise nichts kaufen können. Deshalb gibt es aktuell steuerfreie Bonuszahlun-
35 gen[2]. Aber die Löhne und auch der Personalschlüssel müssen sich dauerhaft verbessern – und die Voraussetzung dafür ist eine starke Wirtschaft. Wer steigende Löhne auch im Gesundheitssystem will, der muss auch wirtschaftliches Wachstum wollen. Genau deswegen ist die Bundesrepublik Deutschland eine Marktwirtschaft und ein Sozialstaat.
40 Unsere soziale Marktwirtschaft ist kein Raubtiergehege. Das Kurzarbeitergeld als Kriseninstrument wurde im Deutschen Bundestag einstimmig beschlossen. Wer behauptet, irgendjemand würde den Sozialstaat oder bewährte Instrumente wie dieses in Deutschland in Frage stellen, betreibt ideologisches Schattenboxen[3]. Der Sozialstaat wird nicht abgeschafft, wenn die FDP danach fragt, wie kommende Generationen zu-
45 sätzliche Rentenleistungen eigentlich bezahlen sollen, oder, ob die Rücklagen der Arbeitslosenversicherung eine pauschale Erhöhung des Kurzarbeitergeldes aus Beitragsmitteln zulassen. Gerade in der Krise zeigt sich, wie wichtig solide Finanzen sind. Sie haben unseren Staat in der jetzigen Lage erst handlungsfähig gemacht.
Die Sehnsucht nach einem „Ende des Wachstums" kann man wohl am besten nach-
50 vollziehen, wenn man das eigene Geschäft gerade nicht wegen Corona schließen musste. Wer dies gar herbeisehnt, der ignoriert Grundlegendes. Schon nach wenigen Tagen der Krise haben die Prognosen der Wirtschaftsforscher gezeigt, dass staatliches Handeln die marktwirtschaftliche Dynamik niemals auf Dauer ersetzen kann. Mit jedem Zehntelprozent Wirtschaftswachstum sind in Deutschland Arbeitsplätze verbun-
55 den, aus denen auch der Staat Einnahmen generiert. Die Steuer- und Sozialeinnahmen der vergangenen Jahre haben die historisch einmalige Reaktion des Staates[4] auf die Corona-Krise überhaupt erst möglich gemacht. Und das Wachstum von morgen finanziert die Krisen-Hilfe von übermorgen – nicht Eingriffe in das grundgesetzlich geschützte Eigentum oder gar weitere Belastungen für die Unternehmen.
60 Auch im globalen Kontext erweisen sich viele Vorwürfe als an den Haaren herbeigezogen. Noch nie gab es auf der Welt weniger Kindersterblichkeit, weniger Armut, mehr Bildung, mehr Zugang zu sauberem Wasser oder mehr Impfungen. [...] Die Globalisierung ist das größte Programm zur Armutsbekämpfung seit Menschengedenken. Auch die globale Vernetzung von Unternehmen bei der Impfstoffforschung ist bei-
65 spiellos, zum Glück. Deshalb muss allen Versuchen, eine arbeitsteilige Wirtschaft und

global vernetzte Lieferketten grundsätzlich in Frage zu stellen, bereits im Ansatz widersprochen werden. Die Politik muss vielmehr eigene Pandemie-Pläne ernst nehmen, die eine ausreichende Bevorratung von Schutzmaterialien für den Notfall vorsehen.

70 Die Weltwirtschaft und die soziale Marktwirtschaft in Deutschland stehen vor großen Aufgaben – von der Nutzung der Chancen der Digitalisierung über die Schaffung von Zugängen zu Aufstieg, Bildung und Vermögen für noch mehr Menschen bis hin zur Veränderung von industriellen Wertschöpfungsketten mit Blick auf den Klimaschutz.

Wir müssen um die besten Konzepte für diese Themen ringen. Die Wahrscheinlich-
75 keit aber, dass Abschottung, Regression und Untergangsromantik dabei die entscheidenden Ideen beisteuern, ist verschwindend gering. Die Chance, dass der Schöpfer-, Unternehmer- und Erfindergeist der Menschen in einer Marktwirtschaft bei der Problemlösung wie in so vielen Krisen zuvor eine entscheidende Rolle spielt, ist hingegen groß. Wer wollte diese Chance verspielen?

Vogel, Johannes und Kuhle, Konstantin: Lasst den Markt in Frieden!, aus: ZEIT ONLINE (zeit.de) vom 23.04.2020, abgerufen von https://www.zeit.de/wirtschaft/2020-04/soziale-marktwirtschaft-kapitalismusdebatte-corona-krise/komplettansicht (Zugriff am 14.12.2021).

Anmerkungen
Die FDP-Politiker Johannes Vogel und Konstantin Kuhle nehmen mit ihrem Gastbeitrag für ZEIT ONLINE auf zuvor erschienene Artikel Bezug, in denen ihrer Meinung nach die Corona-Pandemie mit scharfer Kritik am Kapitalismus verbunden werde.
Der Gastbeitrag wurde während der ersten sog. Corona-Welle in Deutschland veröffentlicht.
1 Die US-Präsidentschaft Donald Trumps endete im Januar 2021.
2 Arbeitgeberinnen und Arbeitgeber können ihren Beschäftigten zur Anerkennung besonderer Leistungen in der Corona-Krise bis zu einer bestimmten Höhe steuerfrei Sonderzahlungen gewähren.
3 Schattenboxen: Gemeint ist ein Scheingefecht; die Auseinandersetzung ist nur vorgetäuscht.
4 Bezieht sich auf ein Maßnahmenpaket der Bundesregierung in noch nie da gewesener Größe zum Schutz von Beschäftigten und Unternehmen vor Auswirkungen der Pandemie. Die sog. Rettungsprogramme haben insgesamt ein Volumen von über einer Billion Euro.

Hilfsmittel
Grundgesetz für die Bundesrepublik Deutschland

Lösungsvorschlag

1

TIPP ► *Anforderungsbereich: I, Gewichtung in Prozent: 30*

Der Operator „zusammenfassen" verlangt von Ihnen eine sprachlich distanzierte und möglichst knappe Wiedergabe der im Sinne der Aufgabenstellung relevanten Aussagen des Textes (Markt und Staat in der Sozialen Marktwirtschaft vor dem Hintergrund der Corona-Pandemie). Neben einer eigenen inhaltlichen Strukturierung der Zusammenfassung ist es Ihre Aufgabe, all jene Inhalte außer Acht zu lassen, die in diesem thematischen Zusammenhang nicht relevant sind. Verwenden Sie in Ihrer Ausarbeitung den Konjunktiv und geben Sie Zeilennummern an, um den direkten Textbezug deutlich zu machen.

Die beiden FDP-Politiker Johannes Vogel und Konstantin Kuhle antworten mit ihrem Gastbeitrag „Lasst den Markt in Frieden!", der am 23.4.2020 bei Zeit Online erschienen ist, auf vorangegangene Beiträge, in denen im Kontext der Corona-Pandemie der Kapitalismus scharf kritisiert wurde. Der Text ist auf der Homepage unter www.zeit.de abrufbar. *(Einleitung / Autoren, Datum, Erscheinungsort, Titel)*

In dem Gastbeitrag argumentieren die Autoren, dass – entgegen der These vom Ende der Marktwirtschaft und Globalisierung – gerade die **Soziale Marktwirtschaft** sowie die **globale Vernetzung** in einer Weltwirtschaft die **besten Voraussetzungen** bieten, gegenwärtige Krisen zu bewältigen. *(Inhalt: knappe Benennung)*

Natürlich sei der Staat während der Corona-Krise in der **Pflicht**, die **Pandemie und deren Folgen** zu bekämpfen, und müsse massive staatliche Wirtschaftshilfen und Kurzarbeitergeld mobilisieren, um die heimische Produktion und Arbeitsplätze zu schützen (vgl. Z. 15 ff.). Allerdings habe die aktuelle Krise auch gezeigt, dass der Staat die **marktwirtschaftliche Dynamik nicht auf Dauer ersetzen** könne (vgl. Z. 51 ff.). **Wachstum** und eine **globale (wirtschaftliche) Zusammenarbeit**, die sich etwa bei der erfolgreichen Entwicklung eines Impfstoffs bewährt hat, seien nicht zu hinterfragen. Im Hinblick auf zukünftige Krisen habe der Staat vielmehr die Aufgabe, die eigenen Pandemiepläne umzusetzen und entsprechende **Vorsorge** zu treffen (vgl. Z. 64 ff.). *(Rolle des Staates)*

Für die Bewältigung der aktuellen Corona-Krise wie auch der künftigen Herausforderungen in Bezug auf Klimaproblematik und Digitalisierung sehen die Autoren den **kreativen Unternehmergeist**, der auch in der Vergangenheit besonders unter den **Bedingungen einer freiheitlichen Marktwirtschaft** hervorgebracht worden sei, als zentral an (vgl. Z. 76 ff.). So haben in der aktuellen Pandemielage Unternehmen bereits nach kurzer Zeit ihre Produktion hin zur Maskenherstellung verändert und neue Lieferdienste und Dienstleistungen *(Rolle des Marktes)* über das Internet angeboten (vgl. Z. 26 ff.). Diese „**Innovation, Kreativität und Optimierung**" (Z. 26), die einer Gesellschaft die Möglichkeit bieten, über sich hinauszuwachsen, gebe es nur in einem **freiheitlichen** und damit **marktwirtschaftlich** organisierten System (vgl. Z. 30 f.). Wirtschaftswachstum **sichere** außerdem **Arbeitsplätze** und schaffe über Steuereinnahmen den **finanziellen Rahmen** für staatliche Maßnahmen und Hilfen gegen Krisen wie die gegenwärtige Pandemie (vgl. Z. 55 f.).

Deutschland sei eine Marktwirtschaft und werde das auch nach Bewältigung der Corona-Pandemie bleiben (vgl. Z. 20 f.). Daher lehnen Vogel und Kuhle Eingriffe in die Eigentumsrechte der Unternehmen sowie eine erhöhte Abgabenlast strikt ab (vgl. Z. 58 f.).

Konsequenz und Ausblick

---

2 | TIPP | *Anforderungsbereich: II, Gewichtung in Prozent: 40*

Der Operator „erläutern" verlangt von Ihnen zunächst eine Erklärung der in der Aufgabenstellung geforderten Leitbilder der Außenhandelspolitik unter Einbezug der jeweiligen Instrumente. Sie müssen diese an Beispielen verdeutlichen und die entsprechenden Phänomene im Text identifizieren bzw. aus dem Text ableiten. Nutzen Sie auch hier Zeilenangaben und vermeiden Sie jegliche persönliche Wertung.

Die Autoren zeigen sich als überzeugte **Anhänger der globalisierten Wirtschaft**. So erteilen sie allen Aussagen, die Globalisierung müsse beendet werden, eine Absage (vgl. Z. 1 ff.) und weisen darauf hin, dass gerade die Globalisierung das **weltweit größte Programm zur Armutsbekämpfung** sei (vgl. Z. 62 f.). Daher seien die arbeitsteilige Wirtschaft und global vernetzte Lieferketten nicht zu hinterfragen. Auch für die Lösung anstehender Krisen sehen Vogel und Kuhle u. a. die **Abschottung von Märkten als nicht zielführend** an (vgl. Z. 74 ff.).

Position der Autoren zur Globalisierung

Die Autoren folgen damit dem **Leitbild des Freihandels**. Vertreter der **liberalen Außenhandelstheorie**, die auf Arbeiten von Adam Smith und David Riccardo basiert, sehen eine **internationale Wohlfahrtssteigerung** am effizientesten über **freie Märkte** und damit **freie Handelswege** organisiert. Durch die **Spezialisierung** auf Produkte, bei denen ein Staat einen **komparativen Kostenvorteil** hat, wird demnach die Weltwohlfahrt bestmöglich maximiert. Vogel und Kuhle beziehen sich darauf, wenn sie die Globalisierung als **größtes Armutsbekämpfungsprogramm** bezeichnen (vgl. Z. 63).

Freihandel

Theorie des komparativen Kostenvorteils

Um Freihandel zu organisieren, bedarf es verschiedener **Instrumente**, die im Text angedeutet werden. Wesentliche Säule der **globalisierten Arbeitsteilung** sind die Unternehmen, die z. B. in **internationaler Kooperation** Impfstoffe entwickeln (vgl. Z. 64 f.). Damit mittels internationaler Arbeitsteilung **positive Wohlfahrtseffekte** realisiert werden können, müssen Märkte möglichst **dereguliert** werden, sodass Angebot und Nachfrage unter **Wettbewerbsbedingungen** aufeinandertreffen. Der Theorie des Liberalismus zufolge können so die **Ressourcen effizient verteilt** werden.

Instrumente des Liberalismus

deregulierte Märkte

Vogel und Kuhle kritisieren in ihrem Text unter anderem den früheren amerikanischen Präsidenten Trump (vgl. Z. 9 f.), der während seiner Amtszeit eine **massive Zollpolitik** gegenüber der EU und China verfolgte. Da es in einer globalisierten Wirtschaft vor allem um den **Abbau von tarifären** (z. B. Zölle) **und nichttarifären Handelshemmnissen** (z. B. Mindestanforderungen, Umweltschutz) geht, bedarf es der Kooperation über Institutionen wie der WTO, in deren Rahmen z. B. die globalen Lieferketten geregelt werden.

tarifäre und nichttarifäre Handelshemmnisse

WTO

Das Leitbild des Liberalismus mit seiner **Freihandelsdoktrin** ist allerdings **nicht unumstritten**. Kritisiert werden vor allem **globale Ungerechtigkeiten**, die durch den freien Handel mit Waren und (Finanz-)Dienstleistungen entstünden.

Kritik

Einen umgekehrten Ansatz verfolgt das **Leitbild des Protektionismus**. Hier geht es vor allem darum, mittels **Importzöllen** die heimische Industrie vor **ausländischer Konkurrenz** zu schützen. Als kurzfristige Maßnahme, etwa um eigene, gerade im Aufbau befindliche Industriezweige zunächst an den Weltmarkt heranzuführen, wird dies ggf. als legitim angesehen. Zumeist geht es aber eher um ein **merkantilistisches System**, d. h., es sollen **möglichst wenig Güter importiert**, aber **eigene Güter exportiert** werden.

Leitidee: Protektionismus

tarifäre Handelshemmnisse

Merkantilismus

Eine andere Maßnahme in diesem Kontext sind **nichttarifäre Handelshemmnisse**, wenn z. B. durch **Umweltauflagen** oder **Maßnahmen des Verbraucherschutzes** ein Staat für sich Regelungen trifft, die **ausländische Importe erschweren** und **verteuern**.

nichttarifäre Handelshemmnisse

Problematisch aus Sicht der Marktliberalen, wie Vogel und Kuhle es zu sein scheinen, sind bei einem protektionistischen Ansatz vor allem die **fehlende Konkurrenz** und damit der **mangelnde Druck** für Unternehmen, durch Kreativität und Erfindergeist ihre Wertschöpfung zu steigern und sich den notwendigen Veränderungen zu stellen. Gerade diesen Aspekt kritisieren die Autoren, wenn sie eine Abschottung ablehnen (vgl. Z. 74 ff.).

Textbezug

Der Operator „sich auseinandersetzen" fordert von Ihnen die Entwicklung einer Argumentation zum Verhältnis von Markt und Staat in der Sozialen Marktwirtschaft, wie es die Autoren im Text darstellen. Schließen Sie Ihre Argumentation mit einem begründeten Sach- und/oder Werturteil ab. Nehmen Sie das Material als Ausgangspunkt und geben Sie konkrete Beispiele an. Es geht um eine vertiefende Auseinandersetzung, Vollständigkeit ist kein Kriterium.

Zentral für das Verständnis der Autoren vom Verhältnis zwischen Markt und Staat in der Sozialen Marktwirtschaft ist das **Bekenntnis zur Überlegenheit** und **Anpassungsfähigkeit unabhängiger Marktteilnehmer** in der Krise. Zwar müsse der Staat gegenwärtig **kurzfristig** mittels Corona-Hilfen und Kurzarbeitergeld die Wirtschaft stützen, aber bereits kurz nach Beginn der Corona-Krise sei deutlich geworden, dass dieses staatliche Handeln die **Marktdynamik langfristig nicht ersetzen** könne (vgl. Z. 51 ff.). *[Position der Autoren]*

Die Soziale Marktwirtschaft ist zunächst marktwirtschaftlich organisiert, d. h., die **freie Preisbildung** funktioniert über den Ausgleich von Angebot und Nachfrage auf **Wettbewerbsmärkten**. Der Staat soll **nicht eingreifen** bzw. staatliche Eingriffe sollen dem **Marktkonformitätsprinzip** genügen. So würde etwa eine Beeinträchtigung des Preismechanismus zur Fehlallokation der knappen Ressourcen führen. Gleichzeitig muss in einer freien, demokratischen Gesellschaft die **Teilhabe aller** gewährleistet werden, sodass der Staat **Sozialpolitik als Ausgleich** auch aufgrund der **Forderungen des Grundgesetzes**, z. B. Art. 1 (Menschenwürde) und Art. 20/ Art. 28 GG (Deutschland als demokratischer sozialer Bundes-/ Rechtsstaat), betreiben muss. Der Staat ist in seinem Handeln den Werten **Freiheit**, **Sicherheit** und **Gerechtigkeit** verpflichtet, wobei sowohl die Interdependenzen zwischen den Werten als auch die jeweilige konkrete Ausgestaltung politisch umstritten sind. *[Einordnung in das Modell der Sozialen Marktwirtschaft]*

Der Staat gestaltet seine Wirtschaftspolitik daher **aktiv**. Damit ist er bei **exogenen Schocks**, wie einer globalen Pandemie, grundsätzlich aufgefordert, zur **kurzfristigen Stabilisierung** geeignete Maßnahmen zu ergreifen, um das **Funktionieren der Märkte zu sichern** und um die **Wohlfahrtsverluste möglichst gering** zu halten. Das hierfür notwendige Kapital kann letztlich auch nur der Staat aufbringen. Wie aber z. B. die Diskussion über verschleppte Insolvenzen gezeigt hat, müssen die Maßnahmen dabei **kritisch evaluiert** werden. Schon aufgrund der Komplexität und Ungewissheit der Aufgabe benötigt der Staat kreative Lösungen, die sich, wie die Autoren zu Recht feststellen (vgl. Z. 76 ff.), durch einen **Ideenwettbewerb am Konkurrenzmarkt** am ehesten finden und realisieren lassen. *[Beispiel 1: staatliche Coronamaßnahmen und kreativer Wettbewerbsmarkt]* *[eigene Bewertung]*

Des Weiteren gehen Vogel und Kuhle auf das Problem der geringen Löhne und des fehlenden Personals im Gesundheitssystem ein. Auch hier sehen sie den Markt als zentral an, da dort **Wirtschaftswachstum generiert** werde, das die **Grundlage** für eine bessere finanzielle Ausstattung dieses Sektors biete (vgl. Z. 35 ff.). Die Autoren lehnen damit eine staatliche Umverteilungspolitik ab und sprechen sich gegen weitere finanzielle Belastungen für Unternehmen aus (vgl. Z. 57 ff.). Auch direkten staatlichen Eingriffen in das Eigentumsrecht, z. B. über steuerliche Umverteilungspolitik, erteilen sie eine Absage.

Beispiel 2: Ausstattung des Gesundheitssystems und Wirtschaftswachstum

Autorenposition

Allerdings zeichnet sich in der Pflegebranche schon seit Längerem ab, dass hier ein **Gerechtigkeitsproblem** besteht. So steht eine hohe Arbeitsbelastung einem sehr niedrigen Lohnniveau im Vergleich zu anderen Tätigkeiten gegenüber. Im Sinne einer gesteigerten **Verteilungsgerechtigkeit** scheint in diesem Bereich ein stärkerer Eingriff des Staates, etwa über die Einführung einer Vermögenssteuer, durchaus angezeigt zu sein, da die Privatwirtschaft in der Folge einer weitgehenden Öffnung des Gesundheitsmarktes in der Vergangenheit zu einseitigen Belastungen gerade der Pflegekräfte geführt hat.

eigene Bewertung

Gerechtigkeit / Verteilung

Insgesamt ist den Autoren sicherlich zuzustimmen, dass der **Wettbewerbsmarkt** in der Vergangenheit die **gesamtwirtschaftliche Wohlfahrt deutlich gesteigert** hat. In **ökonomischer Hinsicht** sollte der Markt aufgrund der Notwendigkeit kreativer Innovationen nicht durch unnötige staatliche Eingriffe zu stark eingeschränkt werden. Allerdings ist ein Verlass auf die **soziale Wirksamkeit** des dadurch erwirtschafteten Wachstums fragwürdig, da ohne eine **maßvolle Umverteilung** die sozialen Gerechtigkeitsprobleme in der Vergangenheit nicht gelöst werden konnten. Ein **aktiver Staat ist daher zwingend notwendig**, um auch den **sozialen Forderungen** des Grundgesetzes nachzukommen.

Abschluss: Sach- und Werturteil

WIRTSCHAFTSPOLITIK IN DER SOZIALEN MARKTWIRTSCHAFT
(12/2: Soziale Marktwirtschaft zwischen Anspruch und Wirklichkeit; 12/1: Politische
Partizipation zwischen Anspruch und Wirklichkeit)

Thema: Soziale Marktwirtschaft und politische Partizipation

Aufgabenstellung

1 Fassen Sie die unterschiedlichen Lösungsansätze von Niko Paech und Ottmar Edenhofer in Bezug auf den Zielkonflikt zwischen Wirtschaftswachstum und Umweltschutz zusammen.

2 Erklären Sie ausgehend vom Text Grenzen des Bruttoinlandsprodukts als Methode zur Messung gesellschaftlichen Wohlstands.

3 Erläutern Sie mit Textbezügen Formen politischer Partizipation in Deutschland.

4 Setzen Sie sich ausgehend von Z. 78–80 mit Paechs Forderung nach einer Abkehr vom Wachstum auseinander.

M Niko Paech und Ottmar Edenhofer im Streitgespräch über Wachstum: „Da rennen Sie in eine Falle"

Herr Paech, Sie dürften zu den wenigen zählen, die dem Corona-Einbruch der deutschen Wirtschaft etwas abgewinnen können. Oder?

Niko Paech: Auch ein kompromissloser Wachstumskritiker wurde einer Gesellschaft keine solche Rosskur[1] zumuten wollen. Dafür bringt diese Krise zu viel soziales und
5 gesellschaftliches Ungemach hervor. Natürlich befürworte ich einen Rückbau der Globalisierung, der Techniknutzung, der Industrieproduktion. Aber eben schrittweise – nicht durch diktatorische oder schicksalhafte Brechstangeneffekte. Ich schlage vor, im ersten Schritt eine 50-Prozent-Marke anzuvisieren, und dann zu prüfen, ob die Ökosphäre hinreichend entlastet wurde.

10 **Herr Edenhofer, ist das ein Weg?**

Ottmar Edenhofer: Ich kann nicht sehen, warum die Wirtschaftsleistung sinken muss, um die CO_2-Emissionen abzusenken. Die Frage ist doch: Kann man das entkoppeln? Die Faktenlage ist da eindeutig: Das Bruttoinlandsprodukt lag in der EU inflationsbereinigt im Jahr 2019 um 60 Prozent höher als im Jahr 1990, der Ausstoß von
15 Treibhausgasen um 24 Prozent niedriger.

Paech: Diese Entkopplung ist nicht einmal theoretisch ohne logische Widersprüche erklärbar. In einem nahezu geschlossenen System wie der Erde gibt es materiell nichts zum Nulltarif. Eine Wertschöpfung, die kaum der Umwelt schadet, existierte vielleicht in spätromantischen, nicht wachsenden Handwerker- und Agrargesellschaften, aber
20 nicht mehr, seit die industrielle Revolution menschliche durch maschinelle Arbeit ersetzte.

Sie wollen die Maschinen wieder abschaffen?

Paech: […] Nein, ich will nur ein Dilemma erklären: Eine „ökologische Produktion", die allein auf menschlicher Arbeit beruht, die kaum maschinell verstärkt wird, erreicht
25 schnell eine Grenze, sie kann nicht wachsen. Wachstum setzt erst mit der Technisierung ein, kann somit nie ökologisch unschädlich sein. Deshalb ist das Bruttoinlandsprodukt eine Maßgröße allenfalls für ökologische Zerstörung.

Edenhofer: Man kann durchaus fragen, ob das Bruttoinlandsprodukt das Maß aller Dinge ist. Aber empirisch ist der Befund: Länder mit einem größeren BIP haben auch
30 höhere Lebenserwartungen, geringere Säuglingssterblichkeit, bessere Ausbildung, höhere Erwerbsbeteiligung der Frauen und so weiter.

Was wäre denn die Alternative zum BIP?

Edenhofer: Wir brauchen da sicher noch ein besseres Maß, das Aspekte wie Lebenserwartung, Einkommensverteilung und Freizeit mit einbezieht. Dann liegt Europa
35 kaum hinter den USA. Aber ich sehe keinen Grund, das Bruttoinlandsprodukt gezielt abzusenken. Diese Rückbau-Debatte erscheint mir obsessiv[2].

Paech: Ich sehe nicht, dass die Zunahme von Gesundheit, Lebenserwartung oder Bildung in direktem Zusammenhang zum Wachstum steht. Wie sollen Hochöfen, Flugreisen, Kreuzfahrten und noch mehr Wohnraum die Lebenserwartung erhöhen? Die
40 Wirtschaft muss für eine gute medizinische Versorgung nicht wachsen. Wir sollten mal unterscheiden zwischen basalen Bedürfnissen und dekadentem Luxus, der ökologisch ruinös ist.

Und wer entscheidet, welche Bedürfnisse befriedigt werden?

Paech: Das geht nur im demokratischen Diskurs. Aber ich habe noch nie gehört, dass
45 jemand verhungert, weil Goldringe, Kaviar, Flugreisen und SUVs teurer werden oder verschwinden. Im Gegenteil, das führt zu mehr sozialer Gleichheit. Aber wenn Politik und Wissenschaft nicht mal die Frage stellen, wo Reduktionspotenziale bestehen, dann gibt es in einer aufgeklärten Gesellschaft leider nicht viel Hoffnung.

Edenhofer: Ich sehe wenig Möglichkeiten, in freien Gesellschaften solche Unterschei-
50 dungen zu treffen. Es mag ja sein, dass noch keiner am Mangel an Champagner gestorben ist. Aber was ist mit Bildung und Gesundheit? Das sind sehr teure Güter – und je reicher die Leute werden, desto stärker wachsen ihre Bedürfnisse danach. Die Vorstellung, hier im demokratischen Diskurs zwischen Grund- und Luxusbedürfnissen zu unterscheiden und letzteren die Berechtigung abzusprechen, erscheint mir als abwegig.
55 […] Ökologische Schäden sind kein Beweis dafür, dass Wirtschaftswachstum generell

schlecht ist. Es liegt dann daran, dass wir insgesamt noch zu wenig Anreize setzen, Emissionen und Wertschöpfung zu entkoppeln.

Wie könnten solche Anreize aussehen?

Edenhofer: […] Letztlich müssen wir die CO_2-Emissionen schrittweise auf null her-
60 unterfahren, indem wir ihnen einen über die Zeit steigenden Preis geben. […] Klimaschutz über Preise hat einen großen Vorteil: Ich muss nicht unterscheiden zwischen
Luxus- und Grundbedürfnissen. Das hat mehr Chancen auf gesellschaftliche Zustimmung. Allerdings müssen die einkommensschwächeren Haushalte kompensiert werden, es geht nicht ohne soziale Gerechtigkeit.

65 **Paech:** Da rennen Sie in eine Falle. Klimaschutz scheitert hierzulande trotz solcher
Kompensationsversprechen daran, dass sofort die Einkommensschwächsten als negativ Betroffene vorgeschoben werden. Gerade CDU und SPD nutzen dieses Argument.
[…] Bis heute existiert kein einziges Land auf diesem Planeten, in dem eine demokratische Mehrheit für eine konsequente Preissteuerung zustande kam. Auch die Öko-
70 steuer von Rot-Grün war nur Homöopathie[3]. Und eins noch: Gerade untere Einkom-
mensschichten präferieren oft Handlungen, die besonders CO_2-intensiv sind, um sich
kulturell anzupassen. Eine emanzipierte Gesellschaft kann ihre Mitverantwortung
nicht an die Politik delegieren. Sie muss eigenständig Lebensstile hervorbringen, die
zukunftsfähig und somit kopierfähig sind. Erst dieses Signal setzt gesellschaftliche und
75 politische Veränderung in Gang. […] Wenn alle Politiker, Wissenschaftler und Medien
beschwören, nein, das geht nicht, dann genau geht es nicht. Wir sollten hier ehrlicher
sein. Kohle zum Beispiel durch Erneuerbare zu ersetzen, scheitert an technischen
Grenzen oder gelingt nur zum Preis anderer ökologischer Schäden. Bleibt nur der dritte
Weg jenseits von bisherigem und grünem Wachstum: Wir müssen ersatzlos runter mit
80 dem Energieverbrauch – und das setzt materiell genügsamere Ansprüche voraus.

Edenhofer: Dass Energieerzeugung aus Sonne und Wind die ökologischen Lebensgrundlagen genauso belastet wie Energieerzeugung aus Kohle, ist eine falsche Behaup-
tung. Aber natürlich haben auch Erneuerbare ihren Preis, deshalb sind Effizienzsteige-
rungen beim Strom- und generell Energieverbrauch notwendig. […]

85 **Herr Paech, Sie reden viel von „wir". Ist das der Teil der Gesellschaft, der bereit
zu solchen Veränderungen ist? Wie wollen Sie verhindern, dass diese Menschen
für die Trittbrettfahrer[4] die Klimalast schultern?**

Paech: Dieses Risiko ist in einer Demokratie nicht zu vermeiden. Ansonsten drängt
sich die Gegenfrage auf: Wie wollen Sie Mehrheiten für das organisieren, was Herr
90 Edenhofer vorschlägt? Jeder Wandel, der unter freiheitlichen Bedingungen stattfand,
hatte seinen Ursprung in Nischen, in Reallaboren, bei Avantgardisten[5]. Erst wenn neue
Daseinsformen und Versorgungsmuster sichtbar werden, können sich die neuen Prak-
tiken ausbreiten. Nur dann, niemals vorher, bringt die Politik den Mut auf, diese Entwicklung aufzugreifen. Dieser Prozess kann überall im Kleinen beginnen, und das ist
95 bereits beobachtbar. Während der Wandel, den Herr Edenhofer anspricht, seit 50 Jahren erfolglos ist, weil er ein politisches Wunder benötigt. […]

Edenhofer: Sie glauben, dass die Menschen im Grunde nur auf materiellen Reichtum aus sind – und dass sie erst ihre Konsumabhängigkeit überwinden müssen, damit sie sich auf den Wandel zu Nachhaltigkeit einlassen. Ich habe ein anderes Menschenbild. Die Menschen verstehen sehr wohl, dass wir Treibhausgas-Emissionen reduzieren müssen. Aber das ist für den Einzelnen nur sehr schwer möglich. Die Politik muss ihm dazu die Anreize geben. Nicht um ihm andere Bedürfnisse einzureden, sondern um ihm Entscheidungen zu erleichtern, auch mit Blick auf das Verhalten der anderen. Und dafür sind Preise sinnvoll. [...]

Quelle: Bauchmüller, Michael und Weiß, Marlene: Niko Paech und Ottmar Edenhofer im Streitgespräch über Wachstum: „Da rennen Sie in eine Falle", aus: Süddeutsche Zeitung (SZ.de) vom 27.03.2021, abgerufen von https://www.sueddeutsche.de/wissen/streitgespraech-wirtschaftswachstum-klimakrise-edenhofer-paech-1.5247803 (Zugriff am 01.10.2021).

Anmerkungen

1 Rosskur: Gemeint ist eine überaus anstrengende, strapaziöse Behandlung.
2 obsessiv: zwanghaft
3 Gemeint ist, dass die von der rot-grünen Bundesregierung 1999 eingeführte Ökosteuer (nahezu) wirkungslos gewesen sei und zu wenig zum Schutz natürlicher Lebensgrundlagen beigetragen habe.
4 Trittbrettfahrer: Jemand, der eine Sache für sich ausnutzt, ohne selbst etwas dafür getan zu haben.
5 In Reallaboren kommen Akteure aus Wissenschaft und Praxis zusammen, um für den gesellschaftlichen/politischen Bereich Problemlösungen zu erarbeiten und zu erproben. Vorkämpfer für eine Sache bezeichnet man als Avantgardisten.

Ottmar Edenhofer ist u. a. Direktor des Potsdam-Instituts für Klimafolgenforschung. Er beschäftigt sich insbesondere mit der CO_2-Bepreisung und beteiligt sich als Experte an öffentlichen und politischen Debatten zum Klimaschutz. Niko Paech lehrt und forscht an der Universität Siegen. Er plädiert für eine Postwachstumsökonomie, ein Wirtschaftssystem, das zur Versorgung des menschlichen Bedarfs nicht auf Wirtschaftswachstum angewiesen sei.

Hilfsmittel
Grundgesetz für die Bundesrepublik Deutschland

Lösungsvorschlag

1

TIPP *Anforderungsbereich: I, Gewichtung in Prozent: 25*

Der Operator „Zusammenfassen" verlangt hier von Ihnen eine knappe, strukturierte und inhaltlich fokussierte Darstellung der wesentlichen Aspekte des Textes. Dabei sollen Sie selektiv vorgehen und sich nur auf die Darstellung der Lösungsansätze von Niko Paech und Ottmar Edenhofer hinsichtlich des Zielkonflikts zwischen Wirtschaftswachstum und Umweltschutz konzentrieren. Um eine klare Strukturierung zu erreichen, sollten Sie die Positionen beider Gesprächspartner getrennt voneinander darstellen. Achten Sie auf eine sprachlich distanzierte und unkommentierte Darstellungsweise, am besten durch Verwendung des Konjunktivs. Verzichten Sie auf lange Zitate, belegen Sie Ihre Ausführungen aber mit den passenden Zeilenangaben.

Das Streitgespräch zwischen Niko Paech, Ökonom an der Universität Siegen, und Ottmar Edenhofer, Direktor des Potsdam-Instituts für Klimafolgenforschung, das in der SZ am 27.03.2022 erschienen ist, thematisiert u. a. den **Umgang mit dem Zielkonflikt** zwischen **Wirtschaftswachstum** und **Umweltschutz**. Beide Gesprächspartner vertreten hierzu **unterschiedliche Positionen**, insbesondere hinsichtlich der **Verträglichkeit** von Wirtschaftswachstum und ökologischen Erfordernissen.

Einleitung, Gesprächspartner, Quelle, zentrale Problemstellung

Niko Paech geht als Wachstumskritiker davon aus, dass industrielles Wachstum, sei es **konventionell oder grün**, in einem nahezu geschlossenen System wie die Erde zwingend **Umweltschäden** hervorruft (vgl. Z. 16 ff.). Insbesondere betont er die Notwendigkeit einer **ersatzlosen Verringerung** des Energieverbrauchs, da auch vorgeblich **grüne Energie ökologische Schäden** hervorrufe (vgl. Z. 77 ff.). Er fordert daher eine drastische Reduzierung von industrieller Produktion und globalisierter Vermarktung. Sei diesbezüglich eine Reduktion um die Hälfte erfolgt, könne überprüft werden, ob weitere Verringerungen zur Erreichung ökologischer Ziele nötig seien (vgl. Z. 5 ff.).

Unvereinbarkeit von Wirtschaftswachstum und Umweltschutz

Reduktion von industrieller Produktion

Voraussetzung für die Durchführbarkeit solcher Maßnahmen sei es, dass die Bevölkerung ihre **materiellen Ansprüche reduziert** (vgl. Z. 79 f.), sich mit der Befriedigung basaler Bedürfnisse zufrieden gibt und auf übertriebenen Luxus wie z. B. Flugreisen und Kreuzfahrten verzichtet (vgl. Z. 38 ff.). Die Verständigung über solche Reduktionspotenziale könne jedoch nur unter **Einbeziehung der Bürger** im Rahmen eines demokratischen Diskurses erfolgen, weil sie auf der **Basis breiter Akzeptanz** erfolgen müsse (vgl. Z. 44). Eine

Herunterfahren der materiellen Anspruchshaltung

Notwendigkeit breiter Akzeptanz

Veränderung könne nur durch die Anbahnung eines gesellschaftlichen **Umdenkens** im Sinne von **mehr Mitverantwortung** für die Umwelt nachhaltig abgesichert werden (vgl. Z. 72 ff.).

Dies werde zunächst nur in **kleinen Gruppen von „Avantgardisten"** (Z. 90) erfolgen. Wie die Erfahrung zeige, breiten sich solche Innovationen in der Gesellschaft aus und setzen die Politik unter Druck, neue Wege zu beschreiten (vgl. 90 ff.). Der Weg zu einem **konsequent ökologischen Wandel** müsse sich also **demokratisch**, d. h. von unten, vollziehen und dürfe **nicht von oben**, z. B. durch staatlich verordnete Preisanreize (vgl. Edenhofer, Z. 60 ff.), verordnet werden.

Rolle einer ökologischen Avantgarde

zentrale Rolle der Bürger

Ottmar Edenhofer sieht hingegen **keinen zwingenden Zusammenhang** zwischen Umweltschäden und Wirtschaftswachstum (vgl. Z. 55 f.). Es bestehe daher keine Notwendigkeit, die Wirtschaftsleistung gezielt zu senken (vgl. Z. 11 f., 35 f.). Vielmehr gelte es, steigende Wertschöpfung von steigenden Emissionen zu **entkoppeln** (vgl. Z. 56 f.). Dies ließe sich am besten durch **ökonomische Anreize** wie z. B. einer **gezielten Bepreisung** von CO_2-Emissionen erreichen. Klimaschutz über Preisanreize würde von der Bevölkerung zudem eher **akzeptiert** als eine dem Bürger aufoktroyierte Unterscheidung zwischen Basis- und Luxusbedürfnissen – vorausgesetzt es erfolge eine Kompensation für einkommensschwächere Haushalte zur **Gewährleistung sozialer Gerechtigkeit** (vgl. Z. 60 ff.).

Entkopplung von Wirtschaftsleistung und Emissionen möglich

Reduktion von Umweltschäden durch Preisanreize

Es sei also in erster Linie der **Staat gefordert**, indem er durch seine Preispolitik **Anreize für ökologisch sinnvolles Verhalten** schafft, ohne die Verbraucher durch die Bewertung ihrer Bedürfnisse zu bevormunden (vgl. Z. 100 ff.).

zentrale Rolle des Staates

---

2 | **TIPP** | *Anforderungsbereich: II, Gewichtung in Prozent: 25*

In dieser Aufgabe wird von Ihnen verlangt, ausgehend von entsprechenden Textpassagen auf Basis Ihres Vorwissens zu Theorien und Funktionszusammenhängen die Grenzen des Bruttoinlandsprodukts als Modell zur Messung gesellschaftlichen Wohlstands verständlich zu machen. Hierbei bietet es sich an, zunächst die kritischen Ausführungen beider Gesprächspartner zum BIP aufzugreifen. Anschließend sollten die Begriffe BIP und Wohlstand geklärt werden, um hierauf aufbauend die Grenzen des BIP als zuverlässiger Wohlstandsmesser zu klären.

Sowohl Paech als auch Edenhofer setzen sich kritisch mit der Messgröße Bruttoinlandsprodukt (BIP) für gesellschaftlichen Wohlstand auseinander. Für ersteren ist es ausschließlich **negativ konnotiert**, weil seine Steigerung eine zunehmende Wertschöpfung anzeigt, die mit **steigender Umweltbelastung** korreliert (vgl. Z. 23 ff.). Edenhofer sieht diesen Zusammenhang nicht zwingend, räumt aber ein, dass

Kritik an der Messgröße BIP in beiden Ansätzen

das BIP als Indikator für gesellschaftlichen Wohlstand nur eingeschränkt geeignet ist und der **Ergänzung weiterer Faktoren** bedarf, mit denen es allerdings **in Korrelation** steht (vgl. Z. 28 ff.).

Zunächst ist darauf hinzuweisen, dass das BIP **nicht als Maßstab für Wohlbefinden und gesellschaftliche Wohlfahrt** entwickelt wurde. Es ist in erster Linie ein **Produktionsindikator**, der die **wirtschaftliche Leistung** einer Volkswirtschaft (Erstellung von Gütern und Dienstleistungen in einem bestimmten Zeitraum dargestellt in inflationsbereinigter Landeswährung) abbildet. Insofern ist es eine „blinde", nur auf **quantitative Addierung** jedweder mit Geld zu erwerbenden Leistung ausgerichtete Größe. Hieraus ergibt sich, dass **qualitative**, teilweise auch recht **subjektive Aspekte** wie Wohlstand und Wohlbefinden **nicht berücksichtigt** werden. Dazu zählen auch eine intakte Umwelt sowie eine gerechte Güter- und Chancenverteilung, die ein konfliktarmes, friedvolles gesellschaftliches Zusammenleben ermöglicht.

Definition BIP und Wohlstand

BIP als „blinde" Addierung von Produktionsleistungen

Anknüpfend an Paechs Position (*Bruttoinlandsprodukt als „Maßgröße allenfalls für ökologische Zerstörung"*, Z. 26 f.) ist einzuräumen, dass in das BIP auch alle (ökologisch) **negativen Effekte** eines „produktiven" Wirtschaftens als **„positive", zählbare Größe** eingehen, beispielsweise die Kosten für die Abmilderung der Folgen des erhöhten CO_2-Ausstoßes (Deicherhöhungen etc.), die Beseitigung der Folgen einer Ölpest etc. BIP-Wachstum wird also durch Umweltschäden und deren Beseitigung sozusagen doppelt generiert. Auch die **Verringerung des Naturkapitalstocks** durch Ressourcenverknappung (Energie, Wald, Wasser etc.) wird nicht negativ, sondern positiv als Produktionsleistung im BIP verbucht.

Anknüpfung an Paechs ökologischer Kritik am BIP

Hat Paech besonders die **ökologischen Defizite** des BIP im Fokus, so betont Edenhofer auch **soziale Aspekte** wie z. B. die **Einkommensverteilung** (vgl. Z. 33 f.). Entsprechend der Definition addiert die BIP-Messmethode die Einkommen der Bevölkerung lediglich, um daraus bestenfalls ein **Durchschnittseinkommen** (BIP pro Kopf) zu ermitteln. Hieraus lässt sich aber zunächst nichts für die Verteilung der Einkommen auf unterschiedliche soziale Gruppen ableiten. Wie viele Menschen beispielsweise unter dem Existenzminimum leben, also kaum am Wohlstand teilhaben, lässt sich hieraus nicht entnehmen. Zentrale Errungenschaften für das individuelle **Wohlbefinden** wie eine geringe Kriminalitätsrate und ein friedliches Miteinander hängen aber untrennbar mit einem angemessenen **sozialen Ausgleich** in einer Gesellschaft zusammen.

Anknüpfung an Edenhofers sozialer Kritik am BIP

Über diese Kritikpunkte der Gesprächspartner hinaus lassen sich **weitere Defizite** ausmachen. So berücksichtigt das BIP keine **unentgeltliche Wertschöpfung**, wie z. B. häusliche Kinder- und Altenbetreuung sowie Hausarbeit, obwohl es sich hier um fundamen-

weitere Kritikpunkte

tale Grundlagen für das Funktionieren der Wirtschaft und um **wohlfahrtstiftende Aktivitäten** handelt. Auch die **Schattenwirtschaft** (Schwarzarbeit, Subsistenzwirtschaft) geht nicht in die Messung ein, obwohl diese gerade in weniger entwickelten Volkswirtschaften und somit für den internationalen Vergleich von großer Bedeutung ist. Vielmehr werden **wohlfahrtvermindernde Faktoren** wie **Kriminalität** im BIP über die Kosten für ihre Bekämpfung (Polizeieinsätze etc.) berücksichtigt.

Angesichts der vorliegenden Einschränkungen bedarf die Messgröße „BIP" **zusätzlicher Ergänzungen**, um die Entwicklung des Wohlstands in einer Gesellschaft angemessen abzubilden. Alternative Ansätze wie der **OECD Better Life Index** oder der **W3-Indikator** finden bereits, wenn auch noch recht zaghaft, Anwendung.

alternative, differenziertere Indikatoren

3 **TIPP** *Anforderungsbereich: II, Gewichtung in Prozent: 25*

Diese Teilaufgabe fordert von Ihnen einen Übergriff vom Themenbereich „Soziale Marktwirtschaft zwischen Anspruch und Wirklichkeit" (12/2) auf das Kursthema „Politische Partizipation zwischen Anspruch und Wirklichkeit" (12/1). Sie sollen Kenntnisse aus dem 1. Semester der Qualifikationsphase mit passenden Aussagen der beiden Gesprächspartner in Verbindung bringen, indem Sie verschiedene Möglichkeiten der politischen Partizipation in Deutschland anhand von Beispielen, die u. a. an den Text anknüpfen, aufzeigen.

Sowohl Paech als auch Edenhofer betonen im Interview, dass umweltverträgliches Verbraucherverhalten auf die Dauer eine **breite Zustimmung** in der Bevölkerung voraussetzt (vgl. Z. 44; Z. 62 f.). Edenhofer bevorzugt implizit eher eine **gesetzgeberische Initiative** „von oben" durch Regierungen und Parlamente (Anreizpolitik durch zusätzliche **Bepreisung** von Emissionen etc.). Paech hingegen bemängelt die **Ineffizienz dieses Ansatzes**, weil Regierungen keine drastischen Maßnahmen zum Klimaschutz durchsetzen können, ohne dass ihnen vorgeworfen würde, damit gerade die sozial Schwachen zu treffen. Eine Mehrheit in den Parlamenten für konsequente Preissteuerung sei daher bisher nicht zustande gekommen (vgl. Z. 65 ff.). Implizit hat Paech hier sicher die Unbeliebtheit solcher Maßnahmen im Auge, welche die Parteien um ihre Zustimmung bei den Wählern fürchten lässt. Daher präferiert er einen Weg, der **direkt bei den Bürgern** ansetzt, die als „Avantgardisten" (Z. 91) zunächst in kleinen Gruppen **alternative, ökologische Lebensformen** vorleben, bevor diese sich dann in breiteren Schichten der Bevölkerung verankern und wirkungsvollen Druck auf die Politik ausüben. Hierbei handelt es sich also um einen tendenziell **basisdemokratischen Zugang**, der auf die Initiative „**von unten**" setzt.

Einbeziehung der Bevölkerung für beide Ansätze unerlässlich

Weg über Parlamente

basisdemokratischer Zugang

Für den von Edenhofer vorgeschlagenen Weg bieten sich zunächst die Instrumente der **repräsentativen Demokratie** an. **Parteien** haben die Funktion eines **Transmissionsriemens** zwischen Politik und Bevölkerung (vgl. Art. 21 GG) und nehmen über ihre Abgeordneten im **Parlament** Einfluss auf die **Gesetzgebung** (vgl. Art. 38 GG). So können sie also ggf. Mehrheiten für eine klimafreundliche Preisgestaltung über ihre Fraktionen bzw. über ihre Regierungsbeteiligung organisieren. Das **Wahlrecht** ist also ein **besonders mächtiges Instrument** der Bürger, um Einfluss auf das politische Geschehen auszuüben. Dieser Aspekt gewinnt weiter dadurch an Bedeutung, dass Art. 20 II GG auch ausdrücklich die Möglichkeit vorsieht, dass das Volk durch **Abstimmungen**, also nicht nur durch das Wählen von Repräsentanten, seine **Souveränitätsrechte** (vgl. Art. 20 II GG) ausüben kann, wenngleich die politische Wirklichkeit in Deutschland gegenwärtig hierzu noch wenig Raum gibt. Deutlich wird im Hinblick auf Edenhofers Vorschläge aber auch, dass eine staatlich vorgeschriebene Preisgestaltung auf die Dauer **nicht gegen den Willen** der Bevölkerung vollzogen werden kann.

Möglichkeiten der Einflussnahme über Organe der repräsentativen Demokratie

Das verfassungsrechtlich gesicherte Wirken in **Verbänden** (Art. 9 GG) ermöglicht es den Bürgern, ihre Interessen und Positionen effektiv darzustellen und ggf. politisch durchzusetzen. Ähnliches gilt für **soziale Bewegungen**, **Bürgerinitiativen** und andere Vertretungsformen der Zivilgesellschaft (z. B. Fridays for Future). Über **medienwirksame** öffentliche Veranstaltungen, die u. a. durch das **Demonstrationsrecht** nach Art. 8 GG abgesichert sind, kann der politische Willensbildungs- und Entscheidungsprozess nachhaltig beeinflusst werden. Eine relativ neue, aber zunehmend gewichtige Form der Partizipation stellen die verschiedenen Plattformen der **Sozialen Medien** dar, in denen schnell und zielgerichtet politische Meinungen verbreitet werden können.

Möglichkeiten der Einflussnahme über gesellschaftliche Gruppen und Bewegungen

Diese über Parteien, Parlamente und Wahlen hinausgehenden Partizipationsmöglichkeiten bieten insbesondere auch dem von Paech favorisierten Weg der **ökologischen Umgestaltung „von unten"** zahlreiche Möglichkeiten, aus avandgardistischen Nischen heraus in die breite Gesellschaft hineinzuwirken und nachhaltige Bewusstseinsveränderungen i. S. eines eigenverantwortlichen ökologischen Handels anzubahnen.

Der Operator „Sichauseinandersetzen" erwartet hier von Ihnen eine reflektierte Argumentation zu Niko Paechs Forderung nach einer radikalen Abkehr vom Wachstum, die zu einem begründeten Sach- und/oder Werturteil führen soll. Im Sinne einer klaren Strukturierung ist es sinnvoll, zunächst bei der Begründung Ihres Sachurteils von den Kriterien der Effizienz auszugehen, um daran anschließend Ihr Werturteil auf der Grundlage von Legitimitätsaspekten zu begründen. Am Ende sollen Sie beides in einem knappen Gesamturteil zusammenführen. Sie können sich der Argumentation Paechs entgegenstellen, ihr teilweise folgen oder sich ihr anschließen, wobei im letzten Fall eine deutlich über die Textaussagen hinausgehende Begründung erfolgen muss. Eine bloße Paraphrase der Ausführungen Paechs stellt keine hinreichende Bearbeitung der Aufgabe dar.

Niko Paech plädiert für eine **radikale Abkehr vom Wachstum**, vertritt also nicht die verbreitete Auffassung, dass in Zukunft zunehmend ein nachhaltiges grünes Wachstum anzustreben sei. Er fordert eine **ersatzlose (!) Reduzierung des Energieverbrauchs**, weil auch deren Substitution durch erneuerbare Energien zu erheblichen ökologischen Belastungen führe. Dies stelle an die Bevölkerung hohe Anforderungen im Hinblick auf einen materiellen Wohlstandsverzicht (vgl. Z. 78 ff.).

[Marginalie: Forderung Paechs: Abkehr vom Wachstum]

Zunächst soll diese Forderung im Hinblick auf ihre **Effizienz** anhand ausgewählter Kriterien beurteilt werden. Mit Blick auf die **Wirksamkeit** lässt sich zunächst festhalten, dass ein drastischer Verzicht auf Energieverbrauch mit der Folge eines starken Einbruchs des BIPs sehr **schnell zu einem Rückgang der CO_2-Emissionen** und anderen Umweltschäden führen würde, zumal Eingriffe in die Natur, wie etwa die Trassierung von Stromleitungen zum Transport von Windenergie oder Monokulturen für die Erzeugung von Biomasse etc., entfallen würden. Insofern handelt es sich bei dieser isolierten Betrachtung um einen **wirksamen Ansatz**. Ob dadurch jedoch das Problem der Umweltbelastung **nachhaltig** gelöst wird, lässt sich bezweifeln.

[Marginalie: Sachurteil Kriterium: Wirksamkeit]

Die **wirtschaftlichen** und **sozialen Folgen** eines Wachstumsverzichts wären dramatisch. Wie die gegenwärtigen Szenarien zeigen, bei denen es „nur" um ausbleibende Gaslieferungen aus Russland geht, würde es beim umfassenden subsistenzlosen Abbau des Energieverbrauchs zu einem **extremen Einbruch der Industrieproduktion** kommen und die Versorgungssysteme könnten zusammenbrechen. Auch wenn Paech Maschinen nicht abschaffen will (vgl. Z. 22 f.), würde die von ihm anvisierte **Entindustrialisierung** technische Innovationen auch bzgl. grüner Technologie unterbinden. Die **Nebenwirkungen** auf die Versorgung der Bevölkerung mit Gütern

[Marginalie: Kriterium: Wirtschaftlichkeit]

und Dienstleistungen und auf die Erfüllung der **Aufgaben des Sozialstaats** (vgl. Art. 20 GG) wären fatal. Eine Ökonomie muss **leistungsfähig** sein, damit der Staat aus den Überschüssen auch jene versorgen kann, die Unterstützung benötigen. Kann dies nicht geleistet werden, sind gesellschaftliche **Verteilungskonflikte** und die **Gefährdung des sozialen Friedens** die Folgen. Auch die globalen Herausforderungen angesichts einer weiter **stark ansteigenden Weltbevölkerung** können ohne – qualitatives und quantitatives – Wachstum kaum bewältigt werden. Der Bedarf an Nahrung kann nur durch Innovation und technischen Einsatz ökologisch nachhaltig erzeugt werden.

Möglicherweise würden diese unerwünschten Folgen durch Paechs Verweis auf eine allmähliche Veränderung aus gesellschaftlichen Nischen heraus (vgl. Z. 90 ff.) entschärft. Allerdings wird dadurch die zu Anfang konzedierte Wirksamkeit seiner Maßnahmen durch die vermutlich **jahrzehntelange Dauer** dieses Prozesses wieder aufgehoben. Sehr viel **schneller wirken** hingegen die von Edenhofer vorgeschlagenen Maßnahmen zur Verbrauchsreduzierung über **Verbrauchssteuern** (vgl. Z. 59 ff.). Hierauf reagieren die Verbraucher bei **elastischer Nachfrage** in der Regel sofort. Dies lässt sich z. B. anhand der Verbrauchsentwicklung nach den verschiedenen Ölpreisexplosionen (aktuell sowie in der 1. und 2. Ölkrise 1973/1979) belegen.

Hinsichtlich der **Legitimität** lässt sich feststellen, dass Paech mit seiner Forderung nach einer Abkehr vom Wachstum das Kriterium der **Umweltverträglichkeit** verfolgt (vgl. Art. 20 a GG). Allerdings stellt sich die Frage, ob nicht gerade ein **Wachstum mit einer stark nachhaltigen Ausrichtung** dieses und andere Legitimitätskriterien **wirkungsvoller realisiert**. Die Anforderungen eines umfassenden **Sozialstaats** (vgl. Art. 20) erfordern eine wirtschaftlich **leistungsfähige Volkswirtschaft**. Diese kann nur dann gesichert werden, wenn Verteilungsspielräume durch umfassende, ressourcensparende Innovationen im ökonomischen Prozess ermöglicht werden. Auch globale **Solidarität** mit den Ärmsten auf der Welt kann wirkungsvoll nur von einer funktionieren Volks- bzw. Weltwirtschaft geleistet werden. Wachstum wird außerdem generiert, um menschliche (Konsum-)Bedürfnisse zu befriedigen und individuelles Streben nach Selbstverwirklichung zu ermöglichen. Bei allen Problemen, die sich hieraus für den Umweltschutz ergeben, ist zu beachten, dass den Bürgern in **freien Gesellschaften** ein individueller Lebensstil – auch **verfassungsrechtlich** – garantiert wird (vgl. Z. 49 ff.). Die Vorstellung, dass dem „Normalbürger" durch kleine Gruppen avantgardistischer Umweltaktivisten eine Unterscheidung „wahrer" Basisbedürfnisse von „künstlichen" Luxusbedürfnissen vorgelebt wird, die

Kriterium: Schnelligkeit

Werturteil
Umweltverträglichkeit

soziale Gerechtigkeit

Solidarität

Freiheit

sie dann bereitwillig übernehmen, erscheint **realitätsfern**. Sinnvoller und im Sinne der Freiheit wäre es, entsprechend Edenhofers Vorschlag durch eine **gezielte Bepreisung** die Attraktivität eines **umweltfreundlichen Konsumverhaltens zu erhöhen**. In diesem Fall ist es immer noch das Individuum, das seine Konsumpräferenzen selbst setzt.

Sicherlich ist Paechs Ansatz, industrielles Wirtschaftswachstum zu begrenzen und bei den Grundeinstellungen der Bevölkerung anzusetzen, **sinnvoll**. Dieser kann auch durchaus den Einsatz von **Preisanreizen**, wie Edenhofer sie vorschlägt, begleiten, ohne dass sich die Bevölkerung belehrt oder bevormundet fühlt und sich der Problematik eher verschließt als öffnet. Verknüpfung beider Ansätze

Zusammenfassend lässt sich feststellen, dass Paechs Vorstellung von einer radikalen Abkehr vom Wachstum auf den **ersten Blick zwar verlockend** erscheint, bei genauerer Analyse aber **Defizite hinsichtlich der Effizienz und der Legitimität** aufweist. Abschlussurteil

INTERNATIONALE KONFLIKTE UND POLITISCHE PARTIZIPATION
(13/1: Friedenssicherung als nationale und internationale Herausforderung;
12/1: Politische Partizipation zwischen Anspruch und Wirklichkeit)

Thema: Rolle der Bundeswehr und Medien in der Demokratie

Aufgabenstellung

1 Fassen Sie die Aussagen der Autoren zu künftigen Auslandseinsätzen der Bundeswehr zusammen.

2 Charakterisieren Sie ausgehend vom Text die Rolle der Bundeswehr in der deutschen Außen- und Sicherheitspolitik.

3 Erläutern Sie mit Textbezügen Funktionen von Medien für das politische System.

4 Nehmen Sie mit Materialbezug Stellung zur künftigen Beteiligung der Bundeswehr an Auslandseinsätzen.

M Jochen Steinhilber und Konstantin Bärwaldt: Gretchenfrage

Der 11. September 2001 war der Schlusspunkt des optimistischen Jahrzehnts, des vermeintlichen Endes der Geschichte. Terror und Tod brachen in die prosperierenden westlichen Gesellschaften ein, die sich eigentlich schon als Sieger im „Kampf um die Moderne" sahen und deren Modell über kurz oder lang die ganze Welt befrieden
5 würde. Wie auch die 9/11-Anschläge hat das demütigende Finale des 20-jährigen Krieges in Afghanistan mit einem Schlag die Distanz zu den ‚tatsächlichen' Realitäten zunichte gemacht. Es herrscht doppelte Verunsicherung im Westen: Wir sind verwundbar und wir können fremde Gesellschaften und Staaten nicht nach unseren Vorstellungen modellieren. Welche Schlüsse ziehen wir daraus für unsere Friedens- und
10 Sicherheitspolitik?
[…] Dass keine größeren Terroranschläge mehr von afghanischem Boden aus geplant, dass Schulen aufgebaut wurden, dass eine Generation an Afghaninnen und Afghanen Bildung und Demokratie erfahren konnten, ist keine Kleinigkeit. Aber es hat keinen Bestand. Angesichts der Rückkehr der Taliban bleibt ein tiefes Gefühl der
15 Vergeblichkeit. Wenn die einzige Hoffnung noch darin besteht, bei den neuen Machthabern Züge eines menschlicheren Umgangs mit ihrer Bevölkerung zu identifizieren, dann bleiben vom größten NATO-Militäreinsatz in der Geschichte des Bündnisses und der milliardenschweren Entwicklungszusammenarbeit vor allem zerstörte Illusionen übrig.

²⁰ Die schmerzhaften Bilder aus Kabul haben mit einem Schlag alle Fragen aufgewor-
fen, mit denen wir uns in Europa am liebsten nicht befassen würden: Wie viel Opfer-
und Risikobereitschaft sollen und können europäische Gesellschaften zur Erreichung
außenpolitischer Ziele aufbringen? Was ist die Richtschnur unseres Engagements:
Schutz der Menschenrechte oder Wahrung internationaler Stabilität? Was können
²⁵ Militär, Entwicklungszusammenarbeit und Demokratieförderung leisten und wie viel
„strategische Geduld" können wir aufbringen? Und schließlich die Gretchenfrage: Sag,
wie hältst Du's mit der Bundeswehr, also, wie gehen wir künftig mit Auslandseinsätzen um?

[…] Noch sind die politischen Implikationen des Afghanistan-Debakels nicht ab-
³⁰ zusehen. Sicher ist: Auslandseinsätze der Bundeswehr zur Stabilisierung oder Erzwin-
gung von Frieden werden künftig noch stärker als bisher von Politik, Medien und Bevölkerung in die Zange genommen. Die Dilemmata einer künftigen deutschen und
europäischen Außen- und Sicherheitspolitik führen vor Augen, dass die Anhänger der
politischen Schwarz-Weiß-Fotografie mit ihren kategorischen Urteilen über die Zu-
³⁵ kunft von Auslandseinsätzen kaum als Ratgeber geeignet sind.

Aus Afghanistan lernen – so ihr Tenor – hieße: Die Bundeswehr könne allenfalls
zur Erreichung militärischer Ziele eingesetzt werden. Hätten die NATO-Truppen und
mit ihr die Bundeswehr Afghanistan nach der Zerschlagung von Al-Qaida und der
Vertreibung der Taliban 2002/2003 verlassen, könnte für den militärischen Teil des
⁴⁰ Engagements bilanziert werden: mission accomplished[1]. „Ja" zur punktuellen Zer-
schlagung terroristischer Gruppen, „nein" zur Unterstützung von gesellschaftlichem
Wandel.

„Ja" zur taktischen Ausbildung fremder Sicherheitskräfte, „nein" zur langfristigen
Demokratisierung ausländischer Armeen und Polizeien. Der demokratische Aufbau
⁴⁵ von Staaten durch Unterstützung von außen – auch im Lichte der […] Mali-Erfahrun-
gen – sei endgültig gescheitert. […]

Schon heute bestimmt eine auf Risikominimierung bedachte Interventionspraxis
das Engagement Europas außerhalb seiner Grenzen. Militärschläge in Mali, Drohnen-
Einsätze in Somalia oder eine Zusammenarbeit von Bundeswehr und Bundespolizei
⁵⁰ mit dubiosen Sicherheitskräften in Nigeria und in Tunesien – das ist tagtägliche Ein-
satzrealität europäischer und amerikanischer Sicherheitsdienste. […] Über die Wirksamkeit der Maßnahmen lässt sich trefflich streiten. Eine zunehmend verschlechterte
Sicherheitslage in der Sahel-Region[2] gegenüber einem kontinuierlichen Aufwuchs an
Mitteln[3] – nicht zuletzt der Bundesregierung – lässt erahnen, dass die bisherigen An-
⁵⁵ sätze aus Ertüchtigung von Militär und Grenzschutz, sektoralen Programmen der Ent-
wicklungszusammenarbeit und vereinzelten Militärschlägen keine Selbstläufer für erfolgreiche Stabilisierung und Friedensförderung sind. Das Gegenteil ist zu befürchten,
glaubt man den wenigen empirischen Befunden über die Radikalisierung von jungen
Menschen und ihrer Motivation, sich bewaffneten Gruppierungen anzuschließen.
⁶⁰ Staatswerdungsprozesse sind komplex und oft gewaltsam. Soziale Ungleichheit ist
stets Ursache für Instabilität. Und gegen politische Repression, korrupte Patronagenetzwerke[4] und Ressourcenknappheit hat die Bundeswehr in solchen Kontexten keine
Chance – das wissen auch die Soldaten.

Was also tun? Nur weil das Demokratie-Export-Modell eine kaum zu bewältigende Herausforderung ist, heißt das nicht, dass ein friedensverträglicher Staatsaufbau ‚light‘ unmöglich wäre. […] Blaupausen[5] gibt es zwar keine, aber zwingende Bedingungen für erfolgreiche Einsätze: Die internationalen Partner müssen sich auf gemeinsame, realistische und flexibel anpassbare Ziele ihres Engagements verständigen, politische Schlechtwetterlagen und auch ein Scheitern als Teil der Strategie einplanen und frühzeitig mögliche Risiken an lokale Partner sowie die heimische Bevölkerung kommunizieren. Die Arbeit in Konfliktregionen eilt nicht von Sieg zu Sieg. Strategische Geduld ist gefragt: Staatsaufbau ‚light‘ mit einem rechenschaftspflichtigen Sicherheitssektor ist eine Herkules-Aufgabe für 30 bis 40 Jahre. Diese Voraussetzungen müssen geknüpft sein an Bedingungen vor Ort. Hierzu zählen ein von weiten Teilen der Bevölkerung akzeptierter Friedensvertrag, ein hohes politisches Interesse an Zusammenarbeit, ein Mindestmaß an öffentlicher Sicherheit sowie rudimentäre institutionelle staatliche Kapazitäten. Kommen diese Bedingungen nicht zusammen und erfolgen nation building, Entwicklungszusammenarbeit und Anti-Terror-Maßnahmen als voneinander losgelöste Agenden internationaler Akteure – wie aktuell im Sahel-Raum zu beobachten –, ist die Gefahr des Scheiterns ähnlich hoch wie in Afghanistan.

[…] Die Bearbeitung und Transformation von Gewaltkonflikten wird stets eine Risikoinvestition bleiben. Den notwendigen langen Atem und einen tragfähigen politischen Konsens über die Einsätze kann es nur dann geben, wenn die Gesellschaft künftig stärker als – kritischer – Partner von Außen- und Sicherheitspolitik wahrgenommen wird. Bisher wurde eine solche Debatte von der Öffentlichkeit nicht besonders nachgefragt. Vielmehr haben sich beide Seiten, Politik und Gesellschaft, in einer Koexistenz des freundlichen Desinteresses eingerichtet: Von wenigen Ausnahmen abgesehen […] findet eine öffentliche Befassung mit Fragen der internationalen Politik nicht statt. Umgekehrt werden Auslandseinsätze eher an der Bevölkerung vorbei verhandelt und jede Partei ist froh, wenn sie Mandatseinsetzungen oder -verlängerungen im Parlament ohne größere Debatten übersteht.

Daher überrascht es wenig, wenn die jährliche Umfrage zur Einstellung der Öffentlichkeit zur Sicherheits- und Verteidigungspolitik den Bürgerinnen und Bürgern eine insgesamt geringe Kenntnis über die konkreten Einsätze attestiert – Tendenz abnehmend. […] Um die innenpolitischen Voraussetzungen für eine wirksame und von der Öffentlichkeit getragene Außenpolitik zu schaffen, braucht es ehrliche Debatten über die Ziele, Kosten und Risiken von Einsätzen. Dies muss auf einer informierten Grundlage geschehen, z. B. durch die konsequente Evaluierung von Militäreinsätzen.

Wer heute über Afghanistan urteilt, hat die Bilder vom 11. September vor Augen. Und das Erinnern an diesen Tag kann viele Formen annehmen: Das persönliche Erinnern an das „Wo warst Du, als es geschah" und die vielleicht heute schon verflüchtigten Gefühle. Das zeremonielle Erinnern in Staatsakten und Mahnmalen. Das mediale Erinnern in den immer wiederkehrenden Bilderfluten und Minutenprotokollen. Aber eben auch ein politisch-gesellschaftliches Erinnern in dem Sinne, nun, 20 Jahre später, das politische Erbe des 11. September mit seinen ganzen Irrwegen und Illusionen als etwas zu begreifen, von dem eine ernsthafte Debatte über neue Entwürfe für eine konkrete Friedens- und Sicherheitspolitik ihren Ausgang nehmen kann.

Quelle: Steinhilber, Jochen und Bärwaldt, Konstantin: Gretchenfrage, aus: IPG Journal (ipg-journal.de) vom 14.09.2021, abgerufen von https://www.ipg-journal.de/rubriken/aussen-und-sicherheitspolitik/artikel/gretchenfrage-5421/ (Zugriff am 15.09.2021).

Anmerkungen

1 deutsch: Mission erfüllt
2 Sahel-Region: Zur Sahel-Region gehören u. a. die afrikanischen Staaten Senegal, Sudan und Mali.
3 Gemeint sind finanzielle und personelle Ressourcen.
4 Patronagenetzwerke: Netzwerke zur gezielten Förderung von Personengruppen oder Regionen mit wirtschaftlichen oder politischen Mitteln
5 Blaupause: Gemeint ist hier ein beispielhaftes Vorbild, das als Vorlage zur Durchführung eines „friedensverträgliche[n] Staatsaufbau[s] ‚light‘" (Z. 65) verwendet werden könnte.

Jochen Steinhilber und Konstantin Bärwaldt sind im Referat „Globale und Europäische Politik" der SPD-nahen Friedrich-Ebert-Stiftung tätig. Ihr folgender Artikel erschien im Kontext des Abzugs der NATO-Truppen aus Afghanistan. Ursprünglich war dieser Einsatz eine direkte Reaktion auf Terroranschläge des u. a. von Afghanistan aus operierenden Terrornetzwerks Al-Qaida: Am 11. September 2001 wurden verschiedene Ziele in den USA angegriffen, u. a. die Zwillingstürme des „World Trade Center" in New York. Terroristen entführten zwei große Passagiermaschinen und flogen diese gezielt in die beiden Türme, die wenig später einstürzten. Nach dem Abzug der NATO-Truppen Ende August 2021 eroberten die radikalislamischen Taliban die Macht über Afghanistan zurück.

Hilfsmittel

Grundgesetz für die Bundesrepublik Deutschland

Lösungsvorschlag

1

TIPP *Anforderungsbereich: I, Gewichtung in Prozent: 25*

Der Operator „zusammenfassen" erfordert von Ihnen eine sprachlich distanzierte, strukturierte und gemäß des inhaltlichen Zuschnitts der Aufgabenstellung geraffte Ausarbeitung. Beziehen Sie Zeilenangaben mit ein und achten Sie im Material auf sprachliche Distanzierungen seitens des Autors, um dessen Aussagen klar von den Aussagen anderer, auf die er Bezug nimmt, zu trennen.

In ihrem am 14.9.2021 veröffentlichten Artikel mit dem Titel „Gretchenfrage" formulieren die Autoren Jochen Steinhilber und Konstantin Bärwaldt **Herausforderungen gegenwärtiger Sicherheitspolitik** und entwickeln den **Ansatz einer zukünftigen Strategie für militärische Auslandseinsätze**. Erschienen ist der Artikel im IPG Journal auf der entsprechenden Homepage *www.ipg-journal*.de. Die Autoren arbeiten im Referat „Globale und Europäische Politik" der Friedrich-Ebert-Stiftung, welche der SPD nahesteht. Der Artikel richtet sich an ein breites, interessiertes Publikum.
[Randnotiz: Einleitung: bibliografische Angaben, Inhalt, Adressat, Rahmen]

Angesichts des **Scheiterns der westlichen Intervention** in Afghanistan gehe es auch um die Frage, wie **Friedens- und Sicherheitspolitik** allgemein und die **Auslandseinsätze der Bundeswehr** speziell hinsichtlich Form, Dauer und Ziele künftig ausgestaltet sein sollen (vgl. Z. 9 f., 21 ff.).
[Randnotiz: Ausgangspunkt: Scheitern in Afghanistan]

Infolge des „Afghanistan-Debakels" (Z. 29) prognostizieren die Autoren eine stärkere politische, mediale und öffentliche **Diskussion**, wenn es um Bundeswehreinsätze zur **Friedenserzwingung oder -stabilisierung** geht (vgl. Z. 30 ff.). Bärwaldt und Steinhilber sprechen sich dabei entschieden dagegen aus, aus dem Misserfolg in Afghanistan pauschal und undifferenziert die Lehre zu ziehen, die Bundeswehr könne allenfalls für **rein militärische Ziele** eingesetzt werden. Dies würde ein **kurzfristiges Engagement** ohne **längerfristige Unterstützung** der jeweiligen **gesellschaftlichen Entwicklung** bedeuten (vgl. Z. 36 ff.).
[Randnotiz: zukünftige Debatte]

Die Autoren sehen im „Staatsaufbau ‚light'" (Z. 65) ein lohnendes **Ziel für künftige Einsätze** (vgl. Z. 64 ff.). Für diese „Herkules-Aufgabe" (Z. 73) seien zentrale Bedingungen zu erfüllen. So müssten die internationalen Partner sich **realistische und anpassbare Ziele** setzen, Schwierigkeiten und **Scheitern einkalkulieren** und **frühzeitig mit der Bevölkerung** vor Ort offen kommunizieren (vgl. Z. 67 ff.). Als zeitlicher Rahmen seien 30 bis 40 Jahre anzusetzen. Ein erfolgreicher Staatsaufbau erfordere seitens des Landes einen allseits anerkannten **Friedensvertrag**, ein politisches **Interesse an der Zusammenarbeit**, ein **Mindestmaß öffentlicher Sicherheit** sowie **basale institutionelle staatliche Kapazitäten** (vgl. Z. 71 ff.).
[Randnotiz: „Staatsaufbau light" als Ziel; Rahmenbedingungen für künftige Einsätze]

Der Operator „charakterisieren" fordert von Ihnen, dass Sie typische und grundsätzliche Merkmale – hier der Rolle der Bundeswehr in der deutschen Außen- und Sicherheitspolitik – darlegen. Sie müssen diese Merkmale im Text identifizieren und im System der deutschen Außen- und Sicherheitspolitik verorten. Geben Sie Zeilennummern an, um den Textbezug zu verdeutlichen.

Die Bundeswehr ist **Teil der deutschen Sicherheitsarchitektur**. In Art. 87 a GG ist festgelegt, dass sie nur zu **Verteidigungszwecken** – und ursprünglich auch nur innerhalb des NATO-Gebiets – eingesetzt werden darf. Das Bundesverfassungsgericht hat 1994 in Ergänzung dazu geurteilt, dass die Bundeswehr im **Rahmen von Systemen kollektiver Sicherheit** (Art. 24 GG) auch *out of area*, also außerhalb des Bündnisgebiets, aktiv werden darf. Voraussetzung ist allerdings, dass der **Bundestag zustimmt** (vgl. Z. 89 ff.) und ein **UN-Mandat** vorliegt.
(rechtlicher Rahmen)

Aufgrund des sog. **Parlamentsvorbehalts** wird die Bundeswehr als **Parlamentsarmee** bezeichnet. Der Bundestag als Vertretung des Volkes ist **zentrales Gremium für Einsatzentscheidungen**. Vor diesem Hintergrund beklagen die Autoren die **mangelnde Debattenkultur** im Vorfeld parlamentarischer Entscheidungen über Auslandseinsätze. Sie fordern eine umfangreiche Debatte, die auch Ziele, Kosten und Risiken der Einsätze umfasst (vgl. Z. 95 ff.). Dies erhöht die **gesellschaftliche Legitimation**.
(Rolle des Bundestags)

Seit ihrer **Gründung 1955** hat die Bundeswehr bereits an mehreren Einsätzen im Rahmen internationaler Missionen teilgenommen. Der Einsatz der Bundeswehr in Afghanistan war Teil des größten „NATO-Militäreinsatz[es]" in der Geschichte des Bündnisses" (Z. 17), nachdem im Oktober 2001 – als Folge des verheerenden Terroranschlags auf das New Yorker World Trade Center – der **Bündnisfall nach Artikel 5** der NATO-Charta ausgelöst wurde. In diesem Rahmen nahm die Bundeswehr auch zunehmend am **Antiterrorkampf** gegen die Taliban bzw. Al-Quaida teil (vgl. Z. 37 ff.). Gegenwärtig ist die Bundeswehr u. a. in Mali stationiert. Der Mali-Einsatz (vgl. Z. 48) erfolgt auf der **Basis von EU- und UN-Mandaten**. Hier geht es vor allem um eine **Ausbildungsmission** zur „Ertüchtigung" (Z. 55) örtlicher Sicherheitskräfte und um die Stabilisierung eines Staates, der im Falle eines Scheiterns sowohl die **Terrorgefahr** (vgl. „Radikalisierung von jungen Menschen", Z. 58 f.) als auch **Migrationsbewegungen** verschärfen könnte.
(Beispiele für Einätze: Bündnisverteidigung, Antiterrorkampf, Ausbildungsmissionen, Friedensstabilisierung)

Der Einsatz der Bundeswehr muss dabei **jährlich** durch den **Bundestag verlängert** werden. Die **Macht des Parlaments** bei militärischen Entscheidungen unterscheidet sich beispielsweise deutlich
(Entscheidungsverfahren im Vergleich)

vom französischen Modell, bei dem der Präsident sehr weitreichend über den Einsatz des Militärs entscheiden kann.

Die Bundeswehr ist spätestens seit den 2000er Jahren eine „**Armee im Einsatz**". Grundverständnis ist dabei die **Übernahme von Verantwortung in multilateralen Bündnissen**, wobei Deutschland in der Vergangenheit bei konkreten Kampfeinsätzen eher zurückhaltend war (vgl. Z. 47 f.). *(Zurückhaltung und Bündnissolidarität)*

Infolge der völkerrechtswidrigen Annexion der Krim durch Russland 2014 und insbesondere infolge des russischen Angriffs auf die Ukraine im Februar 2022 rückt die **Landesverteidigung** wieder stärker in den Mittelpunkt der Außenpolitik. Deutschland unterstützt hier verstärkt die östlichen NATO-Partner mit Truppen und Logistik, insbesondere Litauen, und liefert Ausrüstung und Waffen in die Ukraine. *(zunehmende Bedeutung der Landesverteidigung)*

---

3 **TIPP** *Anforderungsbereich: II, Gewichtung in Prozent: 25*

In dieser Aufgabe erfolgt der thematische Übergriff zum ersten Semester. Der Operator „erläutern Sie mit Textbezügen" fordert von Ihnen die Darlegung der Funktionen von Medien im politischen System sowohl anhand des Materials als auch anhand frei gewählter Beispiele. Da der Text auf Deutschland Bezug nimmt, wird in der Lösung die Rolle der Medien in der pluralistischen repräsentativen Demokratie betrachtet. Machen Sie auch hier an passenden Stellen explizite Textverweise.

Medien in ihrer vielfältigen Form sind ein fundamentaler Bestandteil des demokratischen politischen Systems, auf das ich mich hier beziehe. Es wird vielfach auch von Medien als **vierter Gewalt** bzw. von **Mediendemokratie** gesprochen. Gerade die **Massenmedien** (z. B. Fernsehen, Presse, Internet) sind notwendig, um in der dezentralen und pluralen Gesellschaft die **wechselseitige Kommunikation** zwischen Bevölkerung und politischer Entscheidungsebene zu gewährleisten. Politik wird aufgrund der Bedeutung der Medien immer stärker **medialisiert**. Politiker passen sich infolge der Abhängigkeit zunehmend an die Logik der Medien an. *(Medien als „vierte Gewalt", Mediendemokratie)*

Der Einfluss der Medien auf die **öffentliche Wahrnehmung** zeigte sich etwa in der Macht der in den Medien verbreiteten „schmerzhaften Bilder aus Kabul" (Z. 20), die heftige Diskussionen über Sinn, Mittel und Ziele außenpolitischen Engagements ausgelöst haben (vgl. Z. 20 ff.). Eine verstärkte Debatte um Auslandseinsätze **in und durch Medien** ist für die öffentliche Willensbildung unabdingbar. Prominentes Beispiel ist die Ansprache des Bundeskanzlers zur Zeitenwende im Anschluss an *(Beispiel für die Macht der Medien)* den russischen Angriff auf die Ukraine im Frühjahr 2022. Die Medien haben den Begriff „Zeitenwende" aufgenommen und so die öffentliche Diskussion über den Einsatz für den Frieden angeregt.

Medien erfüllen im politischen System insbesondere vier Funktionen. So sollen sie **informieren**, dem Volk eine eigene **Meinungsbildung** ermöglichen, die Regierenden **kontrollieren** und **kritisieren**. Darüber hinaus bestimmen sie häufig durch die in den Redaktionen getroffenen Entscheidungen über berichtenswerte Nachrichten die **politische Agenda** zentral mit.

Funktions-übersicht

Bei der Informationsfunktion geht es darum, die Bürger*innen **vielfältig und sachlich** zu informieren. Entsprechende Berichterstattungen über z. B. die Situation und Rolle der Bundeswehr in Mali oder Afghanistan sollen möglichst neutral informieren, um so einen gesellschaftlichen Diskurs zu fundieren.

Informations-funktion

Dies ermöglicht **plurale Perspektiven bei der Meinungsbildung** im Volk. Wenn die Auslandseinsätze künftig kritischer begleitet werden (vgl. Z. 30 ff.) und – wie es die Autoren fordern – die Debatte öffentlich und nicht mehr still geführt wird (vgl. Z. 87 ff.), gelingt eine breitere Auseinandersetzung mit den Einsätzen der Bundeswehr, an deren Ende ein „tragfähige[r] politische[r] Konsens" (Z. 82 f.) steht.

Meinungs-bildungsfunktion

Wenn die Autoren fordern, dass die Auslandseinsätze **kritisch begleitet** werden (vgl. Z. 95 ff.), sind **Kritik und Kontrolle seitens der Medien gefragt**. Gerade investigativer Journalismus hat eine wichtige Funktion in Bezug auf die **Evaluation und Diskussion** von **Kosten und Nutzen** bei der Umsetzung von Einsätzen, insbesondere wenn die Bevölkerung eher desinteressiert ist und öffentliche Debatten auch auf politischer Ebene nicht gewünscht sind. Beispiele für die Bedeutung dieser Arbeit sind die Aufdeckung intransparenter und horrender Beraterhonorare im Bundesverteidigungsministerium und die mangelnde Beschaffungsfähigkeit bei gleichzeitig abnehmender Funktionalität des Materials der Bundeswehr.

Kritik- und Kontrollfunktion

Damit die Massenmedien diese vier zentralen Funktionen bestmöglich erfüllen können, bedarf es auf Medienseite einer gewissen **Vielfalt**. Zwar gibt es nach wie vor ein **breites mediales Spektrum**, aber aufgrund zunehmender finanzieller Zwänge kommt es zu einer immer **stärkeren Konzentration** bei wenigen großen Medienhäusern.

pluralistische Meinungsbildung durch Medien-vielfalt

Vor neuere Herausforderungen wird das System der parlamentarischen Demokratie auch durch die zunehmende Bedeutung von **Social Media** gestellt. Durch die Verbreitung von Informationen jeglicher Art, die nicht immer auf einwandfrei nachvollziehbarer Grundlage beruhen, kann es zu einer **stärkeren Polarisierung** innerhalb

Social Media und Artikulations-funktion

der Gesellschaft kommen. Ein ausgewogener Meinungsbildungsprozess hinsichtlich Auslandseinsätzen sowie der Rolle der Bundeswehr wird dadurch erschwert. Gleichzeitig bieten diese Kommunikationswege aber auch die Möglichkeit, schnell und direkt zu berichten und Propaganda zu entlarven. Die vielfältigen Kommunikationswege der sozialen Medien ermöglichen dabei letztlich jedem Bürger, das in Art. 5 GG festgehaltene **Recht auf freie Meinungsäußerung** auszuüben.

---

4 **TIPP** *Anforderungsbereich: III, Gewichtung in Prozent: 25*

Der Operator „Stellung nehmen" fordert von Ihnen die Formulierung eines politischen Sach- sowie Werturteils in Bezug auf zukünftige Auslandseinsätze der Bundeswehr. Auch hier müssen Sie explizit Textbezüge herstellen. Es bietet sich an, zunächst ein Sachurteil zu formulieren und auf dessen Basis ein Werturteil zu treffen. Auch ist es sinnvoll, Theoriebezüge zu integrieren.

Die Autoren fordern einen „**Staatsaufbau ‚light'** " (Z. 65) als **Leitmotiv** zukünftiger internationaler Interventionen und sehen dafür auch den **Einsatz der Bundeswehr als zweckdienlich** an.

Der Einsatz der Bundeswehr außerhalb der Landesgrenzen ist unter bestimmten Bedingungen **legal**. Grundsätzlich ist das internationale System **anarchisch** strukturiert und die Staaten genießen **Souveränität nach innen und außen**. Dennoch haben sie sich im Rahmen der **Charta der Vereinten Nationen** zu bestimmten Werten und Handlungsweisen verpflichtet. Eine Intervention auch militärischer Art kann daher **völkerrechtlich legitim und geboten** sein, wenn im Sinne der **responsibility to protect (R2P)** eine Regierung nicht Willens oder in der Lage ist, Verbrechen gegen die Menschlichkeit gegenüber der eigenen Bevölkerung zu beenden. In diesem Kontext sollte Deutschland als **ökonomisch starke Macht** entsprechend auch **Verantwortung übernehmen**.

Dabei ist entscheidend, dass Deutschland nur im Rahmen von **Systemen kollektiver Sicherheit** agiert, bei militärischen Einsätzen also explizit die **Zustimmung des UN-Sicherheitsrats** vorliegt. Aufgrund der deutschen Vergangenheit sollten Einsätze grundsätzlich nur in **multilateralen Konstellationen** stattfinden.

Deutschland ist **Teil der NATO** und partizipiert am **kollektiven Schutz**. Angesichts **begrenzter (finanzieller) Möglichkeiten** und einer **zunehmenden Gefährdung der internationalen Sicherheit** ist es aus deutscher Perspektive **effizient**, Lasten und Kosten zu teilen und unter dem Schutz kollektiver Verteidigung zu stehen.

Randnotizen:
These der Autoren

Bezug zu Theorien des internationalen Systems

Legalität in Bezug auf UN-Charta und Völkerrecht

Rahmen und Geschichtsbezug

NATO: Kosten und Nutzen

Allerdings kann der Einsatz der Bundeswehr nur das **letzte Mittel**, die **ultima ratio**, sein. Wie im Text dargelegt, sind Militäreinsätze hinsichtlich der Umsetzung zumeist diffuser Ziele wenig erfolgreich gewesen (vgl. Z. 77 ff.). Auch scheint, wie langwierige Einsätze zeigen, die Annahme der Autoren zutreffend, dass ein „Staatsaufbau ‚light'" (Z. 65) mindestens 30 Jahre dauern würde (vgl. Z. 73). Angesichts entsprechend hoher Kosten und Risiken ist der **Einsatz von Diplomatie** sowohl innerhalb als auch außerhalb internationaler Bündnisse immer die zunächst **effizientere Wahl** zur Erreichung von nationalen und europäischen Zielen.

Auch der Politologe Joseph Nye liefert eine Begründung für den potenziellen Einsatz der Bundeswehr. Er differenziert Macht in *hard power*, worunter er vor allem Wirtschaft und Militär versteht, *soft power*, was hier als Anziehungskraft eines Staates durch dessen Werte und Kultur zu verstehen ist, und *smart power* als eine möglichst effiziente Verbindung von *hard power* und *soft power*. Dementsprechend ergibt es Sinn, ein funktionierendes Militär vorzuhalten und mit einem System kollektiver Sicherheit die *hard power* zu verdeutlichen, um den eigenen Anliegen **im Rahmen der Diplomatie Nachdruck zu verleihen**. Daher muss die Bundeswehr in der Lage sein, deutsche Interessen in den genannten Grenzen zu verfolgen. Angesichts der aktuellen Ereignisse in der Ukraine ist eine **wirksame Abschreckung** notwendig und mittel- bis langfristig effizient. Zudem wird dadurch das **Sicherheitsempfinden** der Bevölkerung gestärkt.

Insgesamt ist die Beteiligung der Bundeswehr an Auslandseinsätzen in dem gerade skizzierten Rahmen und im Sinne eines „Staatsaufbaus ‚light'" (Z. 65) also durchaus zu vertreten.

Sicherheit kann über reine Abschreckung nicht erreicht werden. Angesichts transnational agierender terroristischer Organisationen, die auch in Deutschland über soziale Medien Einfluss haben, bedarf es der **militärischen Bekämpfung von Terrorismus**. Wenn dazu mit undurchsichtigen Akteuren vor Ort kooperiert werden muss (vgl. Z. 49 f.), kann das **legitim** sein, solange es nicht zu **Verstößen gegen die Charta der Vereinten Nationen** kommt.

Im Rahmen einer **vernetzten Sicherheit** wird **militärische Macht benötigt**, um **humanitäre Ansätze** jenseits des Militärs zu verfolgen. Da die ökonomische und soziale Lage in vielen potenziellen Einsatzgebieten in der Regel prekär ist und so ein stetiges Rekrutierungspotenzial für Terroristen besteht, können durch den Bundeswehreinsatz **Sicherheit und Frieden** nicht nur in den jeweils betroffenen Regionen, sondern auch in Deutschland gestärkt werden.

Daher sind Bundeswehreinsätze unter den skizzierten Bedingungen sowohl **legitim** als auch **geboten**. Deutschland muss für **eigene Werte international Verantwortung** übernehmen.

EA 2022-22

Margin notes:

Einsatz als ultima ratio

zentrale Bedeutung der Diplomatie

Joseph Nye: *smart power*, Militär als Abschreckung

Fazit/Sachurteil

Grundwert „Sicherheit": notwendiger Antiterrorkampf, Legitimität

vernetzte Sicherheit

Fazit: Werturteil

Um Ihnen die Prüfung 2023 schnellstmöglich zur Verfügung stellen zu können, bringen wir sie in digitaler Form heraus.

Sobald die Original-Prüfungsaufgaben 2023 freigegeben sind, können sie als PDF auf der Plattform **MyStark** heruntergeladen werden (Zugangscode vgl. Umschlaginnenseite).

Aktuelle Prüfung

www.stark-verlag.de/mystark